高校综合体能训练与体质测试的方法与实践

刘崇辉　温霜威　史银斌　编著

东北师范大学出版社
NORTHEAST NORMAL UNIVERSITY PRESS

图书在版编目(CIP)数据

高校综合体能训练与体质测试的方法与实践/刘崇辉,温霜威,史银斌编著.--长春:东北师范大学出版社,2015.10

ISBN 978-7-5681-1420-2

Ⅰ.①高… Ⅱ.①刘… ②温… ③史… Ⅲ.①体能－身体训练－方法研究－高等学校②身体素质－测试－方法研究－高等学校 Ⅳ.①G808.14②G804.49

中国版本图书馆 CIP 数据核字(2015)第 258579 号

□责任编辑:张志文　□封面设计:马静静
□责任校对:周玉娇　□责任印制:顾　伟

东北师范大学出版社出版发行

长春净月经济开发区金宝街 118 号(邮政编码:130117)

电话:0431—84568127

传真:0431—85691969

网址:http://www.nenup.com

北京静心苑文化发展有限公司制版

三河市铭浩彩色印装有限公司印装

2015 年 10 月第 1 版　2019 年 8 月第 1 版第 2 次印刷

幅面尺寸:185 mm×260 mm　印张:17　字数:413 千

定价:46.00 元

前　言

随着我国学校体育教育的不断发展,大学生的体质水平也有了明显的提高,尤其是《国家学生体质健康标准》的颁布与实施,更加有效地促进了我国大学生参与体育锻炼的积极性,促使其身体素质得到更加全面的发展。大学生身体素质的发展受多方面因素的影响,力量、速度、耐力、柔韧、灵敏等身体素质对于大学生来说都是非常重要的,这是大学生学习、生活和参与各种体育活动、社会活动等的基础。只有拥有良好的身体素质,大学生才有可能实现自己的理想,为社会主义现代化建设服务。

目前,尽管我国高校大学生的体质水平已经上了一个台阶,但也应看到其中还存在着一些不足和缺点,如大学生在进行体能训练的过程中,往往只注重其一,而忽略了其他身体素质的发展,这不符合身体素质全面发展的理念,不利于大学生的身心全面发展。以体能训练促进大学生身体素质的提高就是要促进大学生力量、速度、耐力、柔韧、灵敏等方面全方位的提高,只有这样才能保证大学生各项身体素质的协调发展。另外,大学生在进行体能训练前后,都需要了解自己的身体发展水平,这样才能采取有针对性的措施或手段进行锻炼。而体能训练后,身体素质的测试也能给大学生一个客观、明确的训练反馈,根据这一反馈,大学生才能及时地调整或改变体能训练计划,从而更好地促进身体素质的全面发展。鉴于此,特编撰《高校综合体能训练与体质测试的方法与实践》一书,以期帮助大学生更加清醒、及时地认识到自己的身体发展状况,从而达到体质增强的目的。

本书共分十章,第一章为体能训练的基本知识与发展研究,主要阐述了体能训练的概念、内涵、特点及作用等内容,并对目前体能训练的发展趋势及对策做出了分析。第二章为高校体能训练的科学理论基础与保障,主要研究了体能训练的生理学基础、心理学基础和运动学基础等理论知识,并对体能训练科学保障的措施,即营养补充和损伤康复做出了重点研究。第三章为高校体能训练计划与运动处方的制定,体能训练计划和运动处方是大学生进行体能训练的指导性文件,对大学生的体能训练具有重要的指导意义。第四章主要对《国家学生体质健康标准》进行了全方位地解读,对帮助大学生充分了解《国家学生体质健康标准》的内涵,并依据这一标准进行体育锻炼具有重要的作用。第五章为高校学生体质测试的内容与方法,通过此项测试,大学生能及时、清晰地认识到自身身体形态、身体机能和身体素质的发展水平,进而参加有针对性的体能训练。第六章至第十章为大学生力量、速度、耐力、柔韧、灵敏等几项身体素质训练方法的研究,通过这些科学的训练方法,大学生能有效提高自己的体质水平,促进自身综合素质的发展与提高。

总体来看,本书内容丰富、逻辑清晰,知识结构比较健全,对理论方面的研究具体而深刻,对体能素质训练实践方面的编排科学而合理,是一本集理论性、科学性、指导性、实用性等为一体的教学研究和指导用书。

在编撰的过程中,本书参考和借鉴了大量的有关体能训练方面的书籍和资料,在此向有关专家及学者致以诚恳的谢意。当然,由于时间、精力有限,不足之处在所难免,恳请广大读者批评指正。

作　者

2015 年 9 月

目　　录

第一章 体能训练的基本知识及发展

体能训练不仅是提高高校学生身体素质的一种常用手段,同时也是高校学生参与体育运动的基本要求,因此掌握一定的体能训练基本知识对于高校学生来说非常必要。本章将分别从体能与体能训练、体能训练的价值及作用、大学生体能训练的特点以及大学生体能训练的发展对策几方面进行阐述。

第一节 体能与体能训练

一、体　能

体能一词源于美国,其英文是 Physical Fitness。在英文的文献当中,体能指的是身体对某种事物的适应能力。"体能"一词的名称在不同的国家与地区也有所不同,法国人将其称为"身体适性",德国人认为它指的是"工作能力",日本人称其为"体力",而在中国的香港和台湾地区它被称为"体适能"。

目前对于体能的概念,学术界尚未形成统一的界定,不同的学者有着很多不同的观点与见解。其中关于体能概念较为典型的阐释如下。

董国珍等学者认为:"体能指运动员机体的基本运动能力,是运动员竞技能力的重要构成部分"。

王兴认为,体能是体力和专项运动能力的统称。体力包括身体素质与潜力,身体素质特指专项身体素质;专项运动能力是指在对抗或与比赛相似的情境下掌握各种技术的能力。

王向宏等一些学者认为,体能指的是有机体在先天遗传的基础上,通过后天训练而获得的在形态结构、功能和调节方面及其在物质能量的贮存与转移方面所具有的潜在能力以及与外界环境相结合所表现出来的综合运动能力。

郭恩显等人在综合国内外学者研究的基础上把"体能"定义为:"机体在先天遗传因素的基础上经后天训练获得的在各项活动中,承受负荷与适应环境变化的能力。在结构上,它包括身体形态、身体机能、运动素质和健康水平四部分,其中,运动素质是体能的核心。

通过上述关于体能的概念可以看出,不同的学者对体能概念的认识存在着一定的区别。但是总体来讲,体能概念主要受以下三个方面的影响。

(1)运动素质。很多人都将体能看作是一种运动素质,把运动素质作为体能的全部内容。也就是说,体能必须在运动时通过肌肉收缩才能表现出来,体能的表现与肌肉有着直接联系,即凡是不运动时的身体能力表现与体能无关,甚至认为耐力或专项耐力就是体能,使得体能的范围越来越小。我国现行的《运动训练学》认为,体能受身体形态、身体机能和运动素质因素的影响。当运动时,人体的各个器官为了满足肌肉活动的需要,进行协调性工作,即运动作为刺激因素,使机体的器官机能围绕运动而展开,而运动仅仅是使身体各器官机能发生变化的刺激因素之一。

(2)心理因素。体能与心理因素有没有关系,就看从何角度来定义它了。如果我们只是把体能看作是肌肉的外部表现,心理因素的作用也就无法显现。如果我们把体能定义为在大脑控制下肌肉的活动能力,心理在体能中的作用也就能凸显出来。

(3)适应能力。当人们外出乘坐车、船、飞机这些工具时,身体机能都会发生不同程度的变化,如有些人在乘船时会感到眩晕恶心,但如果坐的次数多了,这种眩晕的感觉就会弱一些,身体也就具备了抗眩晕的能力。另外,当外界环境发生变化时,为了适应气候的变化,也要进行一定时间的训练适应。通常将这种适应工作环境和适应生存环境的能力称为适应能力,它与运动素质同为影响体能的生理要素。

通过对体育概念影响因素的分析,能够了解到体能的概念界定是有一定难度的,不同的立场和视角所看到的体能的内涵和外延是不同的。目前,有关体能概念的观点主要分为四类,即专项耐力论、机能能力论、身体基本运动能力、大小体能论。

综上所述,我们可以将体能的概念总结为:体能指的是有机体在先天遗传的基础上,通过后天训练而获得的在形态结构、功能和调节方面及其在物质能量的贮存与转移方面所具有的潜在能力以及与外界环境相结合所表现出来的综合运动能力。体能的大小是由机体形态结构、系统器官的机能水平、能量物质的贮备与基础代谢水平及外界环境等条件决定的。运动训练是发展和提高体能的主要手段。运动素质是体能的主要外在表现形式,在运动中表现为力量、耐力、速度、柔韧和灵敏等各种运动能力。

二、体能训练

(一)体能训练的概念

目前来讲,体能训练仍然是一门正在形成和发展中的新学科,其概念的界定会表现出不成熟性。

关于体能训练的概念,国外的一些学者认为,提高专项体能训练可从以下三个方面入手:一为"Training",就是指在运动生理、运动生化和医学等有关原理的指导下,所进行的提高机体对训练负荷和比赛负荷适应能力的训练,这方面的教练员称为"Trainer";二为"Coaching",指的是运用生物力学与专项理论知识所进行的技术、战术训练,这方面的教练称为"Coach";三为"Conditioning",主要侧重于心理学、营养学以及管理学等原理的应用,使运动员处于最佳竞技状态,这方面教练员称为"Instructor"。

而我国的相关学者则认为,体能训练指的是采用各种特定的方法和手段,全面提升运动员的各生理系统的机能和代谢水平,改善运动员的身体形态以及发展其运动素质和健康素质,从而使运动员的机体适应训练负荷和比赛负荷而进行的专门身体训练。

　　由此可见,体能训练的根本任务为在运动训练中通过运用各种有效的方法与手段,使运动员各器官系统机能水平和身体形态获得全面提高,运动素质得到全面发展,掌握大量运动技术和技能,从而为专项运动素质的充分发展,以及掌握、改进、提高专项运动技术和专项成绩创造有利条件。

　　通过上述国内外相关学者对于体能训练概念的大体阐释,参考关于体能训练概念的研究成果,同时结合体能训练的实践,可以将体能训练定义为:体能训练指的是结合专项需要并通过合理负荷的动作练习,从而改善运动员身体形态,提高有机体各器官系统机能的活动能力,充分发展运动素质,促进运动成绩提高为目的的训练过程。

　　在现代运动训练的几项内容中(其主要包括身体训练、技术训练、战术训练、心理训练、智力训练等),体能训练是技术训练与战术训练的基础,同时对掌握专项技术、战术,承担大负荷训练和激烈比赛,促进运动员身体健康,防止伤病以及延长运动寿命,都具有重要的意义。

(二)体能训练的相关理论

1. 体能训练的内容

　　体能训练的内容主要包括人的身体形态、身体机能以及运动素质三方面的内容。这三个方面都有相对独立的作用,彼此密切联系、相互制约、相互影响,其中每一个方面都会对体能的整体水平产生直接影响。体能训练的详细内容如下。

　　(1)身体形态

　　①身体形态的概念

　　身体形态是指人体的外部和内部形态特征。人体外部形态特征指标有高度、长度、围度、宽度和充实度等,其中,高度指标包括身高、坐高、足弓高等;长度指标包括腿长、臂长、手长、颈长、足长等;围度指标包括胸围、腿围、腰围、臀围等;宽度指标包括头宽、肩宽、髋宽等;充实度指标包括体重、皮脂厚度等。人体内部形态指标有心脏纵横径、肌肉的形状与横断面等。

　　②身体形态训练的意义

　　A. 身体形态的改善在一定程度上影响着运动素质的发展。

　　B. 运动员的身体形态对运动成绩有着直接的影响。不同的运动项目对运动员的身体形态有着不同的要求,而遗传和环境等对身体形态起着重要的决定作用。因此,在选材时,应根据运动项目的特点,从遗传等多因素出发,挑选出具有优越身体形态条件的运动后备人才。

　　C. 身体形态能够反映出相应的生长发育水平、身体机能水平和竞技水平,并在一定程度上影响着运动素质的发展。因此,应采用系统科学的方法对运动员的身体形态进行训练,以使运动员适应创造优异专项成绩的需要。

　　(2)身体机能

　　①身体机能的概念

　　身体机能是指运动员有机体各器官系统的功能。它是身体活动能力的基础,某一机能水平直接影响着运动时所需要的某一方面的能力。在运动训练中,经常使用的身体机能指标主要有心血管系统中的心率、血压、血红蛋白、心血管系统运动负荷、心电图;高级神经活动类型、血睾酮;肌肉结构中的肌纤维数量、长度、类型;呼吸系统中的肺活量、呼吸频率、最大摄氧量;感官功能中的视觉、听觉、平衡机能等。

人的正常身体机能都受到遗传因素的影响,同时又有变异。例如,神经类型的身体功能有着强烈的遗传基础,且表现出一种显性遗传;血型、血红蛋白、红白肌纤维比例等也具有明显的遗传特征;其他如最大吸氧量、血乳酸系统、最高心率等也主要受遗传因素的影响等。

②身体机能训练的意义

A. 由于身体机能的许多指标具有强烈的遗传特征,因此,从遗传学角度选择身体机能突出的运动员,这是运动员选材的一个重要方面。

B. 身体机能的某些指标通过后天训练是可以改变的,因此,应采用科学的训练方法,提高运动员的身体机能,为达到高水平成绩奠定基础。

C. 某一机能水平直接影响着运动时所需要的某一方面的能力,因此,必须全面发展和提高运动员的身体机能,以使其适应高水平运动训练的需要。

(3)运动素质

①力量素质

力量素质是指人体获得身体某部分肌肉在工作时克服阻力的能力。在运动训练中,力量素质是指机体完成动作时肌肉收缩对抗阻力的能力。力量素质可分为单纯性力量、速度力量和力量耐力。其中,单纯性力量是指人的身体某一部分克服阻力的能力,最大力量是指肌肉通过最大随意收缩抵抗无法克服阻力过程中所表现出来的最高力值;速度力量是以速度和加速度为表现形式,是指人体神经肌肉系统通过肌肉快速收缩来克服阻力的能力;力量耐力是指在一定阻力的情况下,有机体耐受疲劳的能力。

②速度素质

速度素质是指人体进行快速活动的能力,即在单位时间内迅速完成某一动作或通过某一距离的能力。速度素质按照其在运动中的表现形式可分为反应速度、动作速度和移动速度。其中,反应速度是指人体对声音、光、触等各种信号刺激的快速应答能力;动作速度是指人体或人体的某一部分完成单个动作或成套动作的快慢以及单位时间内重复动作次数多少的能力;移动速度是指在周期性运动中,单位时间内人体快速位移的能力。

③耐力素质

耐力素质是指人体在长时间工作或运动中克服疲劳的能力,它是反映人体健康水平或体质强弱的重要标志之一,在人体体能素质中发挥着极为重要的作用。在运动实践中,经常从能量供应方式和运动训练的角度对耐力素质进行分类。按照能量供应方式,可将耐力素质分为无氧耐力和有氧耐力;从运动训练的角度,可将耐力素质分为一般耐力和专项耐力。其中,无氧耐力是指机体在氧供应不充足的情况下,坚持长时间运动的能力;有氧耐力与无氧耐力相反,它是指机体在氧气供应充足的情况下,坚持长时间运动的能力;一般耐力是指机体多肌群、多系统长时间工作的能力;专项耐力是指机体为了获取专项成绩,最大限度地动员机能能力,克服专项负荷所产生的疲劳的能力。

④柔韧素质

柔韧素质是指人体关节在不同方向上的运动能力,以及肌肉韧带等软组织的伸展能力。根据运动训练的需要,可将柔韧素质分为一般柔韧素质和专项柔韧素质。其中,一般柔韧素质是指适应于一般身体、技术、战术等训练所需要的柔韧素质;专项柔韧素质是指在专项运动中所需要的特殊柔韧素质,它是掌握与提高专项运动技术不可缺少的一项身体素质。

⑤灵敏素质

灵敏素质指的是人体在各种突然变换的条件下,快速、协调、敏捷、准确地完成动作的能力。按照体能训练的目的和项目类型,可将灵敏素质分为一般灵敏素质和专项灵敏素质。其中,一般灵敏素质是指在完成各种复杂动作时,表现出来的适应变化着的外部环境的能力;专项灵敏素质是指根据各专项所需要的,与专项技术有密切关系的,以及适应变化着的外部环境的能力。

2. 体能训练的基本要求

(1)与运动技战术紧密结合

运动者在体能训练过程中应该紧密结合运动技术与战术进行,使体能训练获得的训练效果与专项技术和战术有机地联系在一起,从而使其能够在比赛中通过技术和战术的形式充分地发挥出来。体能训练手段的选择和运用是使体能训练与技术、战术训练紧密结合的关键,专项体能训练的内容安排和训练手段的选用,不仅要突出专项特征,在表现形式上尽量与专项技术动作或战术动作相一致,同时还应该充分考虑身体练习的生物力学等特征,从而有利于体能训练的效果通过专项技术、战术转化到实际的运动比赛中。

(2)突出重点并全面发展

运动者应该全面发展自身的运动能力,从而为进行专项训练打下坚实的基础,为专项体能训练的进一步发展创造有利条件。专项训练和比赛要求运动员具有良好的身体素质和运动能力,这就要求运动员不仅要具备全面发展的体能素质,而且还应具备个人特长。因此,在进行体能训练时,运动员不仅要全面发展身体运动能力,而且还应根据个人的具体情况和专项比赛的需要,做到因人、因项、因时而异,有所侧重,全面而有重点地进行体能训练。

(3)合理安排一般身体训练与专项身体训练的比例

运动员应该合理科学地安排一般身体训练与专项身体训练的比例,这是由于一般身体训练所发展的机能潜力是专项训练发展的基础条件,它可以促进专项运动素质的发展,为技术和战术训练水平的提高打下良好的机能基础,弥补因专项训练而对身体发展所造成的局限性。但是一般身体训练不能取代专项身体训练,尤其是在高水平训练阶段。而训练者只有强化专项身体训练,才能最有效地发展专项训练和比赛所需的运动能力。因此,在体能训练过程中,应根据运动员多年训练过程的不同发展阶段和年度训练各时期、各阶段对体能训练的要求,合理安排一般身体训练和专项身体训练,从而使运动员的运动素质和身体机能获得良好的发展,从而满足专项训练和比赛对体能的要求。

(4)对体能训练效果进行系统评价

经常性地对体能训练效果进行评价有助于运动者更加清楚了解自身的机能水平状况,从而有效提升体能训练的科学性与针对性。因此,运动者在体能训练过程中应该系统地对运动员的身体运动能力进行定期或不定期的测验,检查体能训练的效果。通过训练信息的反馈,运用量化分析和定性分析,评定体能训练是否达到了预期目标,弄清楚哪些运动素质和机能水平已经具备专项所需程度或已经达到特定阶段应具备的状态,哪些运动素质或机能水平还没有达到要求,从而有利于找出体能训练的薄弱环节,从而为运动员体能训练的组织和实施以及体能训练过程的控制,提供科学依据以及提高训练的针对性。

3. 体能训练的研究方法

对于体能训练而言,其研究需要根据研究对象与特点并采用一些具体的研究方法来进行研究。通常来讲,体能训练的研究方法包括以下几种。

(1)系统研究法

体能训练本身是一个多层次、多系列而且内在完整的体系与开放系统,因此应该在广泛的信息交流中让该学科的研究变得有更为有序与成熟。因此,系统方法是体能训练学的一种重要研究方法。体能训练系统研究法主要有控制论、信息论、系统论、耗散结构论、协同论以及突变论等。

(2)逻辑研究法

所有学科的研究时都离不开比较、分类、类比、归纳、演绎、假说、综合以及证明等逻辑方法。体能训练学的研究不仅需要揭示出体能训练的基本规律,同时还应该扩大已经具备的知识范畴,要实现从直观到抽象的思维就需要运用逻辑方法。通过这种方式才能由感性认识逐渐上升为理性认识,才能在科学抽象的基础上得出最终结论。

(3)经验研究法

体能训练中的经验研究法主要有观察法、实验法、调查法、模拟法以及仿生法等。例如,对体能训练动作、运动素质、运动素质发展的敏感期、各项群运动员的体能训练方法、体能训练与运动成绩的关系等的研究,应该通过观察法、实验法以及调查法进行研究;在借鉴其他各种学科的理论研究成果时,就应该采用移植法;对体能训练方法与发展运动素质的关系进行实验研究时,应该采用模拟法与仿生法。

(4)综合研究法

体能训练的研究相当复杂。由于体能训练本身就是一个很复杂的完整体系,对于体能训练的研究如果采用之前狭隘的单一的研究方法是难以取得成果的。因此,在研究过程中应该采用多学科的、综合的研究方法。这些研究方法既包括逻辑法、经验法、系统方法,同时还有文献资料研究法、数学方法、预测方法等。广泛并综合利用多个学科的研究方法是体能训练学研究方法的一种发展趋势。

第二节 体能训练的价值及作用

体能训练除了能够增强大学生的身体素质之外,还具有很多价值与作用。具体来讲,大学生体能训练的价值及作用主要包括以下几个方面。

一、发展运动素质

系统的体能训练能够有效发展大学生的力量、耐力、速度、柔韧、灵敏和协调能力等运动素质,这些素质有助于充分挖掘人体运动能力方面的潜力,从而显著提升大学生的运动水平。因此,体能训练是实现这一目标的有效途径与重要的手段。

通过体能训练,可以有效地发展大学生的力量水平,提升速度与耐力素质,并使运动专项所需的柔韧素质获得良好的发展,获得更好地灵敏素质和协调能力,使专项运动素质得到最大限度地提高,一般运动素质得到协调一致的发展,为最大限度地创造优异的体育运动专项成绩奠定坚实的基础。

二、增强体质并促进健康

系统的体能训练有助于增强大学生的体质,从而增进身体健康。

体能训练可以有效地提高大学生内脏器官尤其是心血管系统、呼吸系统的机能,增强骨骼、肌肉、肌腱以及韧带等运动器官的功能,并使中枢神经系统机能得到明显的改善;对克服人体的生理惰性和促进新陈代谢等也具有重要的作用。上述作用不仅有助于提高大学生机体对外界环境的适应能力,而且还能够增强身体对于疾病的抵抗能力,从而有助于大学生增强身体素质、增进身体健康。

三、培养品质并稳定比赛心理

体能训练对于培养大学生的良好的心理品质、稳定比赛心理具有非常重要的意义。体能训练的练习过程非常艰苦,而艰苦的体能训练能够培养大学生吃苦耐劳、坚韧不拔等良好的心理品质。竞争激烈的体育运动比赛对于大学生的心理素质提出了非常高的要求,而良好的比赛心理常常建立在大学生高度发展的体能基础之上。而良好的体能可为大学生带来旺盛的精力、充沛的体力以及抵抗疲劳的能力,使他们在训练和比赛中具有较好的充实感和自信感,从而提高大学生运动比赛与训练中的稳定性,而这些方面往往会对大学生的心理稳定性产生重要影响。反之,如果"力不从心",就会为比赛所需的体力担忧,从而对比赛心理的稳定产生很大的消极影响。

四、有助于掌握复杂的运动技战术

体能训练不仅有助于增强大学生的身体素质,同时还有助于大学生掌握复杂的运动技战术。事实上,体能训练就是使运动者的有机体各器官系统功能协调发展,具有完备的从事专项竞技运动能力的过程。任何一种运动技术动作的完成都需要一定的身体运动能力作为保证,随着各运动项目技术动作难度的增加,对运动者的体能素质提出了更高的要求。此外,根据技能迁移的相关原理,运动者掌握的动作技能越多,其学习特定动作技能的能力就越强。运动者的体能训练正是通过各种具体的身体练习动作予以实施的,这些练习动作的学习和掌握对于专项技术的深化与发展非常有帮助。现代体育运动竞赛的对抗非常激烈,战术行动具有高强度、多样性以及多边性等特征,战术动作的完成对于运动者机体的功能和身体素质提出了更高的要求,这同时也对大学生机体的功能与身体素质提出了专门要求。

运动技战术训练中包含一定的身体训练成分,但是各运动专项对体能的要求仅凭技战术的训练是不能达到的,只有经过专门组织的体能训练提高身体适应能力,才能满足运动专项技战术的特殊要求。

五、有助于延长运动者的运动寿命

系统的体能训练不仅能够帮助大学生创造优异的运动比赛成绩,同时还能够有效延长其运动的寿命。大学生获得优异运动成绩的主导因素就是运动竞技能力,而身体形态、身体机能、运动素质、技术、战术、心理和智力等因素对于竞技能力起着决定作用。这些因素可以近似地概括为体能、技能和心理能力。而体能是由大学生的身体形态、身体机能和运动素质表现出来的,这一特点决定了体能是竞技能力的重要物质基础。

一般来说,大学生的运动素质发展水平、机能发展水平等对运动成绩具有非常重要的影响。高水平的体能训练能够有效促进大学生的身体健康,提高抵抗疾病的免疫力和身体机能,能够有效地防止出现伤病,即使出现伤病,也能够得到缓解。同时,良好的体能发展使得大学生的身体形态结构的改变更为深刻,身体机能水平提高的幅度更大,由此产生的训练适应更稳固,大学生专项竞技能力的发展和保持的时间就更长,从而有效延长大学生的运动寿命。此外,体能训练对于大学生身体形态的改变也非常明显,有机体机能发展水平越高,其衰退的速度就会越慢,持续的时间也就越长。这样,专项技战术发挥和保持的时间相应也会更长,运动水平衰退的速度也就更慢,从而可以有效延长大学生的运动寿命。高水平的体能训练对于增强大学生的体质、提高抵抗疾病的免疫力与身体机能,以及有效预防和缓解伤病等具有非常积极的作用。

六、更加适应高强度的运动比赛需要

体能训练有助于大学生适应大负荷训练与高强度体育运动比赛的需要,从而为大学生取得更好的体育运动比赛成绩创造有利条件。现代竞技运动竞赛竞争激烈,大学生要想在体育运动比赛中获得优异的比赛成绩,必须进行大负荷的运动训练同时具备高度发展的体能素质,只有这样才能保证运动技战术水平在比赛中的运用与发挥。高强度、高速度、高密度和大运动量的训练是高水平训练课的主要特征。

第三节 大学生体能训练的特点

一、大学生体能训练的基本特点

大学生体能训练的特点是人们对大学生体能训练客观规律的认识与总结,是大学生体能训练成功经验的一种总结与概括,认识到大学生体能训练的基本特点有助于更好地安排与开展大学生体能训练的工作。

（一）体能训练的客观性特点

由于每个训练者的个人状况不同、每个运动项目不同、训练的条件不同等各种因素，在进行体能训练时，要从训练对象的个人特点、比赛要求、训练条件等实际情况出发进行安排。此原则要求体能训练必须要有针对性，要紧紧围绕提高专项成绩和技术水平这一最终目标进行；要根据训练者的主观和客观条件以及专项需要，合理确定和安排体能练习的内容与负荷；还应使训练者的运动素质在各个方面按比例平衡地发展，以适应提高运动技术水平的要求。

（二）体能训练的全面性特点

体能训练的全面性指的是在发展专项运动技能的前提下，应该对运动员的各项身体素质进行全方面地安排，从而使身体形态、技能、身体素质以及心理素质等各方面都获得全面和谐的发展。体能训练全面性特点的主要依据包括以下几个方面。

（1）达到高水平的运动技能的前提与基础就是广泛的、全面发展的运动素质与全面提高的身体机能。

（2）人体各器官系统之间存在相互依赖和相互依存的关系。发展大学生的运动素质要求人体若干系统的同时介入，因此在运动训练的初期应该采用正确的全面发展运动素质的方法，从而使发展运动技能中要求的所有形态与机能都得到高水平的全面发展。

（3）要获得高水平的运动成绩，应该在大学生早期训练阶段全面提高运动素质。这是由于早期训练阶段的全面运动素质是相互影响和相互制约的。

运动素质与运动技能的转移需要一定的基础条件，专项运动素质与技能同样需要建立在一般运动素质的基础上，只有全面安排才能够创造出这种条件与可能，使专项所需的一切得到充分发展。随着大学生运动水平的不断提高，在保证了训练者身体各方面素质全面性发展的同时，也应该保证其训练的专项性。

（三）体能训练的专项性特点

体能训练的专项性指的是在全面性体能训练的基础上，根据大学生所参与各运动项目的技战术与专项能力的特点，充分发展专项所需的运动素质，从而帮助运动员直接创造优异的专项运动成绩。这一特点的主要依据包括以下几个方面的内容。

（1）体能训练的主要目标都是通过运动专项的成绩体现的，所以大学生的体能训练不可以偏离专项运动训练这个最终的目标。

（2）对于大学生所参与的运动项目中的技战术练习是专项训练的一项重要内容，体能训练可以为技战术的训练提供基础。掌握先进的技术是发挥训练水平的重要前提，因此体能训练应该与专项技战术相结合。

（3）结合专项进行体能训练，能够使运动员在身体形态以及机能方面对该运动项目的特殊要求产生适应，从而促进大学生专项成绩的提高。

（4）许多项目运动员年轻化的趋势也迫使体能训练必须紧密结合专项实际。

由此可见，大学生的体能训练必须科学地确定体能训练与专项训练的比重；体能训练的内容与手段应该突出重点，同时紧密结合专项需要确定与充分发展与运动专项相关的最重要的运动素质与机能,从而做到针对性。

(四)体能训练的系统性特点

体能训练的系统性指的是训练者(主要指大学生运动员)在开始从事训练到创造优异成绩,甚至终身参加运动都应按照体能发展的内在规律进行相应的合理规划,并进行持续的运动训练。这一特点要求对整个运动训练进行系统的规划,包括训练的内容、手段以及负荷等各个方面,都应该做出系统的安排。人的生长发育在不同的年龄阶段表现出明显的不均衡性,人在青少年时期运动素质会表现出发展的"敏感期",这一阶段就应该抓住有利时机,采取相应内容的体能训练,促使其最大限度地良好发展,充分挖掘运动素质潜力,从而为创造高水平成绩打下坚实的基础;当达到高水平成绩后,运动员有机体形态、机能的改造已经基本完善,运动素质的提高处于相对稳定状态,这时候就应该细致考虑来寻找下一步发展的可能性。

二、大学生体能训练的具体特点

(一)以力量素质训练为核心

肌肉力量大小对于人体体能具有非常重要的作用,肌肉力量是肌肉组织在神经系统的支配下进行收缩、放松所致,肌肉的力量直接影响着其他各项运动素质的发展与提高,肌肉力量可以说是一切运动能力的原动力。因此,大学生的体能训练表现出以力量素质训练为核心的特点。

体能训练过程中,应该始终把力量训练作为最重要的核心内容。力量素质训练主要表现出以下特点。

1. 训练的系统全面性

大学生应该注意选择合理的训练方法,不仅要使大肌肉群和主要肌肉群得到训练,同时还应该注重小肌肉群与远端肌肉群的发展,从而使它们获得同步协调地发展,否则不仅不利于运动成绩的提高,还非常容易造成运动损伤的发生。此外,力量素质训练应该注意循序渐进以及长期系统化,做到训练的系统全面性。

2. 结合运动专项的针对性

在系统全面性训练的基础上,大学生对于所参加的运动项目特点还应该有的放矢地提高力量素质。例如,田径运动中的投掷运动员应该注重最大力量与爆发力的训练,短跑和跳跃项目的运动员应该侧重快速力量、相对力量和爆发力的发展,而长跑运动员应该注重力量耐力的提高等。只有这样才能够提高专项运动中的力量水平,从而取得优异的运动成绩。

(二)以耐力素质训练为基础

在耐力素质训练当中,疲劳是影响与限制运动者运动成绩的一项重要因素。任何一种运动项目对于耐力素质都有一定的要求,而对于那些必须具备高水平耐力素质的运动项目(如中长跑、足球、马拉松等),耐力素质的要求更高。要想提高耐力素质就应该做到以下三个方面的内容。

首先,提高呼吸的质量,由于氧的摄取是通过提高呼吸频率和加深呼吸深度来实现的,在训练过程中应该着重培养运动者以加深呼吸深度为主的供氧能力,从而提高呼吸的效率,节省体力;另外,还应该注意呼吸节奏与动作节奏之间的协调。

其次,以有氧训练为基础。由于无氧耐力是建立在有氧耐力发展基础之上的,因此在进行无氧耐力训练之前应该先进行有氧耐力训练,从而使运动员的心脏容积增大,每搏输出量增多,从而为无氧耐力训练奠定基础。

最后,要结合运动专项需要。由于大学生所参与的运动项目不同,对于耐力的需求也各有差异,训练的内容与方法同样有所区别:从事中长距离项目的运动员主要是进行有氧耐力的训练,特点是持续时间长、负荷强度相对较小。而从事短距离项目的运动员,则主要以无氧耐力训练为主,特点是强度大、持续时间短,以此来达到不同项目所需要的训练效果。

(三)以速度素质训练为灵魂

速度对于运动者的运动能力非常重要,特别是在一些按照速度决定成绩的项目中,如田径的赛跑、游泳等。因为不管从事哪一种运动项目,高速度的水平永远是终极的目标,如篮球运动员的反应速度和移动速度、跳跃运动员的助跑速度和起跳速度等。因此,速度能力的提升是运动素质训练内容中的重要内容。速度素质的训练特点主要表现为以下几个方面。

1. 运动能力培养的全面性

大学生在进行速度素质训练时一定要充分考虑多种因素的影响,这主要是由于速度能力是一种综合能力的体现。在进行速度素质训练的同时还应该注意多种素质能力的培养,力量、爆发力、协调性甚至还有心理训练等,这些都能够为大学生速度素质的提升起到重要的辅助作用。

2. 运动计划安排的合理性

由于速度训练对于运动员神经和肌肉系统的灵活性要求很高,刺激强度也较大,因此在训练中应该注意两个方面:第一,应该尽量安排在运动员体力充沛、兴奋性以及运动欲望较强的情况下进行训练,从而有效保证体能训练的质量;第二,应该严格控制量与强度以及练习与间歇等方面的关系,避免运动损伤和疲劳的出现。由此可见,速度素质的训练表现出运动计划安排的合理性特点。

3. 结合运动专项的紧密性

因为不同的动作结构训练所获得的速度能力并不会体现在专项运动方面,所以在进行体能训练过程中一定要紧密结合所参与运动项目的特点与技术动作的要求,并采取具有针对性的方法与手段。因此,速度素质的训练表现出结合运动专项的特点。

(四)以灵敏协调素质训练为保证

灵敏性素质与协调能力对于大学生参与运动项目的技能的形成和发展具有很重要的支配作用,是迅速、准确、省力地进行与完成各种运动技能的基本能力与重要保障。如果大学生训练者的协调性不好,要想达到比较高的运动水平是十分困难的。灵敏与协调性的训练也是大学生进行体能训练非常重要的一项身体素质。灵敏与协调性素质的训练特点主要包括以下几个方面。

1. 多样化的训练方式

训练手段要灵活多样,注意其调节性、娱乐性和趣味性,从而有利于大学生在体能训练期间保持比较高的兴奋性,从而有效地提升各种分析器的功能水平。

2. 科学化的训练时间

灵敏协调性练习对大学生体能训练的兴奋性、神经系统要求较高,一般不宜放在大运动量的训练课后进行,练习的次数和时间也不宜过多、过长,并应保证足够的间歇时间,否则会影响体能训练的效果。由此可见,大学生体能训练的训练时间表现出科学化的训练特点。

3. 合理化的训练内容

灵敏协调素质是人体各种能力的综合体现,它受到平衡、节奏、反应以及空间定位能力等多种因素的影响。然而,这些能力在人的各个年龄段的提高程度也有很大的区别,如发展平衡、反应能力的最佳年龄是 7—13 岁,灵活性的发展时机则最好在 6—12 岁。大学生的年龄基本上处于青春发育的后期,其灵敏性与协调能力还有一定的发展空间,因此,大学生训练内容具有一定的侧重性,表现出合理化的特点。

第四节　大学生体能训练的发展趋势与对策

相较于大学生的一般性体能训练,大学生运动员的体能训练特点和发展趋势表现更加明显,本节主要以大学生运动员为主要研究对象,对该群体的体能训练的发展趋势与对策进行深入、细致地研究。

一、大学生体能训练的发展趋势

(一)体能训练手段的先进化

随着体育科学化进程的不断加快,大学生的体能训练也逐渐向科学化的方向发展。

体能训练的科学化就是指通过对科学理论与方法以及科技成果等的应用,使训练取得一定的成效,达到体能训练的定量化和科学化的标准。具体来讲,就是在体能训练的过程中,为了实现有效地提高大学生运动员的体能水平、取得理想的训练效果和良好的运动成绩的目的,体育教练以及相关的辅助人员具有较高的科技文化素质,并以科学理论作指导,制定科学的训练计划,广泛运用科技成果,采用先进的技术与科学的训练方法和手段,对体能训练的全过程进行最佳的调控。

(二)体能训练负荷的不断增大

在体能训练之后,恢复措施的不断完善为大学生训练中负荷的增大创造了更好的条件。

在如今的体能训练过程中,训练的负荷主要表现为两方面:一是负荷的数量;二是负荷的强度。其中,体能训练的特点就主要体现在训练的大强度上。机体在受到不断的刺激下会不断形成新的适应,这是训练水平提高的基础。然而,机体对训练强度的刺激反应最为强烈。因此,在体能训练中,训练负荷的安排是以强度作为训练负荷的灵魂。对训练强度这个因素的重视不仅体现在竞赛期,还体现在准备期。即使在准备期,仍需安排一定比例的较大强度的专项速度与爆发力训练;相比之下,竞赛期期间,强度的要求更突出和集中一些。

运动实践表明,在较大训练强度情况下,一方面,技术的改进能更好地表现在比赛中;另一方面,也容易控制大学生运动员的竞技状态。但需要注意的是,一定要在完善恢复措施的保障下增大体能训练的负荷。

(三)女子训练的日益"男性化"

在女子体能训练中,借鉴男子训练的经验能有效提高训练水平。这是由于在竞技体育史上,男子运动项目的设立要早于女子,因此相对而言其竞技水平也要高于女子。对男子训练经验的合理借鉴已经成为体能训练的发展趋势之一,并且这一趋向越来越受到重视,尤其是在女子运动员体能的选材时,主要包括运动素质的训练以及与体能密切相关的意志品质与有关心理能力方面等。研究发现,与男子相比,女子运动员的承受负荷能力并不低于男子,而且女子能量补充的利用高于男子。

目前,女子的身材越来越趋于高大,肌肉越来越强壮。在体能训练当中,女子训练日趋男性化主要表现为以下几个方面:第一,发展女子运动员的运动素质,是按照对男运动员的要求,且各专项素质水平得到大大加强;第二,训练中手段与负荷特征基本与男子接近或者相同;第三,训练中提高强度等也常采用男运动员训练的方式。

(四)恢复训练体系的高效能化

现代体能训练的一个重要特征表现为对运动员的恢复训练高度重视,同时采取多种手段实现恢复的迅速实现。现代训练理论认为:"恢复是训练的保证""没有恢复就没有训练""恢复是训练的延续"。这些观点都揭示出训练之后恢复的重要意义。

对于现今的体能训练来说,较之以前更加重视并强调专项训练与高强度的训练。在这种发展形势下,恢复训练的作用就更加不可忽视。由此建立了现代体能训练恢复理论,对恢复机制进行研究,出现了各种先进的恢复手段和方式。另外,恢复中心的建立和专职的恢复研究人员的设置,对运动员恢复训练的环境有着极大的改善,同时使许多运动伤病的出现得到了有效地避免。这在一方面有利于大学生运动员更好地争取与创造优异的运动成绩;另一方面还有助于大学生运动员充分利用一切可能的条件促进自身的身体健康。

因此,恢复训练体系高效能化具有非常重要的意义,主要表现在以下几个方面:第一,为大学生运动员的优异成绩做出了很大贡献;第二,有效推动了竞技体育的可持续发展。

(五)体能训练的高度专项化

如今,大学生体能训练越来越呈现出专项化的发展趋势。以篮球项目的体能训练为例,其专项体能训练与一般体能训练的比例约为 4:1,在专项体能训练中,有球和无球训练的比例约为1∶1。以往枯燥乏味的田径场训练与杠铃练习在不断减少,而多种多样高度专项化的训练方法不断出现。

此外,对于篮球专项而言,速度耐力指的是高速加速跑的速度耐力和高速度、大幅度的单个动作速度耐力(如转身、抢断),并不是1 500米或3 200米的一般耐力,也不是短跑运动员绝对速度的速度耐力。为此,在实际的体能训练中就应该科学处理一般耐力训练与专项速度的关系。以不同距离的运球跑、一对一抢截球练习或多人抢截球练习、半场战术跑位练习等为主,以800~1 500米中长跑,以及短、中距离的快速跑和反复跑为辅。又如,在进行大学生篮球运动者的灵敏素质训练时,应该与篮球的技术动作特征相结合,采用多种对抗形式的、连续地变向运球躲闪、摆脱的训练方法来实现灵敏素质的提升。

(六)体能训练方法的多样化

随着对体能训练研究的不断深入,大学生体能训练方面逐渐积累了更多有效的经验,总结了多种训练的方法。因此,当前的大学生体能训练的重要发展趋势包括体能训练的方法多样化。

现代的体育发展和运动员体能的提高都是以"速度"与"力量"为核心,更为强调实效性和在发挥个人特点的基础上不断完善技术。在大学生体能训练当中,传统的训练方法也应该进行合理的保留,包括重复法、循环法、持续法、间歇法等。另外,很多新的训练方法由于高科技手段的引进在体能训练中得到了应用,如电刺激法、计算机训练法等。同时,也可以将传统的体能训练方法与新型的训练方法相结合,这在一方面为传统的体能训练注入了更多的活力,在另一方面也使得两种方法在持续的碰撞中产生更多的效果。

(七)体能训练更接近比赛状态

在体能训练的过程中,高水平运动者更加强调与专项特定要求相结合,重视训练项目和内容的专门性。训练中专项训练的比重随着训练专门化程度的增加而大幅度增长,相对来说,一般身体练习只用来作为一种积极性恢复手段,则相对减少。

现代体能训练的基本特征主要体现在训练手段明确分类和高度集中,具体来讲就是要将专项化与肌肉供能的特点作为依据,尽可能做到训练内容与方法的有效结合,同时还应该使所采用的训练手段具有明确的目的性。

专项力量水平的要求随着运动水平的不断提升而有所提高,这就使运动者的专项力量训练得到了进一步的深化与改革。那么,想要有效地提升与发展大学生专项所需的肌肉力量,之前的多种肌群力量训练方法已经逐渐转向了以局部的单肌群的即逐条逐群的发展以达到全面提高专项力量的方法。也就是说,力量训练采取的方法愈来愈多,并且更加具体化和有针对性。同时,多种训练方法与手段的供能特点及对机体的负荷特征更加接近大学生进行比赛时的状态,在训练过程的各阶段的训练任务均围绕比赛要求有目的选择体能训练手段。

二、大学生体能训练的发展对策

(一)大学生体能训练存在的问题

1. 体能训练的理论研究不够深入

我国对体能训练不断进行着理论研究,但是体能训练理论研究仍然存在着很大的局限性,具体表现为对体能训练的概念还没有形成一个清晰的认识,也没能建立起一个完善的体能训练理论与实践体系。我国体能训练理论专家将运动项目分为技能类和体能类两大类,其中体能类的又包括耐力性和速度力量性两种,这是以运动员竞技能力的主导要素为依据的。对于体能类的竞技运动,体能是运动员竞技能力的主导和核心,其大小决定着激烈比赛的胜负。运动员的体能是由一定的要素组成的,主要是身体形态、生理机能和运动素质,其中每种要素又有着大量的指标,对运动员某方面的状态进行着反映,运动员的体能水平就是这些要素指标整体的有机综合构成的。对体能训练进行研究自然包括对运动员体能的研究,从研究的情况来看,主要有三方面的内容。第一,是对运动员体能构成的分类研究,主要是从形态、机能、素质三个层面,通过具体指标来研究运动员体能的某一方面的状况;第二,在第一点的基础上,对运动员体能水平综合表现的指标构成的研究;第三,从运动员的整体竞技能力结构对运动员体能的总体宏观研究。这些研究从不同侧面加深了对人体特殊要求的认识,也有利于体能专项训练的科学化,但是问题同样存在。从上述研究可以看出,它们都是将体能看作一个整体进行的研究,很少涉及其对专项运动成绩的影响;研究中也对构成运动员体能水平的具体指标进行了研究,但对指标对运动成绩的影响研究较少。尤其是对于一些具有较高水平的运动员,缺乏体能水平理论与方法学的研究,应用方面的研究也相对缺乏,整体上来看,有关运动员体能训练理论与方法的完整的体系尚未形成。

2. 体能训练的训练思路不够合理

训练工作的指导思想即为体能训练的思路,它是对于训练规律的一种客观认识。"对运动成绩本质的理解和对训练工作的设计以及对训练过程的控制"是其核心问题所在。训练思路的正确与否,会对训练工作产生重大的影响,尤其是打着"科学"招牌的错误训练思路,往往会贴上"理性认识"的标签,如果受这些贴上标签的所谓"理性认识"的蒙蔽,长久无法识破,那损失就会更加严重。20世纪50年代,以体能为基础的训练理论是运动训练学的最基本理论,它最先是从前苏联引进的,且迅速被我国训练界全部接受并加以利用,使之成为传统训练理论。

从传统训练理论的形成过程来分析,经历了所谓对训练规律"感性认识"到"理性认识"的升华,多数人认为具有"理性认识"的传统训练理论已经抓住运动训练规律的"本质"。也正是这种"思维范式"的确立,已经成为某些领导或部门漠视、搁置其他先进训练理论的原因之一。然而,到目前为止在训练界还不能说哪种训练理论是"终极"理论,是真正抓住运动训练的"本质规律",只能说对于目前运动训练本质规律的"认知"具有一定的"科学性"。因此,对于训练规律具有"理性认识"的传统训练理论,只是夸大其词,还远没达到。体能训练存在的问题,原因是多方面的,毫无疑问,训练思路是其中的重要因素,这对我国体能训练的发展有一定的阻碍作用,因此要建立起科学合理的训练思路。

3. 教练员缺乏足够的相关理论知识素养

体能训练是一项综合性的训练方式,但是当前我国体能训练的教练与之很不适应。其主要原因在于我国体能训练教练员组成相对单一,缺乏足够的综合性,体现在国外一些体能训练教练员大都具有运动生理学、运动解剖学、运动医学、物理治疗、运动心理学等多方面的专业知识,而我国的体能训练教练多是田径教练。这就导致了我国体能训练教练员对体能理论知识的认识存在着一定的片面性,限制了对体能训练体系的认识和训练水平的提高以及该学科的发展。我国体育科研的一大情况就是与运动训练相脱节,这导致了教练员对体能训练的知识和概念理解认识不够,体能知识不仅仅涉及人体的心肺功能,更重要的是涉及力量,体能训练不仅仅是简单的锻炼心肺功能的耐力跑训练,更重要的是与专项技术相关的力量训练,因为每一个运动技术动作都是由肌肉的收缩来完成的,同时体能训练也是预防伤病的重要手段,体能训练中的伸展训练,小肌群的力量训练在预防伤病的发生上起积极的作用,力量训练中片面注重大肌群的发展,忽视小肌群的训练(青少年);运动员进入高水平阶段后,专项快速力量与最大力量的关系也随之发生变化,并非依然成比例的发展,一些运动员可以在最大力量不提高的情况下使专项快速力量得到优先发展,这是由于最大力量并非是决定快速力量的唯一因素,研究表明,快速力量取决于肌肉的募集能力(最大力量)、神经冲动频率和肌群之间的配合(协调性)等三个主要因素。

4. 一般与专项体能训练安排不协调

体能训练中存在着一般体能训练与专项体能训练安排不合理的问题,具体来讲就是在运动中的基础和初级训练阶段,过早地运用成年运动员的训练方法和手段,专项训练的比例和强度过大,造成运动员的"早期专项化"。但是进入高水平训练阶段后,一般能力的训练仍保持着较高的比例,而没有重视专项能力训练,从而使高水平运动员难以实现突破,只能停滞在目前的专项体能水平上,甚至倒退。这种情况是一般体能训练与专项体能训练的错位,是对人体的生理发育规律的违背,也使训练的系统性原则遭到了破坏,造成运动员早衰或专项能力停滞不前。对于高水平训练阶段的运动员来说,竞技能力"可塑空间"逐渐减少,专项水平的提高日趋减慢是一个主要特征,这使得运动员对训练手段和负荷的要求显著增强,要对已经形成的"平衡"实现突破,必须进行非常专项化,个体化和高强度的训练,在更高的层次上建立新的平衡。20 世纪 90 年代以来,国外重新提出来高水平运动员专项训练的一个重要发展趋势是更加重视专项本身的训练。对于高水平运动员来说,完整和高强度的专项训练尤其重要。进入高水平训练阶段后,运动员成绩的提高很大程度上依靠"体能"的改善来实现。分解和局部的训练在训练负荷上难以达到"专项"的训练效果,显然无法有效提高专项能力。完整的专项练习是集机体各种不同能力为一身,从生理上、心理以及技战术等多方面对机体构成最全面和最适宜刺激的训练手段,从而使以突出整体和综合性为主要特征的专项能力得到有效发展。

5. 体能训练的"形式"与"力度"不协调

通过对体能训练原理"运动适应"原理进行分析可知,训练手段与训练负荷是影响训练效果的重要因素。其中,训练手段的选择决定了机体接受刺激的部位,而负荷的大小则确定了对某一部位刺激的程度,它们从内外两个方面确保了机体能力沿着预定的训练方向发展。然而,我国体能训练中普遍存在一个问题,即只注重专项训练的外在"形式"而忽视内在"力度"。在实践中,主要体现在教练员更倾向于选择那些与专项相近的训练手段,但对某一个专项练习的负荷,尤其是负荷强度缺乏科学的设计,在练习次数、组数以及次和组间隔等一些训练强度的主要构成要素上不能对专项的特点进行很好地反映或突出,这就不会有效刺激那些主要由负荷强度确定的机体能力,对专项的"适应"当然也就不可能产生。与国外先进水平相比,我国体能训练水平相对较低,差距也比较明显,但这种差距并不在于练习手段的专项化程度,而在于实施练习时的专项强度。由于受传统周期训练理论的影响,以"量"为主的训练原则仍然是我国部分成年一线运动员在准备期的专项体能训练所遵循的。很显然,这种低强度的专项练习不可能使参与运动的器官和系统达到符合专项要求的生理负荷,也无法冲击运动能力的"极限"。因此,这种体能训练仍然不能算作真正的专项体能训练,也不可能有效地提高运动员的专项能力,只是形式上专项,实质上非专项的训练尤其对那些速度快、距离短,以无氧供能为主的体能项目危害较大。有些教练员对体能训练"量"与"质"的关系理解不够深入,机械地认为数量的堆积是获得训练质量的前提,简单地将由训练量引起的机体疲劳作为衡量训练效果的指标。这种以"量"为主构成的训练,即便是运用了非常"专项化"的训练手段也不能够提高体能训练的"专项强度"。

6. 体能训练的方法不够科学

体能训练中存在着问题在很大程度上体现在体能训练的方法的不科学。人体是复杂的系统,对于人体运动训练的训练方法也必然是"复杂的适应系统",而且运动是发展着的,并非一成不变。因此,训练方法与运动成绩就像一个"函数",训练方法是"自变量",运动成绩是"因变量",训练方法(自变量)的正确与否,可以从运动成绩(因变量)上得到反映。然而,某些体育职能部门对于上述现象视而不见,不把训练方法当作"变量"看待,对于训练方法从不进行考究、反思,如果与实践愿望相违背,只会反复强调所谓的"体能训练""三从一大"等,假如这些还不能奏效的话,也只有剩下"拿人种论说事"。这些思想与做法的出现也不奇怪,因为传统训练方法的惯性思维在某种程度上已成定势。

事实上,国际体坛的训练方法自始至终都处于进化之中,其训练行为与传统训练理论相比有严重出入,特别是先进的训练实践,已远远超过传统训练理论的"认知"。然而,体育行政部门以传统训练理论为"科学训练理论",严格规范并加以推广,这样行政干预的结果,是导致其落后于国际体坛的主要原因。

7. 体能训练人才相当缺乏

我国体能训练的人才相对缺乏,人才培养的体制还很不完善,这是我国现代体能训练中存在的一个突出问题。但是,随着2008年北京奥运会的举行以及我国体育产业的不断发展,国家对体育训练的重视程度也不断加大。为了不断提高我国的体育竞技水平,发展体育产业,国家体育总局充分调动各省市和地方院校的积极性,给足政策,联合共建体能训练或某一个专项运动项目的专项体能实验室和科技服务队伍。也针对各企业和事业单位对劳动生产力素质的要求,尤其是体能的要求,建议各高等体育院校开设体能训练方向专选班,定向培养竞技体育和大众健身体育所需的体能训练专业人才。对于我国国内的体育院校来说,体能训练方向的专门人才培训体系和计划相对缺乏是导致现代体能训练这一问题存在的重要原因。目前国内缺乏体能训练的学生、教师和相应的体能训练教材,缺乏理论体系和实践操作环节,教法千篇一律,而美国的体能训练体系和体能训练方法可操作性强,体能训练从业者都取得了体能协会的任职资格认证。我国同样缺乏体能训练研究的实验室或体能训练中心,在申奥成功后国家体育总局和科技部投资的六个大项之一就是在北京体育大学建立体能训练中心。由于该体能训练实验室在建设方案中注重体能测试方面的建设,缺乏体能训练方面的研究,已经引起专家的质疑;原解放军体育学院设有一个军事体能中心,该中心仅注重心肺功能的研究,对体能训练的核心内容力量训练缺乏认识,因此,在力量训练方面的研究几乎是空白。从这两个实验室的建设中存在的问题提示我们两点:一是实验室建设规划一定要以理论研究和应用推广为支撑,在建设布局中要按照体能训练的本质去设置训练设施,重视基础研究,重视应用研究并解决实践问题;二是对体能训练的核心内容——力量训练予以高度重视,按照不同竞技项目的需求对力量训练进行布局。

(二)大学生体能训练的发展对策

1. 不断推进体能训练的科学化

(1)树立科学的训练思想

随着现代体育的持续发展,体育训练的模式也不断高强度化、高技术化和更加科学合理化,这也决定了体能训练的主模式。决定大学生的运动技能水平能否正常发挥的重要基础在于大学生的体能水平,体能训练也在不断地提高自身的要求,因此大学生在训练中应该树立起高度重视体能训练的指导思想,想方设法使体能训练的方法更加科学。

科学化的运动训练对于大学生的体能训练提出了更加严格的要求,但是体能训练的时间却相对减少。这就要求大学生必须树立体能训练科学化的思想,从训练内容到组织实施都要进行改革,加大体能训练的科学化进程,全面提高训练的效率,这是遵循耐力训练过程的客观规律所进行的训练。

(2)制定合理的训练计划

科学制定大学生的体能训练计划主要包括体能训练的安排与训练计划的制定两个方面。大学生在制定体能训练计划时,应该做到尽可能的详细,包括对每次体能训练课的组织实施、训练前的准备活动、训练后的恢复放松等方面,都要有明确的规定与详细的计划。这样的好处主要包括两个方面:第一,有助于降低体能训练的盲目性与随意性,提高训练的系统和可操作性;第二,保证体能训练的科学性,从而保证训练的效率。

现代体能训练的核心为必须实施多学科综合的科学化训练,而实施科学化训练的关键又在于不断进行技术、身体、心理等方面的创新。

(3)积极探索训练的新方法与新内容

现代体育运动的竞争性日趋激烈,这对于大学生体能的要求也越来越高。在这种形势下,耐力训练应在一般体能训练和掌握基本运动技能的基础上,积极探索并大力开展一些的训练内容,新的练习内容必须具有针对性强、训练效率高、贴近实战的特征。

对于现代的大学生而言,大学生对不同外环境的适应能力、心理承受和调节能力等综合能力显得尤为重要。但是,目前针对这方面能力训练的内容却非常少而且效率很低。因此,对于这些方面的训练内容需要增加。

(4)培养优秀的训练专业人才

我国体能训练的水平不高,主要是由于我国体能训练的相关专业人才非常缺乏。为促进我国体能训练水平得到更好发展,在为国家培养优秀体能专业人才时,一定要注意以下两个方面,一方面,要培养大学生具备扎实的科学文化知识和专业的理论知识;另一方面,必须使大学生掌握科学有效的体能训练方法和手段,具有创新意识,从而适应科学训练的要求,不断推动我国体能训练的科学化。

2. 不断提高体能训练的实效性

大学生在体能训练的过程中应该有正确的科学知识作为引导,这就要求大学生要进行大量运动科学知识的学习从而掌握正确的训练方法。

机体通过训练负荷的刺激使机体产生与运动性质相适应的各种反应,进而产生适应的不断反复过程。这就表明运动训练是生物学的本质。

总体而言,大学生在训练中为提高自身的体能水平应该采取以较大强度为主的训练形式。应该增加体能训练的强度,可在规定时间内逐步增加练习的次数,或在一次练习次数的基础上缩短练习时间。通常大学生通过完成某练习后的即刻心率来评定运动强度,具体方法是:心率为180次/分钟以上为极限强度;心率在160~180次/分钟为大强度;心率在150~170次/分钟为较大强度。

从运动生化的角度来说,要想发展大学生的体能水平就应该注意发展代谢系统的供能能力,只有充分动用它增加其长时间的供能能力,才能促进大学生体能素质的发展。

3. 通过比赛不断提高体能训练的专项性

随着体育联赛的不断发展,大学生应该积极参加运动比赛来提升自身体能训练的专项性。这也使得联赛水平不断提高,对大学生参加运动比赛的体能素质要求也越来越高。因此,要重视在比赛中对大学生体能发展的帮助。为了进一步提高大学生的体能水平,可以安排更多的高水平比赛,让大学生在真正比赛中,学会把握最佳的体能状态。

通过比赛可以有效地提高大学生承受负荷强度的能力,大学生机体承受负荷强度能力的提高又可以促进训练中负荷强度的提高,使训练与比赛活动成为一个有机整体。这种赛练结合不仅可以有效地提高大学生的专项体能,同时可以促进大学生综合体能的提高。只有训练体制改革和竞赛体制的逐步完善,才能有效地促进我国大学生体能水平的提高。

4. 不断提升大学生的体育思想道德素养

作为大学生提升自身运动水平的心理基础,体育思想道德素养的提高具有非常重要的意义与作用,因此必须重视并强调大学生的体育思想道德素养教育。加强大学生的体育思想道德素养教育能够使运动员克服各种消极因素的影响,从而不断加强进行体能训练的自觉性。

5. 更加合理科学地选择体能训练的方法

大学生体能训练过程中,任何一种体能训练方法都能够引起特殊的生理、生化以及心理反应,单调式的训练方法不利于大学生体能训练的进一步发展。大学生体能训练方法的选择及其所占百分比应该注意以下几个方面。

(1)应该坚持从实际出发的原则。要将运动者选择运动项目的代谢特点作为依据,同时根据大学生运动者个人的训练状态、训练任务以及体能训练的重点目标来进行确定。

(2)体能素质的发展主要是由运动者的个人意志控制能力决定的。如果个人意志控制能力越高、越稳定,那么就越有利于克服自身身体内、外部的不利因素而承受较大负荷。因此,教练员必须了解现代体能训练对于大学生参与运动所需要的心理要求,掌握并了解提高他们心理负荷能力的方法,特别是思想上的竞技意识应该更加稳定、强化。

(3)有氧代谢供能是所有供能系统的基础。通过体能训练能够增强身体的有氧代谢能力,大学生在运动初期应以增强心肺功能为主。当具备一定运动训练水平之后,大学生应该以增强骨骼肌利用氧的能力为主,提高肌肉工作的耐力。

(4)在体能训练的过程中,身体所承受的负荷比较大,因此大学生在每次体能训练之后都应该采取积极有效的恢复措施,同时形成良好的生活习惯。

(5)在训练过程当中,用心率控制运动负荷能够充分体现区别对待的原则,同时也易于掌握和应用,教师或者教练应该教会大学生用心率自我监督进行训练。

6. 不断提高教练员的体能训练专业能力

从现代体育运动发展的特点来看,不管是运动员还是教练员都在从体力型不断向体力与智力相结合的方向发展。

用战略发展的眼光来分析,如今的体育发展已经进入到了科学训练的时代。一般情况下,当运动员在赛场上比赛的同时也是教练员在幕后的较量,一名优秀的体育教练员常常能够决定运动员在体育运动中的发展水平。例如,很多发达国家运动员的运动能力都非常好,其主要的原因是其拥有较为庞大的高素质教练员团队。也就是说,教练员只有具备高水平的体能训练专业能力才能够培养出具备高水平体能的运动员。

虽然我国有很多专业的运动员在退役后转向教练在高校进行教学,他们多年的训练实践、突出的专项技术以及参加重大比赛的丰富经验在教学过程中都有很好的体现。但是,由于我国运动员的文化程度普遍偏低,在专业的理论基础知识方面依然相当缺乏,从而出现了只知其法、不知其理的现象。因此,在高校之中必须培养一批高学历、能力强、善于思考、勇于开拓、年富力强的教练员,从而使我国高校的体育教学更加充实,使大学生的体能训练更加科学化。

第二章 高校体能训练的科学理论基础与保障

高校体能训练的顺利进行需要科学的理论基础作为理论指导,以保证体能训练的科学性、合理性以及安全性。其中,最主要的理论基础主要涉及生理学、心理学和运动学三个方面。另外,科学的营养保障和损伤康复保障对于高校体能训练也是非常重要的,要引起重视。上述几个方面就是本章的主要内容。

第一节 体能训练的生理学基础

一、体能训练的生理本质

生物机体的基本特征是"刺激—反应—适应",对于一切生物,这个特征都是适用的。具体来说,当体内外环境发生变化时,机体内部或细胞组织的新陈代谢与外部表现形式都将随之发生改变,这是机体或一切活组织具有对刺激发生反应的能力的具体表现。机体若长期生活在某一特定的环境中,则可逐渐形成一种与环境相适应的反应模式,表现在对长期施加于机体的各种刺激,通过自身形态、结构与功能的改变以适应这一刺激,从而使机体能够更好地适应环境的变化。一切生物机体的发展都是反复"刺激—反应—适应"的结果,人体机能在这样的循环往复中具有一定程度的提升,从而体能也得到进一步的发展。

（一）运动负荷的本质

以身体练习为基本手段对有机体施加的训练刺激,就是所谓的运动负荷。机体对这种刺激所做出的反应主要从两个方面得到体现,一个是生理方面,一个是心理方面,通常所说的运动负荷是生理负荷,具体来说,就是机体在生理方面所承受的训练刺激。在运动负荷的强烈刺激作用下,与运动相关的各器官系统的机能状态就会受到不同程度的影响。因此,可以将某些生理或生化指标来作为衡量生理负荷量的大小的指标。运动负荷表现分为外部表现和内部表现,其中运动负荷的外部表现为量和强度,内部表现则为心率、血压、血乳酸等生理机能指标的变化。由此可以得出,刺激强度与运动负荷的大小成正相关,具体来说,就是运动负荷越大,刺激强度则越大,所引起的机体反应也相对越大,各项生理指标的变化也就更加明显;反过来也是如此。

当运动负荷刺激对人体施加作用时,人体各器官系统将发生一系列反应。这些反应特征主要表现为耐受、疲劳、恢复、超量恢复和消退等五个阶段的机能变化。

1. 耐受阶段

身体机能变化和反映的第一个阶段就是耐受阶段。锻炼者在参加体能训练时,身体机能对运动负荷刺激总表现出一定的耐受能力。而一些因素会对这种耐受能力的强弱及保持时间的长短造成影响。其中,运动负荷强度和运动员的训练水平是具有决定性的影响因素。机体耐受阶段会表现出比较稳定的工作能力,能高质量地完成训练任务。根据这一阶段的主要特点和表现,应该在耐受阶段安排体能训练课的主要任务,这样有利于锻炼者顺利完成训练课任务。机体对运动负荷的耐受程度有较大的个体差异,并受许多因素如训练负荷的量和强度、训练后机体机能的恢复程度及运动员的身体机能状态等因素的影响。

2. 疲劳阶段

身体机能变化和反映的第二个阶段是疲劳阶段。机体在承受一定时间的运动负荷刺激之后,往往会出现疲劳的现象,具体来说,就是机体机能和工作效率会逐渐降低。运动员训练到何种疲劳程度以及耐受多长时间以后疲劳,这完全取决于训练课的目的。训练过程中,要想不断提高运动能力,就必须达到一定程度的疲劳,也只有这样才能在恢复期获得预期的超量恢复效果。

3. 恢复阶段

身体机能变化和反映的第三个阶段就是恢复阶段。锻炼者结束体能训练后,机体开始补充和恢复训练过程中所消耗的能源物质,修复所受到的损伤并恢复紊乱的内环境,使机体各器官系统的机能恢复至运动前的相应水平,以完成机体结构与机能的重建。在恢复过程中,机体的疲劳程度在很大程度上决定着恢复所需时间的长短。具体来说,机体疲劳的程度较小,恢复所需要的时间相对较短一些;机体的疲劳程度越大,则恢复所需要的时间就长。

4. 超量恢复阶段

身体机能变化和反映的第四个阶段是超量恢复阶段。在运动过程中所消耗的能源物质以及降低的身体机能在运动结束后不仅能得以恢复,而且会超过原有水平,这就是所谓的超量恢复。在一定范围内,运动负荷量越大、强度越大,运动过程中疲劳的程度越深,运动后的超量恢复则越明显。

5. 消退阶段

身体机能变化和反映的最后一个阶段就是消退阶段。运动训练所导致的机体机能的提高或训练效果不是固定不变的,也不会永久保持。若不及时在已获得的超量恢复的基础上继续施加新的刺激,那么已经产生的训练效果保持一段时间后又会逐渐消退,机体机能又下降至原有水平,这种现象称为机体对运动负荷刺激适应的消退。这是所有锻炼者运动员都会面临的问题,也是为什么有的锻炼者训练水平越来越高,而有的锻炼者的训练水平却逐渐降低的一个重要原因。锻炼者要想持久保持训练效果,必须在上一次训练出现超量恢复的基础上及时安排下一次训练。反复如此,就能逐渐提高运动水平。

(二)机体对运动负荷的适应与训练效果

1. 对运动负荷的适应性

应激性和适应性是生物机体具有的基本特征。有机体不仅具有对刺激发生反应的能力,而更重要的是具有适应能力,同样,这一特性在人体对运动负荷刺激的适应中也是具有的。长期系统的运动训练都会使机体各器官系统的形态、结构、生理机能以及生物化学等方面发生一系列的适应性改变。其中,较为常见的系统力量训练引起的肌肉肥大、肌纤维增粗和肌肉力量增长以及耐力训练引起的"运动性心脏增大"等,都是机体对长期运动负荷刺激的一种良好适应,也对运动负荷适应性的重要作用和意义进行了充分的说明。

2. 训练效果

体能训练的本质就是通过反复的身体练习给予机体各器官系统一系列的生理负荷刺激,使人体在形态结构、生理功能和生物化学等方面发生一系列积极的适应性变化,从而提高运动能力,这一良好的适应性变化就称为训练效果。换言之,这就是"刺激—反应—适应"的最终结果和充分体现。

在训练后的恢复阶段,所消耗的能源以及酶等物质不仅得以恢复,而且会发生超量补偿;运动中所损伤的肌纤维不仅得以修复而且修复后的肌纤维有所增粗,并能产生更大的收缩力量。故恢复期中既有机体结构的改善又有机体机能的提高,将前者称为"结构重建",后者称为"机能重建"。不断重复进行的"刺激—反应—适应"的过程,就是长期的训练过程,换句话说,就是身体结构与机能不断破坏与重建的循环过程,是机体对运动负荷刺激的不适应到适应的过程。这个不断重复、往复进行的过程能够促进人的运动能力以及身体素质的发展和提高,因此,需要对这一过程的科学性和合理性引起足够的重视,从而取得更加理想的训练效果。

3. 运动负荷阈

运动负荷阈是指体育课或训练课中适宜生理负荷的低限至高限的范围。构成运动负荷阈的四个基本因素是运动练习的强度、持续时间、练习密度和数量。它们之间相互联系、相互影响,在其他因素基本相同的情况下,某一因素的变动均会影响该次练习所给予人体的生理负荷量。

运动过程中机体承受的生理负荷是对机体的有效刺激,是引起各器官系统功能产生适应性变化的原发因素。但是,对刺激引起机体出现反应与适应的程度起到重要的决定性作用的因素是刺激强度的大小。如果运动负荷过小,对机体的刺激强度就小,就难以引起机体的适应性变化,对身体素质的发展意义较小甚至没有意义;如果运动负荷过大,超过了人体所能承受的范围,或者没有得到成分的恢复时,也会对身体适应能力的提高产生一定的影响,对运动员的身心健康、身体素质以及运动能力都产生消极的影响,严重者还有可能发生过度训练或过度疲劳等病理性改变,这是一种不良适应。究其原因,主要是由于机体对不适宜的刺激也能发生适应性改变,但其适应的结果往往不是我们所预期的。因此,只有生理范围内的适宜刺激,才能加快机体适应过程,并使机体的形态、结构与生理机能产生人们所预期的适应性改变即良性适应,并非训练强度越大,所取得的训练效果越好。

体能训练中,可用某些生理或生化指标来度量给予机体生理负荷量的大小,通过心率、血乳酸、最大摄氧量等指标的变化能够充分反映生理负荷量的大小。其中,心率是最重要的。在体能训练中,心率具有非常重要的作用和意义。心率是控制运动强度最简易和有效的生理指标,在体能训练实践中,锻炼者可以使用"心搏峰"理论和"最佳心率范围"使运动负荷控制在最适宜的生理负荷范围,以使机体产生最佳的反应与适应,从而获得预期的体能训练效果。

二、体能训练的生理学原理

体能训练中涉及的生理学原理有很多，其中，身体全面发展、适宜负荷、区别对待和技能掌握可逆性等原理是比较重要的几个，下面就对这几种生理学方面的原理进行详细的分析和阐述。

（一）生物学适应原理

体能训练主要是对体力、脑力和心力素质中最基本、最带有普遍意义的一般性成分的训练，以及为保持健康体型所进行的控体重训练。体能训练是专项体能和综合体能训练的基础，是创造高水平体能素质的基本保障。从本质上讲，体能训练的生物学原理就是借助于训练中运动（或练习）负荷量（强度、密度、时间）对机体的刺激作用，使受训者的身体形态结构、生理机能状态以及心理调控能力等产生一系列的适应性变化，从对内外环境条件变化的不适应到适应，再由新的不平衡逐步过渡到新的适应，螺旋上升，最后形成一个体魄健壮、精力充沛、意志坚强的优秀个体。体能的训练过程就是机体产生生物学适应的动态变化过程，这种动态变化与平衡的过程称为体能训练的动态生物学适应。适应的生物学效应集中表现在：当人体在系统训练的开始阶段或承受一个新的运动负荷量刺激时，机体往往会产生一系列生物学反应和不适应症状。经过一段时间训练后，机体的不适反应和症状逐渐消失，各器官、系统的机能水平显著提高，人体能以最少的能量消耗和对内环境自稳态的最小破坏为代价，使原先需要付出极大努力才能完成的任务，变为较轻松地顺利完成。这时体内的能量消耗出现节省化，人体可承受更大的运动负荷量刺激，并继续表现出强大的整体工作能力。适应后的生物学会表现出以下几个特征：适应的普遍性、适应的特殊性、适应的整体性、适应的动态连续性。

（二）身体全面发展原理

所谓的身体全面发展原理，就是在体能锻炼的过程中，运用多种练习内容、方法和手段，使人体的各部位、各器官、系统的功能，各项身体素质、运动能力以及心理素质等方面都得到有效的锻炼，从而达到使机体获得全面发展的目的。

人体是一个高度发展的有机体，各器官、系统的生理功能不同却又互相联系、互相制约，任何一个器官或系统功能的增强或减弱都会对其他方面产生影响和发生联系。通过体育锻炼能有效地促进身体的生长发育及发展各器官、系统的功能。但是，不同的运动项目或练习手段对身体的影响各有侧重，产生的效果也不尽相同。例如，速度训练能有效增强腿部爆发力，但对上肢力量以及心肺功能的提高效果不明显；耐力训练虽能有效提高有氧能力，但对增强力量则显不足。因此，体能训练应该在练习内容、方法和手段等方面都力求全面多样，使身体各器官、系统以及各部位都承受一定的运动负荷，获得全面的发展和提高。

（三）适宜负荷原理

在体能锻炼中，当锻炼者对某一负荷刺激基本适应后，必须适时、适量地增大运动负荷使之超过原有负荷，才能继续获得理想的锻炼效果，这就是所谓的适宜负荷性原理，也被称为"超负荷原理"。这个超过原有负荷的新负荷就是所谓的超负荷。

超负荷原理的生理学基础是生理学的强度法则与超量恢复规律。在生理范围内,刺激强度越大,生理反应越明显,随之而来的适应也越快。在体能训练中采用"超负荷",这种比日常生活中的体力负荷大的适宜负荷,是生理适应范围内较大的负荷,能引起机体产生良好的生理适应。根据超量恢复规律,可以知道:在生理范围内,肌肉活动量愈大,消耗过程愈剧烈,随之而来的超量恢复过程就愈明显。在这个基础上,机体各器官、系统结构和功能的良好改善也越明显,体质增强也越显著。体能训练中负荷量的增加应该是周期性的、逐步的、非连续性的,因为机体对每一新增负荷都有一个反应—适应期,有一个恢复的过程,应该等机体对这一负荷基本适应之后再增加负荷。

(四)区别对待原理

区别对待原理是指在体能训练的过程中,要以锻炼者个体之间的差异及各自的特点为依据,合理地选择练习的内容、手段和方法,科学安排运动负荷,做到区别对待,以获得理想的锻炼效果。

从生理学角度来看,在体能锻炼中身体所承受的负荷就是运动刺激,身体在受到这种运动刺激后,就会产生包括心率加快、血压升高、需氧量增大等在内的生理应激。同样的运动负荷给予不同的对象,可因生物机体的个体差异而使产生的生理应激强度也有所差异,从而导致获得的锻炼效果也有所差别。因此,这就要求在体能锻炼中应对年龄、性别、体质与健康状况等特征引起特别的注意,对练习的内容、方法和手段进行合理的选择和安排,按个体的实际状况安排运动负荷,使锻炼者的生理负荷能达到个体的生理适应范围,进而使锻炼的实效性、安全性得到有力的保证。

(五)技能掌握可逆性原理

通过体能训练,各器官、系统、功能以及人体运动能力所获得的提高与增强会因训练的中断而下降,这就是所谓的可逆性原理。可逆性原则是以生物学"用进废退"的原理与条件反射规律为生物学基础的。研究表明,对肌肉进行10周力量训练,肌肉力量会明显增强,如若此时中止训练,那么30周之后,所获得的力量增长则会完全消退。在运动实践中,一些已经掌握的运动技能,在长时间中止练习后会逐渐生疏而最终不能完成,这就是条件反射的消退。为了防止锻炼效果的消失,应注意制定好锻炼计划,保证锻炼的经常性和持续性,使机体的生理功能和运动能力不断获得增强和提高。

三、体能训练的生理学适应特征

长期系统的体能训练能够对人体各器官系统的形态、结构与机能都将产生显著的影响,从而使运动员独特的身体形态和机能特征得以形成,这是机体对运动负荷刺激的良性适应结果,也就是所谓的训练效果。通过适宜的方法对训练效果进行分析与评定,能够为体能训练的科学化提供相应的参考和依据。

关于系统训练的生理学适应特征,可以通过三个方面进行评定,即安静状态下的生理学适应特征、运动状态下以及运动结束后恢复期的生理学适应特征,下面重点介绍以下两个方面。

(一)训练者在安静状态下的生理学适应特征

在长期运动负荷刺激的作用和影响下,与运动密切相关的各器官系统如运动系统、血液循环系统、呼吸系统和神经系统所表现的良好适应性最为明显。

1. 运动系统的特征

(1)骨　骼

体能训练对骨骼的影响主要在骨密度等方面的变化方面有所体现。由于每个运动员的时机情况不同,他们训练水平、训练年限及运动项目也都会存在一定的差异,因此,这样就会在一定程度上影响到骨密度,使其产生不同的变化,并呈现出有差异性的特点。运动员所进行的运动是否科学、合理,也对骨骼的生长产生着较大的影响。适宜的运动能够使峰值骨量得到有效地增加,使随年龄增长而发生的骨质疏松得到相应的缓解。从相关的研究中可以看出,运动员骨矿物质含量依运动等级而有所不同,一般来说,男子健将级运动员的骨矿物质/体重(BMC/BW)高于二、三级运动员,女子健将级运动员骨矿物质/体重(BMC/BW)高于一、二、三级运动员。由此可以看出,随训练水平的提高,运动员的骨密度也是随之相应增加的。

由于不同运动项目的特点各不相同,就会对骨骼产生不一样的刺激作用,因此,就会导致骨密度的生长也不一样。根据实验研究结果显示,投掷、摔跤等力量性项目的运动员骨密度最高,而耐力性项目运动员的骨密度最低。之所以会有这样的结论,主要是由于不同的运动负荷刺激对骨骼产生影响的途径不同,骨矿物质合成效应则不同。负荷强度与BMC/BW之间有密切的关系,力量型运动项目的负荷强度高于其他项目,所以 BMC/BW处于较高水平。耐力运动还会对运动员的激素产生一定的影响,从而影响骨密度的变化。比如,过量的耐力运动可使女运动员血液中雌激素水平降低和男运动员血中雄激素水平降低,导致骨代谢过程中骨的吸收大于骨的形成,从而使骨密度降低。除此之外,运动员身体不同部位的骨密度具有训练部位的特异性,换句话说,就是在运动过程中,持续长时间处于运动或用力状态的部位,该部位的骨密度要高于其他非运动或用力状态的部位,如网球运动员持拍手的骨密度高于非持拍手。

(2)骨骼肌

体能训练对骨骼肌的影响主要在肌肉的体积增大,横断面增大,肌肉力量增加等方面有所体现。究其原因,主要是由于体能训练尤其是力量训练对氨基酸向肌纤维内部的转运起着积极的促进作用,能够使肌肉组织中收缩蛋白质的合成增加,从而引起肌肉肥大和肌力的增长。

通过体能训练能够使机体抗氧化能力得到显著的提高。研究发现,耐力训练可以提高肌组织超氧化物歧化酶(SOD)和谷胱甘肽过氧化物酶(GPX)的活性。肌肉抗氧化酶活性的提高也是骨骼肌运动性适应的重要生物学特征之一。

除此之外,影响肌组织抗氧化能力的运动性适应的因素还有运动负荷、训练状态及抗氧化剂的补充等。根据相关实验研究证明,运动负荷大、训练状态良好以及抗氧化剂的外源性补充都对机体抗氧化能力具有重要的作用。因此,要想增强机体抗氧化能力,一定要注意做好这几方面的准备工作。

2．氧运输系统特征

（1）循环机能

心脏形态结构和心血管机能受到运动的影响是较为显著的，其中，最主要的表现形式是安静时心率缓慢和心脏功能性增大。优秀的耐力运动员安静时心率只有 40～50 次/分甚至更低，表现出明显的机能节省化现象。运动性心脏增大主要表现为心肌肥厚和心脏容积增大，并具有运动项目的专一性，耐力性和力量性项目运动员出现心脏增大的现象较为多见，耐力性运动员主要表现为心脏容积的增大，而力量性运动员主要表现为心肌的肥厚。

（2）呼吸机能

在呼吸机能方面，经过训练的和没经过训练的两者就有较为明显的区别。通常情况下，有训练者主要表现为：呼吸肌力量较强，肺活量大，呼吸深度和肺泡通气量大，气体交换的效率高；呼吸肌耐力较好，连续 5 次肺活量测定值（每次间隔 30 秒）逐渐增大或者平稳保持在较高水平。而没有经过训练的人则达不到如此良好的状态。除此之外，对于人体对呼吸运动的控制能力，通常是用闭气时间来衡量的，闭气时间的长短与运动员训练水平密切相关，运动员训练水平越高，闭气事件就越长，相反，训练水平较低，则闭气时间相对就会较短。体能训练可以提高人体对呼吸运动的控制能力。

（3）血　液

相较于没有经过一定训练的人来说，经过一定训练的运动员血液的成分并没有很明显的差别，只是在某些项目运动员的血液指标有所改变，如耐力性项目的运动员红细胞和血红蛋白数量增多，血液中某些酶的活性升高等方面有所体现。

3．神经系统的特征

系统训练对中枢神经系统机能产生良好的影响，优秀的短跑运动员神经过程的灵活性高、反应时间短；而长跑运动员神经过程的稳定性较高。此外，运动员各种感觉器官的机能也有所提高。由此可以看出，安静状态下优秀运动员在身体形态结构和生理机能等方面都表现出良好的适应性变化，能够为训练效果的评定提供参考和依据。

不仅在安静状态下，有训练的运动员能够显示出良好的机能特征，在从事运动时也能够将机体机能的动员、生理反应程度以及运动结束后的恢复过程方面明显的优势与特征表现出来。由此可以看出，神经系统对氧的运输具有非常重要的作用和意义。因此，在评定训练效果时，通常将运动员在完成定量负荷和极限负荷运动时的生理指标作为评定的主要依据和标准。

（二）训练者在运动与恢复期的生理学特征

1．训练者对定量负荷的反应特征

一种限定运动强度（一般低于亚极限强度）和运动时间的运动实验条件下的负荷，即为定量负荷。

（1）心肺机能变化较小

在心肺机能变化方面，有训练者和无训练者的差别还是较为显著的。其中，无训练者主要是靠加快心率和呼吸频率来使每分心输出量和肺通气量增大的。而有训练者完成定量负荷时心肺机能的变化较小，心率和心输出量较无训练者低，心率增加的幅度较小，而每搏输出量增加较多;呼吸深度大,呼吸频率较慢。

(2)肌肉活动高度协调

肌电图研究显示,在完成相同的定量负荷时,有训练者肌肉活动程度较小,主动肌、对抗肌和协同肌之间高度协调,肌电振幅和积分值较低,且放电节律清晰,动作电位集中并发生在动作时相,在相对安静时动作电位几乎完全消失,表明有关中枢的活动高度协调。

2. 训练者对极限负荷的反应特征

在完成极限负荷运动时,要求机体将自身最大潜力充分发掘出来,使相关的各器官系统机能达到最高水平。相较于无训练者来说,优秀运动员的生理功能水平高,机能潜力大,会有非凡的运动能力和对极限负荷的适应能力是显著表现。通常情况下,评定训练效果的指标主要是如氧脉搏、最大摄氧量、最大氧亏积累、最大做功量等的极限负荷运动时的生理指标(表2-1)。下面对这四项评定指标进行分析。

表 2-1 各项生理指标对训练效果的评定值

测试组	最大摄氧量 (毫升/分钟)	每搏输入量 (毫升/搏)	心率 (次/分钟)	动静脉氧差 (毫升/分钟)	氧脉搏 (毫升/搏)
无训练者	3 276	120	195	140	16.8
长跑运动员	4 473	156	185	155	24.2

(1)氧脉搏

反映心脏工作效率的有效指标就是氧脉搏。研究表明,优秀耐力运动员在极限负荷运动心率达 180~190 次/分钟时,摄氧量可达最大摄氧量的 90%~100%,氧脉搏平均达 23 毫升,相当于安静时的 6 倍。当心率进一步增加时,氧脉搏有下降的趋势。由此可以看出,尽管优秀运动员表现出较高的氧脉搏,但是,他的心率水平却没有出现过高的现象,而是保持在相对比较适宜的状态。这就充分说明,运动训练具有增强机体氧运输系统功能的重要作用,进而使得心脏的工作效率也有一定程度的提高。

(2)最大摄氧量

最大摄氧量是能够将心肺功能反映出来的综合指标,最大负荷运动时无训练者只有 2~3 升/分钟,而优秀运动员可高达 5~6 升/分钟。

(3)最大氧亏积累

最大氧亏积累(MAOD)是指人体从事极限强度运动时(一般持续时间 2~3 分钟),完成该项运动的理论需氧量与实际耗氧量之差。衡量机体无氧工作能力的重要标志就是最大氧亏积累。根据相关实验研究证明,优秀短跑运动员最大氧亏积累值明显高于耐力项目运动员。因此,在进行不同的运动项目训练时,要注意最大氧亏积累的变化,避免对运动项目的训练效果产生消极的影响。

(4)最大做功量

最大做功量是指受试者在递增负荷达极量时所完成的功。有训练的运动员最大做功量和做功效率都明显高于无训练者。

相较于无训练者来说,优秀运动员在完成极限负荷工作时表现出的机能水平和运动潜力是比较高的;并且在运动开始时,机体机能动员得快,运动结束后机能恢复得也快。

第二节　体能训练的心理学基础

一、心理的本质

心理是脑的机能,即任何心理活动都产生于脑,所有心理活动都是脑的高级机能的表现;心理是对客观现实的主观反映,即所有心理活动的内容都来源于外界,是客观事物在脑中的主观反映。生理心理学和神经生理学研究表明,动物在进化中产生了神经结构这一物质基础之后,就有了心理机能,随着进化,动物越是高等,脑的结构就越是复杂化,心理活动也就相应得越复杂化了。脑的发育和复杂化,心理也相应发展。

医学界已经能够用脑电图来记录脑中产生的生物电流,从而判断人的心理状态的变化。脑的生理研究表明,每一种心理活动都和脑的某一特定的部位有关。例如,人在思维的时候,大脑会发生脑电波的变化;人脑受到损伤,就不能进行正常的心理活动。临床观察发现,任何脑部位的损伤,在其生理机能变化的同时心理也会发生相应的变化。脑的某一部分受到损害,与之相应的某种心理活动就受到阻碍。例如,大脑的额叶损坏就会引起智力的降低和性格的破坏,使一个本来温和宁静、有理智的人变成粗野急躁、不能自制的人。

这些都能够表明一个事实,脑是心理活动的物质基础。就是脑是心理的器官,心理是脑的产物,心理是脑的机能。虽然从物种进化、个体发育、生理研究、临床观察都说明了心理活动是脑的高级机能的表现,任何的心理活动都产生于脑,但是脑不能独立地、凭空地产生心理,而是必须有客观的事物作用于脑,脑能动地对这一刺激产生反映,从而产生心理。

二、动　机

推动一个人进行活动的心理动因或内部动力,就是所谓的动机。动机具有非常重要的作用和意义,一般来说,为了使个体需要的念头、愿望等得到满足,而引起并维持人的活动,将该活动导向一定目标。由此可以看出,动机是个体的内在过程,行为则是这种内在过程的结果。具体来说,动机的作用主要从以下三个方面得到体现:首先,具有引起和发动个体的活动的作用;其次,具有指引人选择活动的方向的作用;最后,具有维持、增加或制止、减弱某一活动的重要作用。

(一)动机的条件与分类

1. 动机的引发条件

引起动机的基本条件有两个方面,一个是内部条件,一个是外部条件。

(1)需要。需要是引起动机的内部条件。所谓的需要,就是指个体因缺乏某种东西而引起的内部紧张状态和不舒服感。需要是动机的重要构成因素,产生愿望和推动行为的力量,从而引起人的活动,是其主要作用所在。

(2)环境因素。环境因素是引起动机的外部条件。所谓的环境因素,就是指个体之外的各种刺激,其主要内容包括各种生物性和社会性的因素。与需要一样,是动机的重要构成部分,并且对人的动机有重要的作用。

2. 动机的分类

通常情况下,可以将动机分为两大类,一类是缺乏性动机,一类则是丰富性动机,两者都有着各自的显著特点,具体如下。

(1)缺乏性动机:以排除缺乏和破坏,避免威胁,逃避威胁,逃避危险等需要为特征的动机,就是所谓的缺乏性动机。这是一种消极的动机,其主要包括生存与安全的一般目的。如果这一目标实现了,往往这种动机就会逐渐减弱。

(2)丰富性动机:以经验享乐,获得满足、理解和发现,寻找新奇,有所成就和创造等欲望为特征的动机,就是所谓的丰富性动机。这是一种积极的动机,其主要目的是追求刺激,如果这一目的得到满足,动机往往就会得到加强。

(二)动机的培养与激发

对运动员来说,训练动机对于参与体能训练有着非常重大的影响。因此,对训练动机的培养与技法引起重视,是运动员能够积极、主动地参与到体能训练中来的积极因素。培养和激发训练动机的有效方法主要包括:第一,确立正确的目标,将动机的强度与方向明确下来;第二,满足人的各种需要,将运动的训练动机激发出来;第三,正确运用奖励手段,培养运动员良好的训练动机;第四,以各种产异性的情况为主要依据,有针对性地激发和培养训练动机

三、心理健康

(一)情　绪

情感是人体对客观事物是否符合自己的需要而产生的体验,情绪是情感体验过程的具体形式。心理学研究表明,情绪对体能训练效果的形成起着非常重要的作用。不同的体能训练项目对于训练者情绪的要求各有不同。

情绪过程的重要作用之一是产生动机并影响行为,在无意识的情况下控制着我们的行为,并指导着行为的方向。而在体能训练过程中,情绪体验的特点是鲜明、强烈、多样、易变。这些特点造成了体能训练中情绪与动机关系的特殊性。在训练和比赛中,情绪的动机作用尤为明显。渴望成功、惧怕失败这两种在运动中经常出现的基本动机,首先是由情绪体验和认知过程促成的。因为成功后的喜悦感和失败后的沮丧感、内疚感,在人的认知系统中留下较深的印记后,会使人无意识地去努力追求成功,避免失败。

(二)人格类型(行为特征)

人格类型都或多或少对人的生命活动产生一定的影响,比如,人格类型会对不同的人得病

的时间、得什么样的病产生一定的影响；除此之外，不同的人格类型的人面对同一事件的刺激所作出的反应也不相同等。美国学者弗雷德曼（Friedman）等人通过研究心血管病心身反应得出了这样的结论，导致冠心病产生的原因可以大致归纳为七种，即有时间紧迫感；有竞争性；很易引起不耐烦；言行举止粗鲁；为取得成就而努力奋斗；对工作和职务过度地提出要求；有旺盛的精力和过度的敌意。除此之外，不良的个性特征和不良的行为习惯也是导致身心疾病的一个重要原因，一定要注意改正，并建立良好的个性特征以及行为习惯。

四、体能训练在心理学方面的要求

体能包含的内容有很多，每一项素质都有其一定的心理学基础。不同的身体素质训练对心理方面都有各自不同的要求，具体如下。

（一）力量素质训练的心理要求

力量素质的增强是与运动员的肌肉感觉和意志品质紧密联系在一起的。发展力量素质往往要集中注意力，调整好情绪，目的明确，信心坚定，需要发挥、调动全部身心潜力来完成，靠顽强的意志去坚持、承受、克服。因此，锻炼者高度集中注意的能力、良好的情绪控制能力和坚韧的意志品质是非常重要的。除此之外，运动员的自我暗示、自我命令、自我控制、自我刺激方面的技能也十分重要。

（二）速度素质训练的心理要求

要想使速度素质得到有效的提高，就必须把握住其根本，即缩短从接收信息开始到做出应答动作所需时间至最低限度，缩短完成单一动作所需时间至最佳限度，加快动作频率至最大限度。所有这些活动都与运动员做出应答的反应时间、感知的准确性、注意等心理品质有着密切的联系。

（三）耐力素质训练的心理要求

耐力素质的发展是在活动引起疲劳并被克服的进程中获得的，这种疲劳的感觉不仅是由内部肌肉、器官的疲劳引起，而且也可以由单调乏味的重复性工作引起。因此，提高运动员的耐力素质，必须与意志品质的提高联系在一起。其中，明确的心理定向、意识与注意的控制能力以及自我命令与激发等心理品质是非常重要的。

（四）柔韧素质训练的心理要求

只有经过长期艰苦的训练，才能促进柔韧素质的发展，并且使其逐渐趋于稳定，在锻炼过程中经常伴有疼痛感，但是要注意不要停止锻炼，否则所建立起来的柔韧素质很容易就消退了。因此，发展柔韧素质需要毅力和耐心，只有目标明确、意志坚强的人，通过长年坚持不懈的努力，才能取得良好的锻炼效果。

(五)灵敏素质训练的心理要求

灵敏素质的表现与完成专项运动密切联系在一起。反映灵敏素质的主要心理因素有:反应客体的准确性,观察力、运动表象、运动记忆能力的好坏。另外,提高应变能力、协调性、适应性也可以提高灵敏性。

第三节　体能训练的运动学基础

一、肌肉运动学

(一)肌肉的基本结构

作为人体运动之源,肌肉在运动系统中占有非常重要的位置。实际上整块肌肉是由无数形状为细长状的肌细胞组成,肌细胞也被称作"肌纤维",它是构成肌肉的最基本结构。肌纤维外层均有一层结缔组织构成的超薄薄膜包裹,称为"肌内膜"。数条肌纤维靠拢凑近,构成肌束,肌束表面也有肌束膜包裹。无数的肌束最终组成从外表看到的一块块肌肉的形象,肌肉外面仍旧有结缔组织膜,称为"肌外膜"。肌肉中,水分约占 3/4,另外 1/4 为能量物质、蛋白质、酶等固体物质。另外,肌肉中还有着丰富的毛细血管网及神经纤维,以供应肌肉的氧气和养料,保证神经协调。

附着于骨骼上的肌肉,就是所谓的骨骼肌,它是多种肌肉类型中的一种。在人体肌肉所占的比例中,骨骼肌的分布最广、数量最多,是运动系统的主体部分。人体内约有 400 块大小不一的骨骼肌,约占体重的 36%～40%。成年男性约占 40%,成年女性约占 35%。

在神经系统的支配下,骨骼肌能够收缩牵动骨骼,维持人体处于某种姿势,或产生人体局部运动,最终促进机体完成运动所需的各种动作。

每一块骨骼肌就好像是一个器官。可分为中间膨大的肌腹和两端没有收缩功能的肌腱,肌腱直接附着在骨骼上。骨骼肌收缩时通过肌腱牵动骨骼而产生运动。肌腱由排列紧密的胶原纤维束构成,肌腱内胶原纤维互相交织成辫子状的腱纤维束。肌腱的一端与肌内膜、肌束膜和肌外膜相连接;另一端与骨膜紧密结合。肌腱本身虽无收缩能力,但能承受很大的拉伸载荷,而肌腹的抗张力强度远远不及肌腱。

(二)肌肉的类型

肌肉收缩使关节运动,就是所谓的肌肉工作。如果肌肉做功,则会使人体进行某种活动,或是保持某种静止的动作,一旦肌肉做工则会根据运动量的大小消耗相应的能量;若肌肉不做功,则也会消耗较低的能量。因此,肌肉活动越频繁,人体的新陈代谢也就越发旺盛,微细血管十分丰富,肌组织和结缔组织分别构成肌肉的收缩成分和弹性成分。

一般情况下,都是许多肌肉协同作用以完成一个动作,如在健身运动中,极少出现只有通过单一一块肌肉就可以完成的动作,即使这个动作十分简单。数块或数群肌肉协调地参加工作,才能产生各种各样的运动或保持人体的姿势。

以参加工作的肌肉所起的不同作用为主要依据,可以将肌肉分为四种类型,即原动肌、对抗肌、固定肌以及中和肌,每一种类型的肌肉都有其各自的特点和功能。

1. 原动肌

原动肌指的是直接完成动作的肌群。在动作完成中起主要作用的原动肌叫主动肌,如"弯举"中的肱肌与肱二头肌。帮助完成动作或在动作某个阶段收缩的次要的原动肌叫副动肌或次动肌,如"弯举"中的肱桡肌、旋前圆肌等。持哑铃双臂弯举的动作,肱肌、肱二头肌、肱桡肌和旋前圆肌等是"弯举"(肘关节屈)动作的原动肌。

2. 固定肌

固定肌是固定原动肌一端附着点所在骨的肌肉。固定肌使主动肌的拉力方向朝着它们的固定点,其作用是使肌肉的拉力方向保持一定。固定肌的运动有两种情况:一种是作用相反的两群肌肉共同作用,使关节保持固定不动;另一种是一群肌肉与某些外力的共同作用,如在做"飞鸟展翅"动作练习时,伸大腿肌肉、腰背肌肉与重力互相作用,固定躯干与骨盆。

发展肌肉力量训练时应注意和功能锻炼相结合,才能使大众健身的力量训练具有现实意义,这就提示锻炼者在进行力量训练时既要训练原动肌,又要训练固定肌,尽量要求这两种肌肉均衡锻炼,否则不能保证原动肌的拉力方向,并会影响原动肌发挥力量的效果。

3. 对抗肌

对抗肌是与原动肌作用相反的肌群,在"弯举"动作中,肱三头肌是肱二肌的对抗肌。原动肌和对抗肌不是固定不变的,而是随着环节运动方向的改变而改变。对抗肌除了有拮抗原动肌工作的作用外,还有协调原动肌工作的作用,如在快速动作的结束阶段,对抗肌收缩紧张,以缩小关节的活动范围及延缓运动速度,避免关节周围发生软组织损伤。

对抗肌的训练对于保持肌肉平衡和预防运动损伤非常重要,大多数骨骼肌都是成对工作的,如果一块肌肉超负荷运动,而与其相对抗的肌肉缺乏运动,导致出现对抗肌力量不平衡的状况,那么这个部位的肌肉就很容易受伤。

4. 中和肌

中和肌的工作情况主要有两种。一种是有时两块原动肌有一个共同的作用,但其第二个作用是互相对抗的。例如,斜方肌可以使肩胛骨上回旋和内收,菱形肌则使肩胛骨下回旋和内收。因此在"飞鸟展翅"动作中,当它们一起收缩的时候,既共同作为肩胛骨内收的原动肌,又互相作为中和肌,它们使肩胛骨回旋的作用彼此中和了。另一种情况是:当原动肌发挥多种功能时,别的一些肌肉参与工作,抵消原动肌的一些功能,使动作更准确,这些肌肉称为中和肌。例如,做"飞鸟展翅"练习时,肩胛提肌、菱形肌等也参加工作,以抵消斜方肌使肩胛骨上回旋的功能,使斜方肌只能表现出使肩胛内收的功能,肩胛提肌和菱形肌等是斜方肌的中和肌。

(三)体能训练对肌肉的影响

体能训练会对肌肉产生一定的影响,具体来说,其影响主要表现在以下几个方面。

1. 使肌肉体积进一步增大

通过体能训练可以给予肌肉大量的刺激,超出"常规"的刺激会使肌肉体积增大,这是由肌纤维粗细和肌纤维数目增多造成的。不同运动项目会对人体不同部位的肌肉体积增大,如经常参与足球运动的锻炼者,其大腿和小腿的肌肉格外发达。

2. 减少肌肉中的脂肪含量

众所周知,体内积累了过多的脂肪一定会对锻炼者的活动产生不利的影响。如果锻炼者并不非常热衷运动,他的肌肉表面和肌纤维之间会有一层脂肪堆积。肌肉内的脂肪在肌肉收缩时会产生摩擦,因而降低了肌肉收缩的效率,增加身体运动负荷。而通过长期的体能训练,或是多多参加体育活动,则可以有效减少肌肉的脂肪,从而提高肌肉的收缩效率。

3. 肌肉毛细血管数量有所增多

体育锻炼可以使骨骼肌内的毛细血管在数量或形态上都有所改变,肌纤维之间的毛细血管平均分配数量在体育锻炼后增多。毛细血管的增多有效改善了骨骼肌的血液供给,从而有效提高了肌肉的工作能力,有利于肌肉更持久地进行紧张的活动。

4. 会使肌肉内的化学成分发生一定的变化

长期参与体育锻炼可以使肌肉内的化学成分发生变化,如肌糖原、肌球蛋白、肌动蛋白、肌红蛋白、水分等含量均有增加。

肌球蛋白和肌动蛋白是肌肉收缩的基本物质,这些物质增多与否,不仅提高了肌肉的收缩能力,而且还使 ATP(三磷酸腺苷)酶的活性加强,及时供给肌肉能量。肌红蛋白具有与氧结合的作用,如果它的含量增加,肌肉内氧的储备量也将会相应增加,使肌肉在耗氧量很大的情况下,能够继续保持好的工作状态。同时,肌肉内水分的增加,还有利于肌肉内氧化反应的进行,有助于肌肉力量的增长。

5. 使参加活动的肌纤维数量有所增加

根据研究发现,人的每块肌肉内的纤维在运动时并不全部收缩,只有一部分肌纤维对神经冲动产生反应发生收缩,另一部分不收缩称为不活动纤维。肌纤维之所以不收缩是由于神经控制过程中不使用它们,或者达到运动终极的神经冲动太少太弱。

坚持体育锻炼可以改善神经控制,增强神经冲动的传递,使一些不活动的肌纤维能够活动起来。一般情况下,训练水平低的肌肉只有 60% 的肌纤维参加收缩活动。而训练水平高的肌肉参加收缩活动的肌纤维可达到 90%。

6. 肌肉发生延迟性疼痛

许多锻炼者在参加超出常规体育锻炼量后会出现肌肉酸痛,而这往往不是在锻炼后立刻出现的,多数是在第二天或第三天出现,疼痛持续 2~3 天后才逐渐开始缓解,这种疼痛就叫作延迟性肌肉疼痛,一般任何骨骼肌在激烈运动后均可发生延迟性肌肉疼痛。肌肉延迟性疼痛一般是在锻炼后 24~72 小时酸痛达到顶点,5~7 天后疼痛基本消失。除酸痛外,还有会有肌肉僵硬的感觉,轻者仅有压疼;重者则肌肉肿胀,甚至妨碍正常生活活动。

二、骨骼运动学

骨骼,是以骨组织为主体,在结缔组织或软骨基础上经过一定的骨化形成的。一般情况下,成年人体内的骨骼数量是相同的,都是 206 块。

(一)骨的形状和构成

1. 骨的形状

由于人体的骨存在的部位和它发挥的功能不同,因而形状也就多样。按其形状特点可概括为以下四种:长骨、短骨、扁骨和不规则骨。

2. 骨的构成

骨膜、骨质、骨髓及血管、神经共同构成了骨骼,骨骼以骨质为基础,表面被骨膜包裹,内部充满骨髓。

(二)骨的功能

骨是人体运动系统的重要组成部分,对参与体能训练起着至关重要的作用。然而骨的作用不只限于在人体运动的时候。骨的功能还表现在支撑身体、保护脏器、造血和储备微量元素等方面。

(三)不同运动项目锻炼对骨产生的影响

从大量的实验实践中可以发现,运动项目的不同会在一定程度上影响到骨骼的形状。例如,散打运动员腿部的骨骼一般较粗,而且非常坚硬,这主要是由于常年参加散打训练使其腿部骨骼不断遭到撞击,骨骼由此会慢慢适应这种撞击逐渐变得坚硬、粗壮;又如拳击运动员和体操运动员,二者在手骨某些尺度的变化上有区别。体操运动员,掌骨干(在支撑中)或指骨近节(在单杠悬垂中)承受负荷,拳击运动员则是掌骨头和指骨头近节底承受负荷。因此,拳击运动员的骨骺变化较大,而体操运动员则是骨干部变化较大。

锻炼者一般都处在身体状态上升或巅峰时期,在此时期人体的新陈代谢旺盛。此时进行体能训练,非常有益骨骼的生长和保持骨骼良好状态。这种益处具体来说是可以使骨骼表面的隆起更为显著,骨密质增厚,管状骨增粗,骨小梁配布更符合力学规律。这一系列骨形态结构的改变,使骨的抗压、抗弯、抗折断和抗扭转等机械性能得到提高。

除此之外,肌肉的牵拉作用也与骨骼的变化有一定的关系。肌肉力量的增加与骨量的增加有着显著相关性,且骨量增加部位与肌肉训练部位有关。当肌肉力量增大,肌肉收缩对骨骼产生的应力刺激可有效提高成骨细胞的活性,这种活性对于保持骨骼的良好状态一直延续到进入中老年后是较为有利的,其表现为有效延缓中老年骨质丢失。

三、关节运动学

(一)关节的基本结构

关节是两块或两块以上骨骼之间借助结缔组织、软骨或骨的一种连接结构。正因为关节的存在才使肌肉收缩时骨骼的运动成为可能。关节的健康状况很大程度上决定了人体运动的灵敏和顺畅程度。

关节主要由关节面、关节囊和关节腔组成,辅助以韧带、关节内软骨和关节唇等结构。根据关节运动轴的多少和关节面的形状等因素,可以将关节分为单轴关节、双轴关节和多轴关节三种形式。也可以根据两骨间连接组织的不同,将关节分为纤维性关节、软骨关节和滑膜关节。

(二)体能训练对关节产生的影响

在科学合理的体能训练中,不仅能使肌肉和骨骼得到有效的锻炼,而且还能够使骨关节面的密度增加,骨密质增厚,使运动更加顺畅,由此形成一种良性循环,从而越发能够承受更大的运动负荷。与运动对骨骼形状的关系相似,体能训练的项目不同,也会对关节柔韧性起到不同的作用。体育运动项目中对关节灵活度要求较高的,有乒乓球、羽毛球、篮球等含有更多急转急停、突然变向等的项目。这些项目对运动员关节的柔韧性有着较高的要求。如果锻炼者认为自身在关节柔韧度方面有所欠缺,则可选择上述三类球类项目进行体能训练。

从关节的功能上来说,关节的最大用途就在于它的灵活,但是需要注意的是,这种灵活并不是绝对的,当真正体现其灵活性的同时,还需要有相对的稳固性予以支持。因此,关节的稳固性和灵活性又是一对矛盾,因为肌肉力量大,韧带、肌腱、关节囊就会增厚,这对关节稳固性和防止关节损伤有很大好处,但这样又势必会影响关节的灵活性。所以,在体能训练运动中,锻炼者要处理好关节的这对矛盾。这需要在训练过程中既发展肌肉力量的同时,还要兼顾发展其伸展性动作的练习,使二者得到同步发展,这样关节才能既稳固又灵活。

第四节　体能训练的营养保障

一、体能训练与基础营养

营养素是维持人类生命活动和健康的最根本的物质,营养素的摄入在很大程度上影响着人体的健康水平,进而还会在一定程度上影响到人体的活动能力。下面就对人体必需的六种营养素的营养功能、来源与摄入量以及它们对体能训练的影响进行分析和阐述。以此来为大学生的体能训练提供科学的营养基础,从而保证体能训练的良好效果。

（一）体能训练与蛋白质

蛋白质主要由氧、碳、氢、氮四种元素构成，是一切生命的基础。细胞是构成人体的基本单位，而蛋白质则是细胞的主要构成成分。以食物蛋白质的营养价值为主要依据，可以将蛋白质分为三大类，即完全蛋白质、不完全蛋白质以及半完全蛋白质。

蛋白质的营养功能主要表现为以下几个方面。

（1）蛋白质是构成和修补机体组织的重要物质，保证机体正常的生长发育。

（2）能够在糖类和脂肪提供的能量不能满足机体需要时，提供一定的热量。

（3）能够构成具有免疫作用的抗体，增强机体对细菌和病毒的抵抗力。

丰富的蛋白质主要来源于蛋类、豆制品、鱼、小麦、肉类、坚果、乳制品等食物。一般来说，动物性蛋白质要优于植物性蛋白质。蛋白质的摄入量受运动强度、年龄等因素的影响。通常情况下，蛋白质的供给量要达到总能量的 11%～14%。另外，为了满足正常的生理活动，保证正常生长发育，儿童和青少年的蛋白质供给量要达到总能量的 13%～14%，成年人要达到总能量的 11%～12%。

蛋白质在很大程度上影响着机体的运动能力，这主要在运动能力的影响因素上得到体现。通过体能训练，能够使机体的代谢能力增强，提高运动能力。但是，如果蛋白质摄入不足，不仅会对体能训练的效果产生不利的影响，而且还有可能引发一些运动性疾病；蛋白质摄入过量的话，会对肌肉的功能造成影响，致使机体代谢过程紊乱。因此，这就要求在体能训练过程中一定要保证蛋白质的适宜摄入量。通常来说，体能训练者的蛋白质摄入量以 1.8～2 克/千克体重为宜，应占总热量的 15%～20%。

（二）体能训练与脂肪

脂肪主要由碳、氢、氧这几种元素组成，是人体重要的组成成分，在人体内有着极其重要的作用。脂肪是保持健康体魄的必需物质。脂肪在多数有机溶剂中溶解，但不溶解于水。

脂肪的营养功能主要表现在以下几个方面。

（1）能够为机体的正常生理活动提供所需的能量。

（2）供给机体必需的不饱和脂肪酸。必需的不饱和脂肪酸是人体内不能合成的，而人体生命活动中不可缺少的不饱和脂肪酸，如亚油酸、亚麻油酸、花生四炳酸等。它们大多数对线粒体及细胞结构有重要作用。同时，它们也有促进发育、生育及保护皮肤和降低胆固醇的作用。

（3）作为脂肪垫包围在人体器官周围，保护人体器官和神经免受外伤。

（4）构成人体组织细胞的重要成分。

（5）促进脂溶性维生素的吸收和利用。脂溶性维生素，如维生素 A，维生素 D，维生素 E，维生素 K 等，这些维生素只有溶于脂肪才能被吸收和利用，所以脂肪是良好的溶剂。

（6）能够维持体温，并对内脏器官产生良好的保护作用。

（7）能够提升食物的味道，并且增加保护感。

脂肪的主要来源是猪油、羊油、牛油、奶油及蛋黄等动物性食物。另外，植物性食物中也含有较多的脂肪。例如，大豆、芝麻、花生等。通常情况下，每天摄入 50 克脂肪即可满足人体的正常需要，以占总热量的 17%～20% 为宜。

在氧气充足的情况下,长时间进行体能训练的主要能源就是脂肪。一般来说,有氧运动不仅能够使心血管疾病得到有效的预防,而且还能使机体内脂肪的含量减少,有着一定的减肥作用。训练水平也在一定程度上影响着氧化脂肪的能力,通过耐力训练,可以使体内脂肪代谢酶的活性得到有效改善,从而使氧化脂肪的能力得到有效提高。

(三)体能训练与糖类

糖类的构成成分主要是碳、氢、氧,也常被称为"碳水化合物"。由于糖类的分子结构有一定的差异性,以此为依据,可以将糖类分为三大类,一类是包含半乳糖合葡萄糖的单糖,一类是包含蔗糖、麦芽糖、乳糖的双糖,还有一类则是包含纤维素、淀粉、糖原、果胶的多糖。其中,双糖和多糖都需要分解成单糖才能被人体吸收。

糖类的营养功能主要体现在以下几个方面。

(1)能够为机体提供所需的能量,以维持机体正常的生理活动。

(2)糖营养脑组织供给神经系统所需要的能量,大脑中缺少储存的营养物质,主要是靠糖的氧化获得热能。血糖浓度降低时首先影响到神经系统,产生疲劳或头晕等现象。

(3)能够通过增加肝糖原的储备,加强肝对有毒物质的解毒作用,以起到保护肝脏的作用。

(4)能够有效促进蛋白质的吸收和利用。

(5)具有抗生酮作用,避免酸中毒的发生。

(6)能够构成细胞和神经,并且具有重要的作用。

日常主食中就含有大量的糖类,并且能够满足正常的生理功能需要。比如,米、面、谷类、土豆、水果、甜食、牛奶、糖果、蔗糖、蜂蜜中,都含有丰富的糖类。其中,谷类中的糖类占40%~70%,薯类占15%~29%。通常情况下,糖类的摄入量能够占总热量的60%~65%即可。糖类达到9~16克/千克体重。

糖类是体能训练中最主要的能量来源。糖类对人体的运动能力产生着较大的影响,主要表现在能量代谢中。在进行体能训练过程中,对糖类的需求量会大大增加,一般为正常状态的20倍左右。通常情况下,糖原的储量越大,运动能力就会越强。

运动前进行糖类补充时,要在一周之前或者赛前1~4小时,主要补充适宜的低聚糖,利于吸收;运动过程中应遵循少量多次的原则,20分钟左右即可补20克左右糖类;运动后则应该即可就进行糖类补充,并且要求24小时之内补充的糖类达到9~16克/千克体重。

(四)体能训练与维生素

维生素是维持人体正常物质代谢和某些特殊生理功能不可缺少的低分子有机化合物,因其结构和理化性质不同,使其各具特殊的营养功能。目前大致有14种维生素,主要分为两大类,一类是包括维生素C族、维生素B族的水溶性维生素;一类是包括维生素A、维生素D、维生素E、维生素K等的脂溶性维生素。维生素只需少量即能满足机体的生理需要,且每日必须自食物中获取。

不同类维生素的营养功能主要有以下几点。

(1)维生素A的作用主要表现为健齿、健骨、使皮肤光洁、帮助消化等。主要来源于动物的肝脏、深黄色或者深绿色的蔬菜、红黄色水果、蛋黄等。

（2）维生素 B_1 能够有效促进能量代谢及糖代谢生成 ATP。主要来源于米、面、核桃、花生、芝麻和豆类等粗糙的粮食。

（3）维生素 C 具有抗氧化的功能，还具有缓解疲劳、肌肉酸疼的作用。主要来源于水果、叶菜类、谷类等。

（4）维生素 D 不仅有利于钙和磷的吸收、利用，而且还有健齿和健骨的功能。主要来源于肝、乳、蛋黄等。

（5）维生素 E 不仅具有抗氧化的功能，而且还能够提高最大吸氧量。主要来源于食物油、奶、蛋等。

对于体能训练者来说，维生素具有非常重要的作用和意义。维生素能够维持机体的正常生理活动，因此，这就要求要适量补充维生素。主要是由于如果维生素摄入不足，就会使体能训练者的耐受性有所降低，对体能训练的顺利进行和理想效果的取得产生不利的影响。在补充维生素时，需要注意运动负荷、训练者的技能水平等因素，做到摄入量要适宜，不可过多也不能太少。

（五）体能训练与矿物质

矿物质又称"无机盐"，也是构成人体组织和维持正常生理活动的重要物质。矿物质主要包括两大类，一种是含量较多的，包括钙、钠、磷、镁、氯、钾、硫的常量元素；一种是含量较少的包括铁、锌、碘、铜、硒、镍、钼、氟、钴、铬、锰、硅、锡、钒的微量元素。微量元素在体内含量虽小，却有很重要的营养功能。

矿物质的营养功能主要表现在以下几个方面。

（1）矿物质是机体组织的重要构成成分。

（2）矿物质能够保持机体内的酸碱平衡。

（3）矿物质有利于机体内其他营养物质的合成与利用。

矿物质中的钙主要来源于奶和奶制品，成年人的供给量为 0.6 克/天，儿童、少年、孕妇、老年人对矿物质的需求量较大，应每天为 0.8～1.5 克。铁主要来源于动物内脏（特别是肝脏）、血液、鱼、肉类。一般成年男子每天需要摄入 12 毫克，妇女为 18 毫克，孕妇和乳母的需求量较高，达到 28 毫克。锌主要来源于动物性食物，其中以海牡蛎含锌最丰富。一般来说，成人每天摄入 15 毫克锌即可，孕妇和乳母对锌的需求量较大，应达到每天 20 毫克。

一般来说，人体内的电解质是相对比较恒定的，如果进行短时间的剧烈运动，电解质的恒定状态是基本不会发生太大变化的。但是，如果是在热环境下长时间进行运动，人体的温度就会增加，就会通过排汗的形式来对体温进行相应的调节，这就会造成大量电解质流失。为了保证电解质的恒定状态，需要适量补充矿物质，从而使生理生化功能障碍的产生对运动能力的影响得到有效地避免。

（六）体能训练与水

水是人们赖以生存的重要条件，是人体内含量最多的重要成分，约占成人体重的三分之二。人体新陈代谢的一切生物化学反应都必须在水介质中进行。缺乏水，人体的正常生理功能就会受影响；没有水，人们就无法生存。

水的营养功能主要体现在以下几个方面。

(1)能够使腺体分泌保持正常。

(2)参与人体正常的代谢过程。

(3)能够调整并维持正常的体温。

(4)能够较好地维持血容量,使脏器的形态和机能得到有力保障。

(5)润滑剂功能。水的黏度小,在体内对关节、肌肉、体腔、呼吸道等部位能起到良好的润滑作用。

饮料和食物是人体所需水的主要来源。一般情况下,成人每天应补充 2 000～2 500 毫升的水,具体要视年龄、气候、运动强度等情况而定。

体能训练过程中,往往会导致体温升高,这时就会通过大量的排汗来对提问进行调节,从而导致体内水分的大量流失,严重者还会造成脱水。因此,在体能训练过程中,应注意补充适量的水分。在补充水分时,首先要注意补液的时间,脱水后要立即补充,以尽快恢复运动能力。另外,补液的量也要适宜,要遵循少量多次的原则。

二、不同项目大学生运动员体能训练营养特点

运动员在进行体能训练时应当摄取营养平衡和多样化的膳食,膳食能量水平应使体重和体脂维持在适宜水平。在此基础上,再考虑不同项群运动员在力量、耐力、爆发力、协调性、反应性等方面的不同侧重。不同项目运动员体能训练的影响特点是有所差别的,具体如下。

(一)力量、速度项目运动员体能训练营养特点

该运动项群对力量和速度的要求比较高,如短跑、短距离游泳、划船、冰球、举重、投掷、摔跤等项目。该项群项目体能训练具有强度大、缺氧、氧债大、运动有间隙以及无氧供能等特点。因此,在膳食营养方面表现出的特点主要有以下几个方面。

(1)参加力量、速度项目体能训练的锻炼者的蛋白质供应量应达到 2 克/千克体重,其中优质蛋白质占 1/3。增加体内的碱储备。肌肉对蛋白质的需要量较大,特别是在训练初期,增加蛋白质和维生素 B_1 的供给量是必不可少的。同时也要保障碳水化合物、铁、钙和维生素 C 的供给。部分举重和摔跤运动员还有减体重后的脱水问题,及时补液将有利于脱水后重建心血管功能。

(2)应该增加体内磷酸肌酸储备量,从而为增加运动能力创造条件。

(3)肌糖原本身并非冲刺性或力量爆发运动的限制因素,但若连续减少糖原储备,最大运动能力可减少 10%～15%,因此,推荐适宜的摄糖量作为支持日常高强度训练的重要措施。

(二)耐力项目运动员体能训练营养特点

马拉松、长跑、长距离自行车、长距离游泳和滑雪等都属于耐力项目,这一项群体能训练的特点主要表现为:运动时间长,运动中无间隙,动力型,运动强度小,以有氧代谢为主。因此,可以将运动员进行体能训练的营养特点大致归纳为以下几个方面。

(1)膳食要满足运动对能量的需求,同时要注意营养的合理搭配。该类运动员对膳食的要

求,首先就是要使能量的消耗得到满足,因此要提供充足的能量。除此之外,膳食的蛋白质供应量要丰富,使其占总能量的 12%～14%,应提供牛奶、奶酪、牛羊肉等富含蛋氨酸的食物,膳食脂肪可略高于其他项目运动员,膳食的糖类应为总能量的 60%～70% 以上。

(2)根据运动项目特点重点补充含糖的食物。耐力运动员由于运动时间长,能量消耗大,为提高运动能力和促进恢复,推荐食糖量为 8～10 克/千克体重。

(3)及时补充体液,避免出现脱水和电解质丢失影响运动能力。耐力运动中出汗量大,容易发生脱水,运动前、中、后适量补液有利于维持内环境稳定。运动中丢失的电解质可在运动后补充。食物中维生素 B 族和维生素 C 的供给量应随能量的增加而增加。

(4)增加铁营养,避免缺铁性贫血的发生。耐力性项目运动员容易发生缺铁性贫血,应提供含铁丰富的食物。

(三)灵巧、技巧项目运动员体能训练营养特点

击剑、体操、跳水等都属于灵巧、技巧项目,这类项目运动员在训练中神经活动紧张,动作为非周期性及多变的动作,并在协调、速率和技巧性等方面有着较高的要求。除此之外,控制体重和体脂水平也是该项目运动员需要做的。鉴于这类运动员的运动特点,其对膳食方面的要求主要表现为:能量摄入量应较低。灵巧性健身运动对运动员的要求主要表现为:机体的协调性高,神经系统紧张;同时为完成高难度动作,因此,这就要求必须对运动者的体重加以控制,所以膳食中应有充分的蛋白质(蛋白质食物占总能量的 12%～15%)、维生素 B_1 和磷。但是需要强调的是,膳食中脂肪不宜过多,以使体重和体脂产生不利的影响。减体重期间的蛋白质的供给量要增加为总能量的 18%,食物的脂肪含量不宜过高,维生素 B 的供给量应达到每日 4 毫克,维生素 C 每日 140 毫克。此外,乒乓球、击剑等项目运动员训练中视力紧张增加,因此要使充足的维生素 A 供给得到保证。

(四)综合性素质项目运动员体能训练营养特点

篮球、排球、足球、冰球等项目对运动员身体各种素质要求较全面,力量、速度、耐力和灵敏性等素质要求均较高,除快速跑动外,注意力必须高度集中,反应要敏捷。球类运动能培养力量、速度、耐力、灵敏、爆发力等素质和迅速判断周围情况的能力。其膳食特点应根据其运动负荷的大小,保证充足的能量,膳食应全面和平衡。运动员的膳食应以高糖类为主,同时需要及时的补液。

目前这些运动员的营养措施是:运动前 3～4 小时采用高糖类的饮食,在长时间的训练或比赛前,应每隔 20 分钟补充配方科学的运动饮料 150 毫升。为了加速糖原储备的恢复,应在运动结束后尽快补充 50 克糖,以后每隔 1～2 小时重复补充,直至下一餐。为了取得充分的复水合状态,可采用含糖电解质饮料,补充量应达到运动后体重减轻量的 150%。

第五节　体能训练的损伤康复保障

一、运动性损伤的产生原因

(一)客观原因

(1)运动环境差。运动时的天气、活动空间等都属于运动环境,如果运动者在恶劣的天气中或者在安排不当的活动空间中锻炼者进行实用体能训练都会增大运动性损伤发生的可能性。

(2)运动前的准备活动不充分。训练者在运动前如果缺乏必要的准备活动,那么运动器官、内脏器官功能就会因为没有达到运动的状态而造成损伤。

(3)医务监督。研究资料表明,医务监督工作较为薄弱的球队,其新队员出现过度训练综合征和意外受伤、老队员出现慢性积累性损伤的病案,不仅数量增加,而且在该队运动性伤病总数中所占的比例,也明显比伤病监测工作较好的球队高。

(二)主观原因

(1)训练者身体状态不佳。训练者的身体状况不佳主要有两方面的原因,一方面可能是因为其刚刚从事完其他的运动,从而使关节的稳定性较弱,肌肉的力量薄弱,此时如果再进行体能训练,注意力就会分散,更容易造成运动性损伤。另一方面是训练者的身体结构和体型本身在生理上存在缺陷。一些生理上的不正常现象如扁平足、拱形足、脊椎骨的过度弯曲等都可能导致运动时受伤。

(2)训练者的体能较差。如果训练者的肌力状态不佳,受伤的机会就会较高,如果心肺耐力不佳运动者就会失去专注力及身体的协调,从而导致运动性损伤。

(3)训练者的运动技术较差。体能训练者如果在进行训练前没有掌握正确的运动技术就会对运动造成一定的影响,加大运动性损伤发生的可能性。

(4)训练者情绪低落。训练者如果在进行运动时带着一种恐惧、犹豫、畏难、消沉的情绪,那么他们的注意力不可能集中,这样就会提高运动性损伤的发生率。

(5)肌肉收缩力下降。肌肉收缩力引发的损伤在年轻运动员的伤病中较为常见,受伤过程往往是队员技术动作僵硬和不合理、主动肌群和被动肌群收缩不协调,或者身体大、小肌群力量的不匹配而造成的。受伤较多的是撕裂(拉)伤,累及部位多为肌腹、肌肉与肌腱过渡部位,以及肌腱附着处。

(6)慢性劳损。慢性劳损是运动员身体局部过度活动、长期负重,或者某部受到持续、反复的外力作用而造成的慢性积累性损伤,它在老队员的伤病因素中最为明显。慢性劳损致病多发于人体活动枢纽的腰部和反复受到牵拉、应力作用的髌骨,具有病因较难祛除、伤病不易治愈和队员又不能停训的特点。慢性劳损还和不科学的运动训练、新伤的不彻底治疗以及重复受伤有关。

二、运动性损伤的预防

（一）预防原则

预防运动性损伤需要遵循以下几个方面的原则。

（1）克服麻痹思想，提高预防损伤的意识。

（2）合理安排运动量，科学进行实用体能训练。

（3）在运动前认真做好准备活动，对可能发生运动性损伤的环节和易伤部位及时采取措施进行预防。

（4）加强保护和帮助，尤其要提高训练者的自我保护能力。

（二）预防措施

要使运动损伤得到较好的预防，不仅要遵循预防原则，还要根据实际情况，有针对性地采取一定的措施，具体有以下几个方面。

1. 在训练前要对自身状况进行全面的了解和认识

训练者在进行运动前，必须对自己的身体状况有一全面的了解，找出可能导致损伤的因素。要进行全面的体检，检查一下自己是否有不适合进行的运动。另外，要向有关人士咨询自己有可能在运动中出现的运动反应及出现这些反应时应采取的措施，避免运动性损伤的发生。

2. 对训练的运动环境进行一定的了解和认识

在进行训练前应对环境有一充分的认识与判断，活动的安排应根据场地是否合适及空间是否足够而决定，应注意潜在的危险及其他环境因素。

3. 训练者要做好充分的运动心理准备

训练前必须要对自己所进行运动有所了解，做好充分的心理准备，充分的心理准备可以帮助运动者集中注意力，建立自信心。同时，训练者还要知道如何应对压力及不良情绪，以减低和松弛紧张情绪。

4. 要做好充分的准备活动及整理活动

训练前的准备活动必不可少，因为这些准备活动可以使肌肉和关节活动开。每次训练后的整理活动也非常重要，这些整理活动可以让心脏血管系统恢复正常，帮助排除肌肉内的代谢废物。

5. 在保护与自我保护方面要做好工作

加强保护与自我保护是预防运动性损伤的重要手段，锻炼者进行实用体能训练，如果训练者身体基础条件较差或者肌肉力量不足，在训练时就应加强保护，在进行一些高难度动作时要求有专业人员陪同进行练习。

6. 对易伤部位要重点加强相应的训练

加强易伤部位的训练，提高这些部位的功能是预防运动性损伤的一个重要措施。如可以用"站桩"的方法来提高股四头肌和髌骨的功能,预防髌骨劳损。

7. 医务监督及运动场地的安全卫生检查工作一定要做到位

在锻炼者进行实用体能训练时要做好医务监督,如果身体出现了一些不良反应应及时分析原因,并采取相应的保护措施,严格掌握运动量。

三、体能训练中常见损伤的康复处理

(一)擦 伤

1. 擦伤的原因与症状

擦伤是指肌体表面与粗糙的物体相互摩擦而引起的皮肤表层的损害。擦伤大多数是因运动时皮肤受搓所引起的。皮肤出血或者有组织液渗出是擦伤后的主要症状。

2. 擦伤的康复处理措施

较轻较小的擦伤可以用生理盐水或者其他药水冲洗伤部,涂抹红药水或者紫药水,不需包扎,一周左右就可以痊愈。面部擦伤宜涂抹 0.1% 新洁尔溶液。通常较大的擦伤伤口易受污染,需用碘酒或者酒精在伤口周围消毒,如果创面中嵌入沙粒、炭渣、碎石等,应用生理盐水棉球轻轻刷洗,消除异物,消毒后撒上云南白药或者纯三七粉,盖上凡士林纱布,适当包扎。如果不发生感染,两周左右即可痊愈。关节周围的擦伤,在清洗、消毒后,最好用磺胺软膏或青霉素软膏等涂敷,否则会影响活动,并易重复破损。

(二)拉 伤

1. 拉上的原因与症状

拉伤指肌肉受到强烈牵拉所引起的肌肉微细损伤、部分撕裂或者完全断裂。体能训练中,大腿后群肌肉和小腿后群肌肉的拉伤最为常见。

拉伤后局部疼痛、肿胀、压痛、肌肉发硬、痉挛、功能障碍。如果肌肉断裂,伤员受伤时多有撕裂感,随之失去控制相应关节的能力,并可在断裂处摸到凹陷,在凹陷附近能够摸到异常隆起的肌肉断端。

2. 拉伤的康复处理措施

拉伤时应立即采用氯乙烷镇痛喷雾剂等进行局部冷敷,加压包扎,并把患肢放在使受伤肌肉松弛的位置,以减轻疼痛。肌纤维轻度拉伤及肌肉痉挛者,用针刺疗法会取得良好的效果。肌肉、肌腱部分或者完全断裂者应在局部加压包扎,固定患肢后,马上送医院诊治,必要时还要接受手术治疗。通常拉伤 48 小时后才能开始按摩,但手法一定要轻缓。

(三)挫 伤

1. 挫伤的原因与症状

挫伤指肌体某部受钝性外力作用,导致该处及其深部组织的闭合性损伤。大腿的肱四头肌和小腿前部的骨膜和后部的小腿三头肌、腓肠肌是最常见的挫伤部位,此外腹部、上肢、头部的挫伤也时有发生。挫伤后,以疼痛、肿胀、皮下出血和功能障碍的症状为主。

2. 挫伤的康复处理措施

受伤后应马上进行局部冷敷、外敷新伤药等,适当加压包扎,并抬高患肢,以减少出血和肿胀。肱四头肌和小腿后群肌肉的严重挫伤多伴有部分肌纤维的损伤或者断裂,组织内出血形成血肿,应将肢体包扎固定后,迅速送医院诊治。头部、躯干部的严重挫伤可能会伴有休克症状,应认真观察呼吸、脉搏等情况。休克时,应首先进行抗休克处理,使伤员平卧休息、保温、止痛、止血,疼痛甚者,可口服可卡因,或者肌肉注射杜冷丁,并立即送医院诊治。

(四)撕裂伤

1. 撕裂伤的原因与症状

撕裂伤指受物体打击而引起的皮肤和皮上组织均出现规则或者不规则的裂口,有不同程度的出血和污染,如争头球时头部相互碰撞发生的眉际撕裂伤等。

撕裂伤包括开放伤和闭合伤两种。开放伤就会出现顿时出血,周围肿胀的症状。闭合伤就会出现触及时有凹陷感和剧烈疼痛的症状。眉际撕裂和跟腱撕裂等是常见的撕裂伤。

2. 撕裂伤的康复处理措施

轻者可以先用碘酒或者酒精消毒,然后用云南白药或者其他药物和方法止血,再用消毒纱布覆盖,并适当加压包扎。如不能制止出血,应尽量在靠近伤口处按规定缚以止血带,立即送医院治疗。伤口较大、较深、污染较严重时,应立即送医院进行清创缝合手术,并口服或注射抗菌素药物预防感染,并按常规注射破伤风抗霉素。

(五)关节、韧带扭伤

关节、韧带损伤包含着许多具体的损伤形式,下面就对比较常见的几种该类型损伤的原因与症状以及康复处理措施进行详细说明。

1. 指间关节扭伤

(1)指间关节扭伤的原因与症状

由于手指受到侧方的外力冲击而造成指关节扭伤。扭伤后,关节肿胀、疼痛、压痛、活动受限,伸屈不灵活。如果出现关节变形,明显肿胀及触摸时剧痛的症状,就可能是关节脱位,应及时到医院进行治疗。

(2)指间关节扭伤的康复处理措施

如果伤的较轻,可以冷敷或者轻度拔伸牵引,轻捏数次,然后用粘膏、胶布等将受伤指和靠近的健指相固定,第三天开始练习主动屈伸活动,外擦舒活酒或者红花油。如果关节脱位,需立刻到医院进行治疗。

2. 肩关节扭伤

(1)肩关节扭伤的原因与症状

肩关节扭伤通常由于肩关节用力过猛、反复劳损或者技术错误所造成的。它的症状有压痛、疼痛，急性期有肿胀，慢性期三角肌可能出现萎缩，肩关节活动受限的现象。

（2）肩关节扭伤的康复处理措施

单纯的韧带扭伤，可以采用冷敷和加压包扎的方法处理。在 24 小时后可以进行按摩、理疗、针灸治疗。如果出现韧带断裂的情况就应立即送医院缝合和固定处理。当肩关节肿胀和疼痛减轻后，可以适当进行功能性锻炼。

3. 急性腰伤

（1）急性腰伤的原因与症状

进行实用体能训练时，身体重心不稳定或者肌肉收缩不协调，都容易引起腰部扭伤。多数腰伤因腰部受力过重或者脊柱运动时超过了正常的生理范围所导致。在损伤后，会出现疼痛的症状，有时还会听到瞬间"格格"的响声，有时也会出现腰部肌肉痉挛和运动受限的状况。

（2）急性腰伤的康复处理措施

让患者平卧，不应立即搬动。疼痛剧烈，就应及时用担架抬送到医院进行诊治。处理后，应卧硬板床或者腰后垫一枕头，使肌肉韧带处于放松状态。也可以用针灸、外敷伤药或者按摩的方法进行治疗。

4. 髌骨劳损

（1）髌骨劳损的原因与症状

髌骨是维护膝关节正常功能的主要结构，它具有保护股骨关节面，维护关节外形以及传递股四头肌力量的作用。

在体能训练中，膝关节长期负担过重、反复损伤累积或者一次直接外力撞击是髌骨劳损的主要产生原因。

（2）髌骨劳损的康复处理措施

① 采用按摩、中药外敷、针灸等方法进行治疗。

② 平时应加强膝关节肌群的力量练习。病情出现好转，就可以逐渐增加练习的时间。

5. 膝关节侧副韧带损伤

（1）膝关节侧副韧带损伤的原因与症状

引起膝关节侧副韧带损伤的原因是当膝关节弯曲时，小腿突然外展外旋或者当足和小腿固定时，大腿突然内收内旋。膝关节外侧韧带伤是当膝关节弯曲时，小腿突然内收内旋，或者当足固定时，大腿突然外展外旋所造成的。半月板伤是膝关节在屈伸过程中同时有膝关节的扭转、内外翻动所造成的。

出现韧带损伤后，膝关节会疼痛、肿胀，扭伤部位有压痛，周围肌肉痉挛，活动受限，膝关节不敢用力伸展，轻度跛行。如果膝侧韧带完全断裂，伤部可以触及韧带断裂的凹陷，功能会完全丧失。如果半月板受伤，那么膝内常伴有清脆的响声。

（2）膝关节侧副韧带损伤的康复处理措施

如果损伤的程度较轻，局部外敷伤药，内服消肿止痛药即可。在肿痛减轻后，再进行针灸、按摩、理疗等。部分韧带撕裂的患者，早期局部冷敷，加压包扎，抬高患肢，固定膝部，内服止痛药，在 48 小时后可以进行按摩、理疗、外敷或者内服中药。如果患者的韧带完全断裂，那么一旦确诊，就应尽早手术缝合。手术后要积极进行功能性锻炼。

6.踝关节扭伤

(1)踝关节扭伤原因与症状

在训练中跳起落地时失去平衡,踝关节就容易过度内翻或者外翻而引起踝关节扭伤。在场地不平坦、准备活动不充分的情况下,更易造成这类损伤。踝关节扭伤的主要症状是肿胀、伤处疼痛、韧带损伤处有明显压痛、皮下瘀血等。

(2)踝关节扭伤的康复处理措施

立即进行冷敷,用绷带固定包扎,并抬高伤肢。在24小时后,根据伤情采取综合的治疗方法,必要时作封闭治疗。扭伤严重的患者,可以用石膏固定。在病情好转后可以进行功能性的练习。

(六)关节脱位

1.关节脱位的原因与症状

关节脱位又称"脱臼",指因受外力作用,使关节面失去正常的连接关系的损伤。关节脱位后可以分为完全脱位和半脱位两种。严重的关节脱位,会伴有关节囊撕裂,甚至损伤神经。运动中发生的关节脱位,大都是间接外力撞击所造成的。

在关节脱位后,常常出现畸形,与健肢对比不对称,由于软组织损而出现炎症反应,局部疼痛、压痛和关节肿胀,并失去正常活动功能,甚至发生肌肉痉挛等症状。

2.关节脱位的康复处理措施

出现关节脱位,应马上用夹板和绷带在脱位所形成的姿势下固定伤肢,尽快送医院治疗。

肩关节脱位时,取三角巾两条,分别折成宽带,一条悬挂前臂,另一条绕过伤肢上臂,于肩侧腋下缚结。肘关节脱位时,用铁丝夹板,弯成合适的角度,置于肘后,用绷带缠稳,再用小悬臂带挂起前臂,也可以直接用大悬臂带包扎固定。没有夹板,可以将伤肢固定在自己的躯干或者健肢上,防止震动,随后送往医院进行治疗。

(七)骨　折

1.骨折的原因与症状

骨折损伤比较严重,可以分为不完全性骨折和完全性骨折两大类。训练中身体某部受到直接或者间接的暴力撞击时,容易造成骨折。

骨折后的症状是肿胀,有剧烈疼痛,皮下瘀血,肢体失去正常功能,肌肉产生痉挛,有时骨折部位发生变形,移动时可以听到骨摩擦声。如果骨折严重,常常会伴有出血和神经损伤、发烧、口渴、直至休克等全身性症状。

2.骨折的康复处理措施

骨折固定前最好不要移动伤肢,以免增加伤员的痛苦和伤情,应尽快固定伤肢,限制骨折断端的活动。对大腿、小腿和脊柱骨折应就地固定。对有伤口或者开放性骨折的伤员,首先要止血,止血多采用止血带法和压迫法。用消毒巾或者纱布包扎后,及时送医院治疗。对已暴露在伤口外的骨折断端不要放回伤口内,以免引起感染,也不可任意去除。如有休克和大出血等危及生命的并发症时,应立即抢救休克和止血,给予伤员较强的止痛药物,平卧保暖,针刺人中等,这时可以采取简要的止休克措施。使用固定用具,长短宽窄要合适,长度须超过骨折部的上、下两个关节,夹板与皮肤之间要有垫衬物固定,先固定骨折部的上面和下面,再固定上下两个关节。伤肢固定后要注意保暖,检查固定是否牢靠。四肢固定时要观察肢端是否麻木、发冷、疼痛、苍白或者青紫,如出现这些情况则说明包扎过紧,需要放松一些。

(八)脑震荡

1. 脑震荡的原因与症状

脑震荡指训练者的头部在受到外力打击后,大脑管理平衡的膜半规管、椭圆囊、球囊等感受器功能失调,从而引起意识和功能的一时性障碍。

在进行实用体能训练时,两人头部相撞或者撞击硬物都可能会造成脑震荡。出现脑震荡后往往有神志昏迷,肌肉松弛,脉搏徐缓,瞳孔稍大但能对称等症状,在清醒后,患者也常会有头痛、头晕、恶心呕吐感、注意力不易集中、耳鸣、多汗、心悸、失眠等症状。

2. 脑震荡的康复处理措施

让患者平卧,头部冷敷。如果患者出现昏迷症状应压人中、内关和合谷穴,如果患者出现呼吸障碍,应立即进行人工呼吸。如果在经过上述处理后,患者仍存在反复昏迷或者耳、鼻、口出血等症状,那么就表明患者的病情相当严重,应立即送往医院进行治疗。在运送途中,要使患者平卧,头部固定,避免颠簸。脑震荡通常都可以自愈,不需要住院治疗,但要注意休息和必要的药物治疗,保持情绪安定,减少脑力劳动。

第三章 高校体能训练计划与运动处方的制定

在高校中,良好的体能是高校学生进行学习、生活,以及参与运动训练和锻炼的基础,因此对于高校学生来说,体能具有重要的作用和意义。在进行体能训练时,既要制定一定的训练计划作指导,同时还要根据自身实际制定相应的运动处方来进行有针对性的训练。本章重点就高校体能训练计划与运动处方的制定进行研究与分析。

第一节 体能训练计划的制定与实施

一、体能训练计划制定的依据

体能训练计划是在对学生身体机能与体能状态诊断的基础上,为实现体能训练目标而选择的状态转移的通路,是对训练过程的理论设计,是参加训练的教师和学生体能训练的重要依据。高校学生一定要按照事先制定的体能训练计划进行训练,将整个计划贯穿于全部训练实践活动之中。

体能训练计划的制定必须要遵循一定的科学原理,必须符合体能训练和学生生长发育的客观规律,将实现训练目标的需要与提供训练主、客观条件的可能,有机地结合起来。这样才能保证训练计划的科学性和有效性,从而促进高校学生体能训练效果和质量的提高。

(一)以体能训练的指标要求为依据

在制定高校学生体能训练计划时,要有一定的指标,要以这个指标要求为依据。体能训练计划是为使学生由起始状态向目标状态转移所必须选择与设计的最佳通路。所以,训练计划的制定必须考虑到实现目标的需要,而训练目标是在制定训练计划之前就必须完成的一项重要工作。

(二)以体能训练的客观规律为依据

在制定高校学生体能训练计划时还要遵循学生体能发展的客观规律,要将学生身心发展的特点同体能训练计划充分结合起来进行,只有这样才能保证体能训练计划的合理性和有效性。高校学生体能发展的客观规律主要包括:体能的发展规律、训练生物适应的产生与变化规律、训练计划的连续性与阶段性、各种身体素质的特殊规律、训练过程的可控性与多变性规律等。

（三）以学生起始的体能状态为依据

在体能训练中，高校学生体能起始状态是体能训练过程的出发点，是其状态转移的基础。为实现目标转移而制定的体能训练计划，只有符合学生体能的现实状态才能被学生接受，从而导致学生的体能发生明显的变化。

（四）以实施训练的客观条件为依据

器材的质量与数量、训练场地的好坏、营养条件、恢复条件等，都是组织实施训练活动重要的物质基础。例如，在进行篮球专项体能训练时，如果只有三、五个篮球，教师就无法很好地组织起一堂篮球体能训练课。训练后恢复条件的好坏直接影响着学生连续承受运动负荷的能力。因此，在制定训练计划时，必须充分考虑以上这些因素。

二、体能训练计划的制定

高校学生体能训练计划可以分为多种，主要包括多年体能训练计划、年度体能训练计划、阶段体能训练计划、周体能训练计划和课时体能训练计划等。

（一）多年体能训练计划的制定

1. 多年体能训练计划的内容

多年体能训练计划是对高校学生多年训练过程的总体规划。此训练计划的时间跨度较长，因此计划只是宏观的、战略的，计划内容也只能是框架式的。在制定多年训练计划时，不仅要准确地估计学生的个人特点、年龄、身体发育、道德品质，考虑学生的运动成绩和竞技能力水平，确定学生的特长及发展目标，还要清楚学生训练水平方面的弱点和努力方向，并根据学生训练达到的水平，确定每年提高运动成绩的幅度、竞技能力及身体训练水平的指标；根据主要目的，确定每年训练的主要任务和手段。其任务和手段必须以全面的身体训练原则为出发点，广泛采用促进机体良好生长发育和保证全面身体发展的练习手段。在计划中要将主要任务和手段按年度分配，并定出年训练量、训练时数、身体训练与技术训练比例等等，逐年加大训练的量和强度，逐年提高对学生的身体机能水平的要求。

大量的事实证明，高校学生只有具备了良好的体能素质，才能将自身技术充分发挥出来，从而在比赛中创造出优异的成绩。一般来说，多年训练计划的主要内容，分为准备性部分（学生基础情况分析、训练目标的确定）和指导性部分（阶段划分、各阶段任务、训练内容安排、训练指标确定）。

（1）准备性部分
①学生基础情况分析
对高校学生基础情况的分析，是为具体训练计划的制定提供必需的信息和依据。由于学生在年龄、形态、机能、素质及心理品质等各方面存在着差异，在制定训练计划时，必须依据学生训练年限、发展程度、健康状况、竞技能力、运动成绩等实际情况，使体能训练的安排既能被学生接受，又足以使学生的体能发生明显改善。另外，还可通过学生基础情况分析，确定学生

的特长并提出进一步发展专项的方向。

②多年训练计划的目标

训练目标是制定多年训练计划任务和评定训练效果的主要依据,同时训练目标也是体能训练计划中重要的内容,一切训练手段、内容、方法等的设计都是为这一目标服务的。训练目标是一个多层次、多指标、多阶段的系统。一个完整的训练目标一般包括专项训练的总目标、各阶段的专项成绩目标和与专项相关的竞技能力目标。

确定多年训练总目标时,应综合考察项目特点、竞赛任务和分析学生现实状态、竞技潜力、未来所能提供的训练条件等因素。也可以采用一些数理统计方法建立训练目标的预测公式进行预测。

(2)指导性部分

①多年训练各阶段的划分

多年训练计划应依据高校学生竞技状态的形成与发展、长期训练适应性的形成与发展规律,以及学生生理、心理发育的自然规律等进行阶段性的划分。在不同阶段应安排不同的训练内容。例如,《全国田径教学训练大纲》将多年训练全过程分为五个阶段:儿童全面训练阶段(8—12 岁),基础训练阶段(13—14 岁),初级训练阶段(15—17 岁),专项提高阶段(18—19岁),高级专项训练阶段等(20 岁以上)。通常来说,一般高校学生适合初级训练阶段,而高校学生运动员则适合专项提高阶段。

②各阶段的任务

仍以《全国田径教学训练大纲》多年训练阶段为例。在一般高校学生初级训练阶段中,初级训练阶段的主要任务是进一步全面发展各专项身体素质,发展并提高专项素质,在继续从事多项训练的基础上,进行初期的专项训练,掌握合理的专项技术,提高专项训练水平;专项训练阶段的主要任务是继续加强全面身体训练,进一步提高专项素质,巩固和完善专项技术,提高专项技能和训练水平,通过比赛提高适应能力及心理素质,学习专项理论知识;高级训练阶段的主要任务是强化各项身体素质、专项素质和专项能力,进一步完善完整技术,充分挖掘潜力,较多地参加国内外各级比赛以保持高水平的运动成绩。其他专项的阶段划分和各阶段的任务可根据项目的特点和要求进行各阶段划分和各阶段任务的制定。

③多年训练计划各阶段训练内容的安排

在多年训练计划各阶段训练中,一般身体训练、专项身体训练和技术训练的比例,主要取决于学生的训练水平。因为随着高校学生训练水平的提高,一般身体素质与专项成绩的相关性也随之降低,而专项身体训练和技术训练的比例随之提高(表 3-1)。

表 3-1　各阶段身体训练和技术训练的比例

阶段比例训练内容	一般身体训练	专项身体训练	技术训练
基础训练阶段	60%	20%	20%
初级训练阶段	40%	30%	30%
专项训练阶段	30%	35%	35%
高级训练阶段	20%	40%	40%

④多年训练各阶段的训练指标

在多年训练中，每个训练阶段都应有一定的训练指标，即各阶段的运动成绩指标和竞技能力指标，并作为评价训练状态的依据。各阶段训练指标是以整个训练过程最终的运动成绩指标和竞技能力指标为依据，并结合不同阶段的训练任务而制定的。

在多年训练计划安排中，要科学地掌握学生竞技状态的发展变化规律，系统地安排各阶段训练指标，使竞技状态高峰在高级训练阶段出现。因此，各阶段训练指标应采用开始幅度较小的渐进式提高，到专项训练阶段时，训练指标提高加快，出现成绩的突变式上升，在高级训练阶段达到最高水平。

2. 多年体能训练计划的分类

众所周知，多年训练计划的时间跨度较长，对年度、阶段等学生训练计划具有一定的指导意义和作用。按多年训练计划时间跨度的大小，可将多年训练计划划分为全过程多年训练计划和区间性多年训练计划两种。

(1) 全过程多年训练计划

对学生从开始接受体能训练一直到大学毕业整个学习过程中的体能训练与发展的设计与规划，就是高校学生的全程性多年训练计划。

①阶段划分

对于长达数年甚至十几年的训练过程进行合理的阶段划分，是一项非常重要的工作。不同国家的学者都很重视全程性多年训练的阶段划分问题。比较苏联、前民主德国和联邦德国学者的有关论述可以看到，他们的论点虽然各有自己鲜明的特点，但从整体上看，又都存在着若干共同之处。

以国内外研究成果为基础，并考虑到不同项群训练的特点，可将学生体能训练阶段按小学、初中、高中、大学四个阶段来划分，根据学生参加体能训练的时间和身体发育特征，一般也可将小学和初中划为基础训练阶段，高中和大学划为特色发展阶段。

基础训练阶段的主要任务是，培养学生对体能训练的兴趣及心理、运动技能、体能与智能的基础及全面发展。在这一阶段中，侧重学生协调能力、速度能力，小肌群力量（如腕力、踝关节力量等），心血管耐力，基本运动技能（跑、跳、投、体操、游戏）、多项基本技术、一般心理品质等方面的训练。

特色发展阶段的主要任务是，结合遗传与生长发育特点选定体能训练的主攻方向，形成体能训练的个人优势。在这一阶段中，发展力量素质可安排大负荷练习，选定方向侧重发展专项速度、爆发力和专项技能，增加心血管系统耐力练习和专项耐力训练，提高学生对体能训练的理论水平和认识，培养稳定训练与适应社会的良好心理品质。

②高校学生的遗传与生长发育因素

在多年的训练规划中要充分考虑学生生长发育与遗传的因素，在基础训练阶段要注意结合身体素质发展的敏感期，使学生各方面的身体素质得到全面和较充分的开发和发展。在青春期到来之时，要考虑高校女生的身心变化，加强青春期知识教育，合理安排运动训练。加大运动训练负荷时要考虑学生的肌肉、骨骼及心血管系统发育的状况，力争做到安排适时、适量、适宜。

此外，由于每个人先天遗传基因的不同，在身高、体重、体能、心理等方面都会有很大差别，为此,在体能训练中可以根据扬长避短或取长补短的道理安排训练规划,使学生通过体能训练更具个人魅力或通过补短使一些学生的体能更符合社会的需要。

（2）区间性多年训练计划

多年训练全过程中的每一个特定的时间区域,都构成一个区间。对两年以上的一个特定时间的训练过程的设计,就称作区间性多年训练计划。例如,两届奥运会之间 4 年的训练计划,6 年中学学习期间的训练计划等等。

由于当前早期选材预测结果还具有较大的不确定性,加之高校学生在长达十几年的整个运动生涯中,受着多方面的各种必然的和偶然的因素的影响,因此,对多年训练的全过程通常只做一个框架式的规划,而对全程性多年训练中不同训练阶段所制定的区间性训练计划,则应较为深入和具体。在这里,我们所说的区间性多年训练计划,是对学生体能训练全过程中某一个两年以上的特定时间区域里的训练过程的设计。例如,小学、初中、高中、大学中的某一个学程内的训练计划。小学和初中大体上可以划为基础训练阶段,高中和大学又可以划为特色发展阶段。

①阶段的划分与训练任务

基础训练阶段通常结合小学和初中可划分为两个阶段,即小学一般基础训练阶段和初中专项基础训练阶段。

小学阶段的任务是发展学生的协调能力、速度能力和基本运动技能,培养体能训练的兴趣。培养良好的运动心理品质,初步树立体能训练的远大目标,并为之打好体能全面发展的身心基础。

初中阶段的任务是打好运动素质全面发展的基础,掌握走、跑、跳、投、体操及游戏等全面技术,确定今后发展的方向和奋斗目标,为提高某方面的体能、技能水平打好基础。

②训练年限与训练年龄的界限

基础训练总的训练年限 6～8 年,其中小学阶段 3～5 年,初中阶段 3 年。

该阶段开始训练的年龄为 8—10 岁,即小学 2～4 年级。年龄跨度为 8—16 岁,一般基础训练阶段（小学）年龄在 8—12 岁之间,专项基础训练阶段（初中）年龄在 13—16 岁之间。

③训练内容的安排

A. 内容安排:此阶段的训练内容,以多种运动项目的基本技术和专项基本技术为主,协调能力的训练内容占主导,运动素质的训练应按照柔韧—有氧耐力与反应速度—最大速度与速度力量—最大力量。训练内容是由训练任务决定的,开始训练时一般训练的比重大些,然后逐步增加专项训练,使两者各占相当的比重。初中阶段以学习专项技术为主,发展专项素质为辅。

B. 负荷安排:应严格遵循循序渐进的原则。在这一阶段的负荷不宜过大,小学阶段负荷的量和强度都不大,稳步提高,优先增加负荷量。初中阶段负荷量可加大,强度中等。总负荷水平虽然较第一阶段大,但仍不能达到大的程度。在我国,对进入到小学阶段的儿童,以每周训练 2～4 次、每次训练 1 小时为宜。进入初中阶段的儿童、少年,每周训练 4～6 次,每次 1～1.5 小时为宜。

对于儿童、少年的测验和竞赛,应与其训练负荷变化相一致,给予科学、妥善的安排,并注意测验难度、竞赛负荷的循序渐进。

特色发展阶段为 7～8 年,一般高中阶段 3 年,大学阶段 3～5 年。

高中阶段体能训练的任务是发展学生对环境的适应能力,重点提高力量素质和一般耐力素质,提高跑、跳和攀、爬的能力,加强对野外环境的生存训练,培养坚韧不拔的性格和勇敢顽强的心理品质。

大学阶段学生体能训练的任务是,根据学生遗传与后天发展,发现学生的特长,建立学生终生训练身体的兴趣与习惯。此外,高校学生应侧重发展上肢及腰腹肌的力量及专项耐力水平,发展强健的体魄与综合全面的体能。

(二)年度体能训练计划的制定

年度训练计划是组织高校学生参加体能训练的最主要的计划,起着承上启下的作用,结构是由气候、环境和体能发展的阶段性所决定的。在整个年度体能训练中,也可结合体能测试的方法进行,体能测试可以结合体育课,一般以学期为单位,在学期末安排考试或测试,在寒暑假也可以根据阶段任务安排训练内容。

此外,在制定年度体能训练计划时,还要根据学生的基本情况及其训练水平以及考虑训练场地、器材等客观条件来确定本年度训练任务和训练目标。

1. 年度训练计划制定的依据

为了保证训练计划制定的科学性和有效性,在制定高校学生体能训练计划时,必须要注意以下两点。

(1)确定好训练的目标。为了实现学生由起始状态向目标状态的转移这一运动训练的根本任务,要选择最适宜的训练方案,来实现本年度的训练目标。

(2)充分了解高校学生进行体能训练的起始状态。学生训练的起始状态是运动训练过程的出发点,要根据学生上一年度的基本情况及其训练指标的现有水平来制定本年度训练计划。

2. 年度训练计划的分类及时期划分

一般来说,年度训练计划主要有以下三种类型。

(1)以全年为一个大训练周期的单周期训练计划,包括准备期、竞赛期和过渡期。

(2)全年分为两个大训练周期的双周期训练计划,包括两个准备期、两个比赛期和一个过渡期。

(3)在全年中设有多次比赛的年训练计划,在两次比赛的间歇期,应进行保持训练水平的训练或安排积极性休息。

目前,根据我国各高校现行的学期制教学特点,可将年度训练计划分为三个时期,即秋冬时期、春夏时期和两个假期。在这三个时期要根据季节、环境的变化并结合学生的身心发展状况制定出合理的体能训练计划。

3. 各时期的训练安排

(1)春夏时期(3 月—7 月)的训练安排

在春夏时期可对高校学生的体能进行测试,其主要任务是在测试中达到最高水平。因此,这一阶段要以发展专项身体训练水平为主,完善专项技术,多进行完整专项技术练习,同时要培养学生的战术思维能力,提高其比赛能力和自信心,形成最佳的竞技状态,在测试中创造好成绩。

此阶段的负荷总量要稳定,负荷强度增加并达到最高点且保持稳定。为了保持最佳竞技状态,训练的量和强度还可以根据测试的需要进行适当的调整。

(2)秋冬时期(9月—下年的1月)的训练安排

秋冬时期是提高高校学生体能素质的关键时期,此时期高校学生体能训练的主要任务是提高一般身体训练水平,进一步发展力量和其他身体素质,改进技术。

此外,在安排高校学生参加体能训练时,还应根据南北方的不同特点,科学筹划,合理安排。例如,北方的学校在此季节天气已经转凉,不适合进行大强度的测试,应进行一些有氧运动,发展综合运动素质,促进学生体能积累和提高。在技术训练上应注重基本技术的训练同时改进明显的技术缺陷。南方学校的教师除了按上述进行训练外,还可以根据自身的地理及气候条件在此期间进行一次测试,使教师和学生双方在进入后期的体能训练前有全面的了解,更好地制定训练计划。

此时期的负荷应以大运动量练习为主,各种练习要数量多、范围大,但强度较低。如果学校在此期间安排测试,在测试前应适当加大负荷强度,测试结束后再进行身体训练。

(3)两个假期的训练安排

①暑假时期(8月—9月)的训练安排

此时期高校学生进行体能训练的主要任务是使学生的身心从测试的压力中恢复过来,消除身心的疲劳。

此时期的训练应以积极性休息为主,如慢跑、游泳、娱乐游戏。尽可能减少专项身体训练,使身体充分恢复以便进入新的训练之中。

②寒假时期(1月—2月)的训练安排

此阶段高校学生进行体能训练的主要任务是为下一步的体能测试做好充分准备。训练内容中逐渐加大专项素质和技、战术的训练,加大心理训练成分,让学生在此期间做好测试的心理准备。此时期的负荷安排应是逐渐减少一般身体训练的负荷量,加大专项训练的负荷量和强度。

4. 安排训练计划时应注意的事项

(1)训练场地的好坏、器材的质量与数量以及营养条件、恢复条件等都是组织实施训练活动的重要物质基础,秋冬时期由于受到南北地理环境及气候的差异,在制定年度训练计划时教师要因时、因地制宜,合理安排训练、测试的时间。

(2)各阶段训练时,要合理利用地区的季节性项目。例如,北方冬季的滑冰运动,南方可以借助游泳等水上运动,减少体能训练的枯燥性。

(3)在假期中,教师不能直接了解到学生的训练情况,因此教师要根据学生的具体情况制定合理的阶段性训练计划,与适当的测试结合检验训练结果。

(4)在年度训练计划中,要考虑到不同年龄学生的身心特点,遵循运动训练的客观规律。即机体训练适应性,疲劳与超量恢复原理;训练计划的连续性与阶段性;训练过程的多变性与可控性等,以及专项运动技术、身体素质的特点和发展等规律,合理安排训练内容和负荷。

（三）阶段体能训练计划的制定

一般来说，阶段训练计划通常是由数周至数月组成，因此也称为中周期。它由若干个同一目的的小周期组成，同时又是构成大周期的基本单位。因此，年度训练计划实际上已对阶段训练的任务、时间跨度、负荷水平等有了基本安排。在具体制定阶段训练计划时，很重要的一点是根据项目的特点和该阶段的主要训练任务，确定小周期之间的序列和节奏。

需要注意的是，不同训练水平、不同项目的训练者，在阶段训练安排中负荷不是固定不变的，而是不断变化的。阶段训练计划中运动负荷的具体安排如图 3-1 所示。

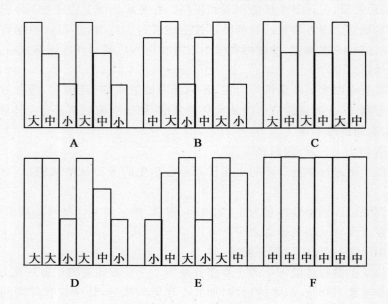

图 3-1

图 3-1 中 A、B 两种组合实际上是前后两个小阶段的重复，C、D 两种组合的特点为前半段负荷大于后半段，适合强化训练。E 虽然总负荷与前三种相等，但变化节奏不同，其特点是由小负荷递增，常用于需承受大运动负荷的训练。F 则为负荷不变，实际上是通过负荷量与强度的对比关系和小周期内的负荷节奏来调整。

在体能训练中，阶段训练计划主要包括引导阶段、一般准备阶段、专门准备阶段、赛前准备阶段和比赛阶段的训练。

（1）引导阶段：主要用于过渡期以后的年度训练之初。其特点是训练量和强度逐渐上升。持续时间为 2～3 周。

（2）一般准备阶段：其目的是努力提高机体机能的总体水平，全面发展身体素质和运动技能。持续时间为 4～8 周。

（3）专门准备阶段：其目的是提高专项训练水平和改进专项技术，提高训练强度。持续时间为 4～8 周。

(4)赛前准备阶段:本阶段是准备阶段与比赛阶段之间的过渡。其目的是提高竞技状态。持续时间为 3～6 周。

(5)比赛阶段:这一阶段是在主要比赛期间的一种训练形式。它包括为比赛打基础的小周期、直接参加比赛的小周期和恢复训练的小周期等。其目的是巩固最佳竞技状态和力争创造优异成绩。比赛阶段小周期的数量和持续时间取决于竞赛日程和比赛规模。比赛阶段又包括早期比赛阶段、主要比赛阶段和获得最佳竞技状态阶段。

(四)周体能训练计划的制定

周体能训练计划是由数次训练课而组成的,其训练过程相对完整并有一定的复杂性。周训练任务、内容和负荷等方面是以阶段训练计划为主要依据而确定的。周训练计划属于具体的实施性计划。

以训练任务及内容为主要依据,并以上述小周期的各种分类体系作为参照,可以将周训练划分为以下四个基本类型。

1. 基本训练周训练

(1)主要任务

基本训练周在全年训练中被采用得最多。在准备时期,基本训练周是最主要的周型。在比赛时期中的赛前阶段和赛间阶段也主要按基本训练周的模式组织训练。

基本训练周训练的主要任务是,通过负荷的改变引起新的生物适应现象,提高学生的竞技能力。

(2)内容的结构特点

实现训练目标的需要和不同负荷后机体的反应以及恢复状况,是周训练计划内容结构的决定性因素。具体来说,前者对应该把哪些内容列入训练计划之中起着决定性作用,后者则对这些内容应该怎样组合在一起起着决定性的作用。

通过普拉托诺夫的研究可以充分表明,高校学生在从事不同性质的训练中,三个供能系统都不同程度地参与工作,并且会出现不同程度的疲劳。从图 3-2 中可以看出,学生在完成速度性负荷时,机体的磷酸盐供能系统消耗最大,恢复最慢,无氧能力(无氧乳酸供能系统)次之,有氧能力(有氧供能系统)消耗最少,恢复也最快。在完成无氧负荷时,无氧乳酸供能系统最大;在完成有氧负荷时,则有氧供能系统的负荷最大,恢复最慢(表 3-2)。

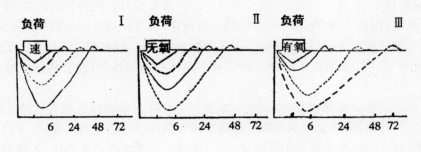

图 3-2

表 3-2 不同性质大负荷训练后各种能力超量恢复所需时间(小时)

负荷的主要性质	无氧磷酸原供能能力	无氧乳酸供能能力	有氧氧化供能能力
无氧磷酸原供能负荷	48	24	6～12
无氧乳酸供能负荷	24	48～72	6～12
有氧氧化供能负荷	6	24～48	72

以上这些因素,是我们在周训练计划中合理安排不同训练内容之间的顺序时一定要充分考虑到的重要方面,一定要引起足够的重视。除此之外,由于机能状态不同,那么相适应的训练任务也会有一定的区别(表 3-3)。

表 3-3 与不同机能状态相适应的训练任务

竞技能力类型	机能状态		
	充分恢复后	局部疲劳时	非常疲劳时
素 质	最大速度 最大力量 快速力量	速度耐力 一般耐力 力量耐力	一般耐力 力量耐力
协 调 技 术 战 术	协调能力 精细技巧 战术配合	— 辅助技术 战术配合	— — —
心理品质	判断 反应	自控能力	顽强拼搏的意志品质

(3)负荷的结构特点

①基本训练周的课次安排

不同水平学生的训练日数及课次有很大的区别。训练课次应随着学生年龄的增长以及竞技水平的提高相应地逐渐增加。要想弄清楚在一周的训练中该怎样安排各训练课次的负荷,首先要对大负荷训练次数的确定有一定的了解。具体来说,主要包括以下几种情况:在一周训练中,如果只安排1～2次大负荷课,那么对学生的刺激就难以达到必要的深度,也不可能产生相应的超量恢复;而在一周中安排3～5次的大负荷课,则可以对学生的机体产生深刻的影响,而且在合理安排的前提下,可以使学生在适当的休息之后产生超量恢复。由此可以得出,这3～5次的大负荷课应该分别安排两种或者三种不同性质的训练,以便合理地交替不同的训练内容。

一周内的小负荷训练课,即以恢复性训练课为主的课次的安排在很大程度上影响着周训练的总课次。一般来说,恢复性训练课应占周总课次的四分之一左右。在5～6次训练课中可安排1～2次,在9～10次训练课中可安排2～3次等。在周课次的安排中,不同负荷的课次安排也是有一定的差异性的(表 3-4)。

表 3-4　周课次中不同负荷分配参数

周课次	大负荷课次	中负荷课次	小负荷课次
3～4	1～2	1～2	0～1
5～6	2	2～3	1～2
7～8	2～3	2～4	2
9～10	3～4	3～5	2～3
11～12	4～5	4～5	3～4

②基本训练周负荷的变化

由于通常情况下,集体得到恢复的时间为1～3天,因此,有经验的体育教师在训练实践中通常把一周的训练分为上下两个半周。上半周的训练之后,在一周的中间,即星期三或者星期四安排较小的负荷或者其他形式的积极性休息作为调整。在下半周的训练中,从负荷的内容及程度上,一般与上半周的某些方面相似。

周运动负荷的加大是基本训练周负荷变化的主要特点。要想使机体产生更加深刻的变化,就必须加大负荷,促进新的生物适应的产生。一般情况下,加大负荷的途径主要有以下几个方面。

(1)提高负荷强度,负荷量保持不变或者相应地减少。

(2)增加负荷量,同时负荷强度保持不变或者相应地下降。

(3)负荷量和负荷强度都保持不变,通过负荷的累加效应给机体以更深的刺激(图 3-3)。

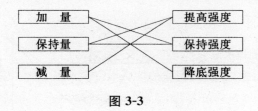

图 3-3

2．赛前训练周训练

(1)主要任务

力求使学生的机体适应比赛的要求,把训练过程中所获得的竞技能力集中到专项技能所需要的方向上去是赛前诱导训练周的主要任务。

(2)内容及负荷结构特点

①赛前训练周训练的基本内容

赛前训练周训练的主要内容是通过训练内容的合理交替,使运动员能够保持系统的持续训练,在一周中承受多次负荷,可以更加有效地发展其专项竞技能力。

②负荷结构特点

提高训练强度,训练量适当减少,是赛前训练周训练负荷变化的基本特点。如果原来的量就较小,也可以保持原有的训练量。但要避免同步增加训练强度和量。在通常情况下,负荷强度与负荷量的同步增加,会导致运动器官局部的过度负荷,导致运动创伤的出现,或者导致学生机体整体性的过度疲劳。

3. 比赛周训练

(1)主要任务

比赛周训练的主要任务是,为学生在各方面达到最佳竞技状态作准备,并进行最后的调整训练和参加比赛,力求创造优异成绩。比赛周训练的日期计算方式为:以比赛日为训练周的最后一天,倒数一个星期。对于不同性质的训练,要根据实际情况采取相应的对待方式。比如,在准备期有时学生参加一些训练性比赛,完全不要求专门准备,只是在正常的训练过程中安排比赛而已,这种情况下的训练,可以不作为比赛周的训练看待。再如,如果是具有检查作用的比赛,尤其是力求完成训练目标的比赛,则要求学生全力以赴地做好准备,应严格按照比赛周训练的特点予以专门的安排。

(2)内容和负荷结构的特点

比赛周训练的内容和负荷结构的特点主要表现在两个方面,一个是超量恢复的集合安排,另一个则是连续比赛周安排的特点。

①超量恢复的集合安排

由于训练内容和负荷具有一定的差异性,那么,在训练后学生要达到超量恢复所需的时间也就有一定的差别。因此,要使各方面负荷后的超量恢复阶段都在同一时间内出现,就必须通过科学的设计来达到这一效果。这对于顺利地参加比赛,创造优异的成绩是非常重要的。图3-4较为清晰地展示了一个比赛周超量恢复集合安排的一般模式。

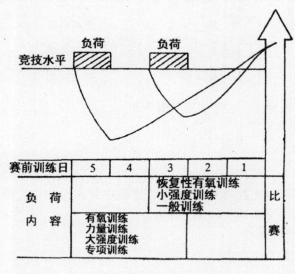

图 3-4

②连续比赛周安排的特点

比赛周负荷的安排,全部要围绕着使机体在比赛日处于最佳状态来进行。负荷的组合方式是多种多样的,具体要以学生个人特点以及赛前的状态这一主要依据来进行有针对性地确定。通常情况下,总的负荷水平不高。在比赛日之前,通常需降低训练强度或者保持一定的训练强度。负荷量在大多数情况下也应该减少或者保持,只在某些特定的条件下(如间断训练后恢复训练的过程中参加比赛时)才可以适当地加量。图 3-5 较为清晰地展示了比赛周(不包括比赛)负荷变化的主要途径。

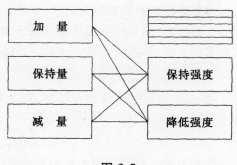

图 3-5

4. 恢复周训练

(1)主要任务

通过降低运动负荷和采用各种恢复措施消除运动员生理上和心理上的疲劳,以求尽快地实现能量物质的再生,促进疲劳恢复是恢复周的主要任务。具体来说,任务的确定要参照一定的依据,比较具有影响力的依据主要包括:学生个人特点、体能训练及负荷的特点以及训练的具体情况。

(2)内容以及负荷结构的特点

为了实现恢复周训练的主要目标,其训练内容应该广泛而灵活,如可以选择一般性的身体练习,采用带有游戏性的各种练习等,以消除学生生理和心理上的疲劳。

负荷强度与负荷量在恢复周通常会大大降低,适当保持一定的水平。比赛周的负荷量如果很小,也可以在恢复周中适当地增加负荷量(图 3-6)。

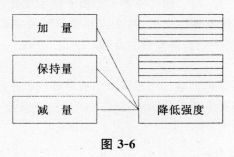

图 3-6

(五)课时体能训练计划的制定

1. 主要任务

根据不同的标准,可以对训练课进行不同的划分。通常情况下,以课的基本任务为主要依据进行分类的方法较为常用,通过这一划分标准,可以将训练课分为两种,即单一和综合训练课。单一的训练课是指一次训练课集中发展运动员的某一种能力,或者集中时间和精力完成某一项训练任务。单一的训练课在准备期的训练中安排得较少。在比赛期训练中,训练的目标更加集中,训练负荷减少,单一训练课的比例比准备期稍微多一些。综合训练课是综合地发展多种竞技能力的课程。一堂综合课的训练任务以选定 2~3 项训练内容较为合适,如果过多就容易分散精力,不易取得满意的效果。综合性训练课要注意合理安排训练任务和内容的顺序。综合素质训练课应先安排柔韧性练习,其次为速度或者力量练习,耐力练习应最后进行。

2. 基本结构

训练课的基本结构主要是由三部分构成的,即准备部分、基本部分和结束部分。每个部分都有其各自不同的任务和内容,具体如下。

(1)准备部分

训练课的准备部分也叫作准备活动。其可分为一般准备活动和专门准备活动。由于提高体温是一般准备活动的主要任务之一,因此又称为"热身活动"。一般准备活动之后,结合专项训练的需要做些专门的准备活动,通常做一些本项目的基本练习或某些单个的技术动作,这样的主要目的是使学生可以既从心理上为进入具有特定要求的专项训练做好准备,又使人体的运动系统和内脏器官上逐渐进入运动的状态得到较为有力的保证。除此之外,对于在技术上做好必要的准备也具有积极的促进作用。

(2)基本部分

基本部分是整个体能训练课的核心内容。基本部分在全课中所占的时间最多,通常在 $50\%\sim90\%$ 之间。由于课的基本任务有一定的差异性,因此,两种训练课的基本部分也有各自的特点,具体如下。

①单一训练课的基本部分。单一课的基本部分具有时间集中,内容集中的特点,因此,比较适合完成需要时间较长的训练任务。单一训练课基本部分的内容应以专项竞技的需要为主要依据而确定。

②综合训练课的基本部分。综合课的基本部分由于富于变化,所以在制定计划时,需要注意不同训练任务及内容的搭配和顺序安排,并在内容更换时做些必要的专项准备活动。除此之外,还要注意各训练内容顺序的安排要科学合理。

(3)结束部分

训练课的结束部分也叫整理活动。加速排除负荷时体内积存的乳酸,补偿运动时的氧债,使参与运动的肌肉尽快恢复到运动前的状态是这一部分的主要任务。除此之外,使学生的心理过程从应激状态中逐渐退出,也是这一部分的主要任务之一。

3. 课时训练计划的制定内容

(1)制定课时训练计划的依据

在制定课时训练计划时,需要参照的主要依据是周训练计划规定的课次训练任务,以及运动员机能现状以及场地气候的条件两个方面。

(2)课时训练计划的基本内容

课时训练计划的基本内容主要包括三个方面,即课的任务和要求、课的内容和练习手段以及负荷安排等。

①课的任务和要求

发展学生的竞技能力是课的主要任务。在全年训练的各个不同时期中,每次训练课的任务可以是单一的,也可以是综合的。

②课的内容和练习手段

A. 课的内容

训练课的种类主要有两种,即单一训练课和综合训练课,这两种类型的课都具有各自的内容。

首先,单一训练课可分为发展力量,或耐力,或柔韧性等素质的训练课;熟练和完善战术配合的训练课;学习或改进技术的训练课;检查评定的训练课以及比赛的训练课等。

其次,综合训练课的内容有多种不同的结构,可以是发展素质与改进技术的综合课;可以是不同素质之间的综合课,如发展力量和发展耐力,发展柔韧和发展速度;可以是改进技术和完善战术配合的综合课;也可以是改进不同项目技术的综合课等。

B. 训练手段的选择

在制定课训练计划时,练习手段的选择的主要标准是有效性,除此之外,系统性与多样化也是非常重要的参照标准,也应该在制定计划的过程中充分考虑进去。体能训练要求参与者身体力行,即通过各种形式的身体练习发展和提高各种竞技能力,并在比赛中发挥和表现自己在训练中获得的竞技能力。因此,任何一项训练任务的完成都必须通过特定的身体练习予以实现。

③课的训练负荷安排

由于所处的训练时期及任务有一定的差异性,这就在很大程度上决定了课的训练负荷的安排也有一定的差别。通常情况下,身体训练课的训练量相对较大;技术训练课的训练强度较大,并保持适当的训练量;调整训练课的负荷较小。无论是哪种类型的课,都应遵守准备部分负荷量逐渐提高,基本部分运动负荷达到高峰,结束部分降低负荷量的原则。此外,课训练过程中的检查评定同样是非常重要的。

第二节　运动处方的制定与实施

一、运动处方的概念及内容

(一)运动处方的概念

运动处方是对体育运动者或康复患者,根据医学检查资料(包括运动试验和体力测验),按其健康、体力以及心血管功能状况,用处方的形式规定运动种类、运动强度、运动时间及运动频率,提出运动中的注意事项,指导人们有目的、有计划和科学地锻炼身体或进行康复活动的一种方法。

(1)合理良好的运动处方可以有效改善身体状态,提高对环境的适应能力,增进身体健康,预防疾病,如由缺乏运动引发的肥胖症、高血脂、冠心病等。

(2)采用合理良好的运动处方,坚持循序渐进、持之以恒地锻炼可以有效地提高身体素质水平,进而提高运动者的综合运动能力。

(3)科学合理制定并实施运动处方能最大限度地减少意外伤害事故,大大提高康复治疗的安全性。

(二)运动处方的内容

运动处方一般包括运动方式、运动强度、运动持续时间、运动频率等内容,被称为运动处方四要素。

1. 运动方式

现代运动处方的运动形式包括三类:第一,有氧耐力运动项目,如步行、慢跑、速度游戏、游泳、骑自行车、滑冰、越野滑雪、划船、跳绳、上楼梯及功量自行车、跑台运动等。第二,伸展运动及健身操,包括广播体操、气功、武术、舞蹈及各类医疗体操和矫正体操等。第三,力量性锻炼,如自由负重练习、部分健美操等。

参与运动训练的高校学生要结合自身的特点和能力选择一些适合自己的运动项目。例如,以健身或改善心脏功能为主要目的,多参加走、慢跑、游泳、自行车等耐力性项目;为了增强肌肉,宜选择力量性项目;为了松弛精神,缓解神经衰弱,可选择太极拳、保健按摩、散步和放松体操等。

2. 运动强度

运动强度指在单位时间内所完成的运动量。运动量的安排是否合理和恰当对运动员的训练具有较大的影响。在制定运动处方时,要遵循因人而异的基本原则,运动负荷强度的选择要根据心率、自感用力度、最大吸氧量贮存百分比进行定量化设计和监测。在选择运动强度时,不要过高也不要过低,应该是有一定难度,而通过努力是可以实现的,这样才能有效地促进机体的恢复。

3. 运动持续时间

运动持续时间和运动强度之间有着密切的关系。运动训练中总的运动量=运动强度×运动时间。在总运动量确定的情况下,运动强度与运动时间成反比。运动强度较大则运动时间较短,运动强度较小则运动时间较长。需要注意的是,在增加运动量时,先延长运动时间,然后再提高运动强度。

4. 运动频率

对体能素质较低的人或者不常从事运动训练的人来说,一般一周进行 3 次运动锻炼就足以增进有氧适能,但随着运动强度和运动持续时间的持续增加,要想继续改善有氧适能,就必须相应的增加运动的频率。大量的研究表明,体适能的变化与运动频率有着直接的联系,每周运动 6 天的效果不只是每周 3 次的两倍,所以,为了增进体适能或控制体重,要考虑适当地增加运动频率。但是人体对训练刺激做出反应还需要一定的时间,长时间运动后还需要一定时间来消除疲劳以恢复运动能力,为此可以选择隔天一次的运动来提高运动的持续时间。

二、运动处方的制定

(一)运动处方制定的步骤

运动处方的制定主要包括以下三个步骤:健康调查与评价、运动试验和体质测试。

1. 健康调查与评价

进行健康调查的目的是为了了解参加运动者的基本健康状况和运动情况,主要包括以下基本内容。

(1)询问病史及健康状况

询问病史及健康状况包括:既往病史、现有疾病、家族史、身高、体重、目前的健康状况、疾病的诊断和治疗情况。

(2)了解运动史

了解运动史包括:参加运动者的运动经历、运动爱好和特长、在以往的运动中是否发生过运动损伤等。

(3)了解运动目的

了解运动目的包括:了解参加运动者的目的和动机,对通过运动来改善健康状况的期望等。

(4)了解社会环境条件

了解社会环境条件包括:参加运动者的生活条件、工作环境、基本的经济状况、可利用的运动设施和条件、有无健身和康复指导等。

2. 运动试验

运动试验是评定心脏功能、制定运动处方的主要方法和依据。运动试验方法的选择应根据检查的目的和被检查者的具体情况而定。运动试验主要应用于以下范围。

(1)为制定健身处方提供依据,提高健身处方实施中的安全性。

(2)评定体力活动能力。

(3)评定心脏的功能状况。

(4)冠心病的早期诊断,及评定冠心病的严重程度及心瓣膜疾病的功能。

(5)运动试验可用于发现运动诱发的心律失常,其检出率比安静时的检查高 16 倍。

(6)运动试验的重复性较好,可用来作为康复治疗效果的评定指标。

目前,运动试验中常采用的是逐级递增运动负荷的方法。测定时采用跑台和功率自行车。递增负荷运动试验是指在试验的过程中,逐渐增加负荷强度,同时测定某些生理指标,直到受试者达到一定运动强度的一种运动耐量试验。

3. 体质测试

体质测试是选择运动项目、运动强度、运动密度,制定科学有效的运动处方的主要依据。体质测试主要包括:运动系统测试、心血管系统测试、呼吸系统测试和有氧耐力测试。

(1)运动系统测试

运动系统的测试主要是肌肉力量的测试。肌肉力量的检查方法主要有:手法肌力试验、围度测试。

手法肌力测试:手法肌力测试是最早应用的肌肉力量的测试方法。其基本方法是:让受测试者在适当的位置,肌肉做最大收缩,使关节远端作自下向上的运动,同时由测试者施加阻力或助力,观察其对抗地心引力或阻力的情况。

围度测试:围度测试是根据肌肉力量的大小与肌肉的生理横断面有关的生理常识来测试肌肉力量的方法,通过测量肢体的围度可间接了解肌肉的状况。常用的指标主要有:上臂围度、前臂围度、大腿围度、小腿围度、髌骨上 5 厘米的围度、髌骨上 10 厘米的围度等。使用肢体围度指标时须注意:肌肉和脂肪的变化均可影响肢体围度的大小。

(2)心血管系统测试

心血管系统的测试主要包括:静态检查和动态检查。常用的心血管系统的指标有:心率、血压、心电图等。通过心血管系统的测试,可以反映人体心脏功能,对运动处方的制定有着重要的指导意义。

(3)呼吸系统测试

呼吸系统的测试主要包括:肺活量测定、通气功能检查、呼出气体分析、屏气试验等多方面。呼吸系统是人体运动能力的重要反映,尤其对于一些激烈的有氧运动项目,对呼吸系统功能的要求有着严格的要求。

(4)有氧耐力测验

有氧耐力测验主要包括走、跑、游泳三种方式。目前,较多采用的有定运动时间的耐力跑,以及定运动距离的耐力跑。

通过以上几个步骤,可以对受试者的健康状况、体力水平和运动能力等有一个全面的了解,在制定运动处方时可以做到有的放矢。

(二)运动处方的结构

运动处方的结构一般包括三个部分:准备活动部分、基本活动部分和整理活动部分。

1. 准备活动部分

准备活动部分的主要作用是:使身体逐渐从安静状态进入到工作(运动)状态,逐渐适应运动强度较大的训练部分的运动,避免出现心血管、呼吸等内脏器官系统突然承受较大运动负荷而引起的意外,避免肌肉、韧带、关节等运动器官的损伤。在准备活动部分中,常采用运动强度小的有氧运动和伸展性体操,如步行、慢跑、徒手操、太极拳等。准备活动部分的时间,可根据不同的锻炼阶段灵活的变化。在开始锻炼的早期阶段,准备活动的时间可为 10~15 分钟;在锻炼的中后期,准备活动的时间可减少为 5~10 分钟。

2. 基本活动部分

基本活动部分是运动处方的主要部分,是达到康复或健身目的的主要途径。基本部分的运动内容、运动强度、运动时间等都应按照具体运动处方的规定来实施。

3. 整理活动部分

在运动结束后,都应安排一定内容和时间的整理活动。整理活动的主要作用是避免出现因突然停止运动而引起身体不适状态,如头晕、恶心等,对防止运动损伤有较好的效果。常用的整理活动方法有散步、放松体操、自我按摩等。整理活动的时间一般为 5 分钟左右。

(三)运动处方的监控

在运动中,产生的适度疲劳是正常现象,对机体是无害的,因为适度疲劳可以促进机体功能增强,提高健康水平,但是运动者需要防止的是对身体健康有害的过度疲劳。因此,在运动处方实施的过程中要采取一定的措施加强监控。

1. 自我监督

在运动过程中注意观察自己的健康状况和身体功能状态。观察的内容有:主观感觉(运动心情、不良感觉、睡眠、食欲、排汗量等)和简单的客观检查(脉搏、体重、运动效果等)。

2. 医务监督

有较严重疾病的患者实施运动处方时,须在有医生指导或有医务监督的条件下进行运动。如:心脏病人实施运动处方时,应具有心电监测条件和抢救条件。

三、运动处方的实施

(一)健身目标与运动项目的选择

在从事运动健身前,首先应该确定健身目标,并选择运动项目。目标分为短期、中期、长期目标。运动健身的目标应该明确、具体、可数量化。根据体形、体适能测试结果进行综合分析,各单项素质平均发展者,可以确定全面发展的健身目标。对某些单项素质差者要先设定单项发展的目标。运动目的的选择和确定应考虑自己的年龄、性别、健康状况、体适能状况及兴趣爱好等情况。

1. 提高身体素质的健身运动

(1)儿童少年

对于儿童少年来说,应根据运动素质发展的"敏感期"实施锻炼。各项身体素质"敏感期"的规律大致如下。

速度素质:女孩 14—15 岁,男孩 16—17 岁。

耐力素质:一般在 10、13 岁和 16 岁。

力量素质:一般在 13—17 岁。

协调性、灵敏性和柔韧性:8—12 岁。

模仿能力:9—12 岁。

平衡能力:6—8 岁。

爆发力:12—13 岁。

背肌、腿肌的力量猛增期:女 9—10 岁;男 14—17 岁。

强度适中的工作耐力:女 7—9 岁;男 8—10 岁。

(2)健康型青年和成年人

健康型青年和成年人的体力和精力是人生中最充沛的时期,最好选择球类、健美、武术、游泳以及《国家运动健身标准》规定的项目等。

（3）健康型中老年人

健康型中老年人应强调改善心血管功能，坚持有氧代谢运动健身，最好选择慢跑、定量步行、骑自行车、网球、爬山、韵律操、健美操、太极拳、交谊舞等。

2. 提高体能的健身运动

良好的体能主要包括三个方面，即心肺功能、柔软和敏捷、肌肉大小和力量。可以通过有氧运动来提高心肺功能；通过柔韧练习来保持身体的柔软和敏捷；通过抗阻练习来增强肌肉力量和使肌肉增粗。不同的方式对体能的影响是不一样的，见表3-5、表3-6。

表 3-5　不同运动方式对体育训练的影响

运动方式	有氧运动	柔韧训练	力量练习
有氧操	高	中	高
自行车	高	低	中
越野滑雪	高	中	中
跑步	高	低	中
爬楼	高	低	中
游泳	高	中	中
网球	中	低	中
举重	低	中	高
瑜伽	低	高	中

表 3-6　提高不同体适能推荐选择的运动方式

运动方式	体适能目标						
	肌肉力量	肌肉耐力	心血管耐力	柔软性	体成分	速度/敏捷	协调性
健美操		√	√	√	√		√
自行车		√	√			√	
柔软体操		√		√	√	√	√
高尔夫							√
滑雪	√	√	√	√	√		√
慢跑/跑步		√	√		√		
球类运动		√		√	√	√	√
爬楼	√	√					
伸展运动				√			
游泳		√	√				√
快走			√				
力量练习	√	√				√	√

（1）有氧运动（Aerobics Exercise）：指运动时体内代谢以有氧代谢为主的耐力性运动。它有四个必备条件：一是运动所需的能量主要由体内脂肪或糖等物质来提供。二是全身 2/3 的肌肉群都参与运动。三是运动强度不大，在中低等之间，运动强度（运动时心率）＝170－年龄。比如一个 50 岁的人，运动时的最高心率是：170—50＝120 次/分钟比较合适。四是运动时应有节奏、不中断，持续时间至少应在 15 分钟以上，一般在 30～60 分钟为好。时间过长，需消耗体内蛋白质供能，有损健康。

具有代表性的有氧运动包括慢跑、游泳、健美操、登山、越野行走、跳绳、各种球类运动以及快步走等。

有氧运动的最低要求是：每天运动的累计时间不能少于 30 分钟，每周运动次数不少于 3 次。只有达到这样的运动时间和频率，才能有效增强耐力素质。有氧运动既能提高机体心肺功能，增强耐力素质，又能消耗体内多余的脂肪，控制合适的体重。

（2）力量练习（Strength Training）：力量练习是根据人体解剖、生理特点，根据个人的形态及健康状况，遵循科学健身健美原理，采用的一整套身体克服阻力的力量练习方法，以达到强健肌肉、增强体力、促进发育、改善体形和陶冶情操的目的。

因为肌肉力量练习是通过"对抗阻力"来实现的，因此力量练习又称抗阻练习。常用杠铃或哑铃做力量练习。但在日常生活中其实很多活动都可以是力量练习，比如：从凳子上站起来、弯腰提起公文包等等。如表 3-5、表 3-6 所示，有氧操和滑雪也能够在很大程度上增强肌肉力量；自行车、柔软体操、慢跑/跑步、爬楼和游泳也能增加肌肉的耐力。

（3）柔韧练习（Flexibility Training）：柔韧性是指人体关节活动幅度以及关节韧带、肌腱、肌肉、皮肤和其他组织的弹性和伸展能力，即身体各关节的整体灵活性。柔韧性与动作的运动幅度、动作的运动质量以及避免伤害事故的发生有关。良好的柔韧性能使动作自然、幅度大，移动距离增大，摆荡充分，身体线条舒展优美。

柔韧素质的优劣主要取决于跨过关节的肌肉、肌腱、韧带的伸展范围和弹性；取决于肌肉活动中收缩与放松的协调能力。随着年龄的增长，肌腱韧带逐渐僵硬和缺少弹性，从而使肌肉和关节难以活动，柔韧性降低，因此老年人步子小，背部僵硬，弯腰困难。但是自然的退化并不是影响柔韧性的主要因素，缺乏柔韧性运动，长期以一种固定的姿势工作、生活、学习，使得人体关节活动受到限制，肢体动作变得僵硬、不协调，柔韧性变差，肌肉活动范围小，这才是人体柔韧性退化的主要原因。此时，如果做较大范围的动作或应付突发情况，人体就会受到运动伤害。

3. 其他目的的健身运动

除了从体适能考虑的健身运动之外，还有一些人群有其他目的的健身运动，如减肥，预防和辅助治疗高血压、糖尿病、骨质疏松等。

（二）运动强度的控制和调整

运动强度是指单位时间内的运动量，是运动处方中最关键的因素。因为它关系到健身运动的有效性和安全性。常用耗氧量和心率来表示。以个人的最大耗氧量（VO_2max）为 100%，运动时耗氧量占 VO_2max 的百分数表示强度，如 80% VO_2max。但由于 VO_2max 测量困难，所以普遍用心率推测运动强度。心率与运动强度、摄氧量、能量代谢之间存在着显著的线性关系,尤其是当心率变化介于 110～180 次/分钟范围时。换而言之,在递增负荷运动直到次最大负荷运动中,随着负荷强度逐渐加大。能量代谢需求越来越高,摄氧量越来越高,心率也会越来越快。所以随着运动强度的变化,心率也会发生相应的变化。这时若通过实时监控掌握运动者心率的动态变化,等于源源不断地将机体对运动负荷发生反应的生物反馈信息及时传送出来。借助心率提供的信息,便可对运动强度随时进行调整,达到理想的健身效果,所以常用心率作为运动强度的定量化指标。

运动强度过低(运动心率不高)时,机体的血压、心电图、血液、尿液指标均无明显变化,没有给机体足够的刺激,健身价值不大。运动负荷使心率接近适宜值时,心脏每搏输出量接近并达到最佳状态,健身效果明显。运动中心率再增高,即运动强度达到个体的最高承受水平时,心脏每搏输出量最大,健身功效也最好。然而,当心率超过个体的最高承受水平时,虽无不良的异常反应,但是也并不能取得更好的健身效果;长时间超强度的运动,不仅达不到健身效果,相反还会造成机体免疫能力下降,易感染疾病,并易产生疲劳或导致运动伤病。由此可见,运动强度在运动健身中的重要性。

不同年龄、不同体适能状况健身者承受运动强度的能力不同,所以运动处方中的运动强度有很大的个体差异,不能一概而论。采用单一的强度安排,即使是同一健身者,在系统的运动健身时也要根据自己不同的身体状态,对运动心率作适当的调整,以达到最佳的健身效果。

还可以用简单的"谈话试验"来判断运动强度。所谓"谈话试验"是指进行有氧运动时,健身者与身边的同伴进行交谈。如果可以一边谈话一边运动,这就是低强度的运动;如果呼吸困难,必须深呼吸才能讲话,那就是中等强度的运动;如果几乎不能讲话,而且气喘得很厉害,则是高强度的运动。如表 3-7 所示,列举的是一些不同强度的运动项目。

表 3-7　不同强度的运动项目表

低强度	中等强度	高强度
平地散步	慢跑(7 千米/小时)	跑步(10～15 千米/小时)
平地自行车	爬　山	竞技体育
高尔夫	网　球	自行车(比赛)
逛公园	健　美	壁　球
草地保龄球	滑　冰	游泳比赛
滑　水	航空飞行	滑船(比赛)

1. 有氧运动强度的安排

(1)运动心率确定运动强度

通常用心率确定运动强度有两种方法。

一是用最大心率(HRmax)的百分比来确定运动强度。最大心率可用公式"最大心率=220－年龄"来推算。通常认为提高有氧适能的运动处方宜采用 55%～77%HRmax。

最近的研究表明,采用公式"最大心率=208－(0.7×年龄)"来推算最大心率对于 45 岁以上和 20 岁以下人群精度更高。

二是用最大心率贮备(HRR)百分比来确定运动强度。最大心率贮备等于最大心率减安静时心率之差。在实际应用时,是用贮备心率和安静时心率同时来确定运动时的心率,称靶心率(THR),这一方法是卡沃南提出的,其计算公式是:

靶心率=(最大心率-安静时心率)×(0.6～0.8)+安静时心率其中,0.6～0.8为适宜强度系数,亦即60%～80%最大心率贮备。通常认为,在此强度系数范围内,运动能有效地提高有氧适能。故有人将0.6～0.8这一范围称为训练带或训练区域。将系数0.6称为训练带的下限阈,将系数0.8称为训练带的上限阈。

还要强调的是,一次运动所持续时间不同时也要选择不同的心率强度。一次运动时间较长,所采用的运动心率就可以低一点。如果没有那么多的时间运动,就可以采用高一点的运动强度。根据年龄和运动持续时间来推算运动心率的方法(表3-8)。

表 3-8　根据年龄和运动持续时间来推算运动健身适宜心率区(次/分钟)

年龄(岁)	持续时间 30 分钟	持续时间 60 分钟
20—29	155～170	140～150
30—39	145～160	130～140
40—49	135～150	120～130
50—59	125～140	110～120
60—69	115～130	100～110

(2)代谢当量(METs)

代谢当量是以安静时的能量消耗为基础,表达各种活动时的相对能量代谢水平。能量消耗一般以吸氧量来表示,机体的耗氧量与身体活动时的能耗量成正比,静息状态下耗氧量绝对值约为250毫升/分钟,相对值约为3.5毫升/千克/分钟,将安静状态下的此值规定为1梅脱(METs)。

例如,一项活动时的吸氧量为14毫升/千克/分钟,则代谢当量为14÷3.5=4.0(METs)。此外,还可以先用间接测定的方法来推算最大吸氧量,然后折算为METs值。由于这一指标使各种不同活动方式的运动强度得以互相比较,因此在运动处方的制定中得到广泛的应用。最常见的方法是查有关活动的平均METs值,判断特定活动的强度或代谢水平。目前国外已经对许多日常活动和运动锻炼的METs进行了大样本的研究,并广泛用于运动处方的制定。但在参考使用时须注意可能存在人种差异。

(3)自感用力度(RPE)

1970年博洛(G. Brog)首次提出用自感用力度(Rating of Perceived Exertion,RPE)来评价用力强度,其后的研究证明,用力的主观评价与工作负荷、最大心率贮备百分数、每分通气量和吸氧量甚至和血乳酸水平高度相关。Brog提出RPE×10约与心率相等。RPE中11～16等级和心率110～160次/分钟相当,此值在典型的训练强度范围内。对正常人而言。RPE11～16也与绝对运动强度范围50%～75%最大梅脱(METs)相近。研究表明,RPE不受年龄、性别和种族等因素影响,可应用于各种人群。其具体评价量表见表3-9。一般来说,有氧运动的强度必须达到最大心率的75%以上。活动中感到"有点累"的强度实际上已经达到有氧运动强度的要求。换句话说,有氧运动就是人们在活动时感到"有点累"的运动,此时,正常人的运动心率大约在最大心率的 70%～75% 之间。

表 3-9　主观用力率（RPE）测试表

RPE	主观运动感觉	相对强度（%）	相应心率（次/分）
6	安　静	0.0	＜70
7	非常轻松	7.1	70
8		14.3	
9	很轻松	21.4	90
10		28.6	
11	轻　松	35.7	110
12		42.9	
13	稍费力	50.0	130
14		57.2	
15	费　力	64.3	150
16		71.5	
17	很费力	78.6	170
18		85.6	
19	非常费力	90.0	200
20		100.0	

（4）最大吸氧量贮备百分比

最大吸氧量贮备为最大吸氧量与静息吸氧量之差。以前认为最大吸氧量百分比（%VO_2max）与最大心率贮备百分比（%HRR）相当。而近年来大量研究证实，最大心率贮备百分比与最大吸氧量贮备百分比的当量关系，比最大心率贮备百分比与最大吸氧量百分比的当量关系，更为密切和精确，故建议用最大吸氧量贮备百分比和最大心率贮备百分比，作为运动处方中常用强度控制指标。研究表明，采用最大吸氧量储备百分比来确定运动强度时，其强度阈为 40%～50%。如表 3-10 所示，比较了用以区分强度的主要方法。

表 3-10　以 20～60 分钟的耐力活动，比较三种方法对运动强度的分类

相对强度		自感用力度	强度分类
HRmax	VO_2max 或 HRmax 贮备		
＜35%	＜30%	＜9	很轻
35%～59%	30%～49%	10～11	轻
60%～79%	50%～74%	12～13	中等
80%～89%	75%～84%	14～16	重
≥90%	≥85%	＞16	很重

2. 力量练习(抗阻练习)的强度安排

抗阻练习是指肌肉在克服和对抗内外阻力的情况下进行的主动运动。抗阻练习的项目很多,如使用杠铃、哑铃或综合练习器来进行的器械练习,还有俯卧撑、引体向上、双臂屈伸、仰卧起坐、悬垂举腿等,都是通过力量练习来发达肌肉提高肌适能的项目。

抗阻练习要坚持循序渐进的原则,大肌群动作先于小肌群动作;多关节动作先于单关节动作;低强度动作先于高强度动作。对于刚刚开始进行抗阻练习的健身者,建议在初步练习时,采用 8～12RM(Repetition Maximum,最大重复次数)的负荷。对于中级到高级者,则建议使用更宽广的负荷范围,采用负荷在 1～12RM 的周期性模式,最终则强调使用高负荷(1～6RM),组间至少休息 3 分钟,并使用中等收缩速度(1～2 秒的向心收缩,1～2 秒的离心收缩)。当在某一特定的 RM 负荷下练习时,如果练习者能够在目前的负荷下,表现出超过预期次数一或二次时,建议增加 2%～10%的负荷。根据健身者不同的肌适能水平及健身的目的(增加肌力、肌肉大小、爆发力或肌肉耐力)采用不同的练习方式。

(三)运动时间和频度

运动健身时间,规定不能少于 5 分钟,持续的有氧运动 15～60 分钟/次,其中达到的适宜心率的时间须在 5 分钟以上。

运动频度是指健身者每日或每周参加健身的次数。每周健身的次数与健身效果密切相关。对全身持久性锻炼(耐力锻炼)的效果与频度的关系则是频度越高,收效愈大。对以增进健康、保持体力为目标的健身,每周 3～5 次为好。对以增加肌适能为目标的健身,以隔日为好。美国运动医学会推荐每周进行 2～3 次抗阻练习,2～3 次柔韧练习。

根据制定的运动处方实施,在实施过程中可对原定的运动处方作微小或部分调整,使之更加切合实际。经过一个阶段的实施,掌握反馈信息,重新进行体力测验,在新的水平上调整运动处方。

(四)遵循人体的生理和代谢规律

运动健身一个突出特征是以自身的身体运动来调整和促进人体的物质和能量代谢变化以及活动能力的变化。因此,在进行运动健身时首先要遵循人体的生理和代谢规律。因为当人体开始运动时,身体适应运动的能力不是同步的,表现为中枢神经系统首先兴奋,而植物性神经系统和内脏器官功能由于固有的惰性,其兴奋滞后。人体各器官活动的能力是从相对较低水平逐渐达到最高的,并在保持一定时间后下降。促进身体器官能力由低向高发展的力量是不断的运动刺激,但运动刺激过小,达不到一定的效果,运动刺激过大就会造成身体损伤。

在进行健身运动时不同年龄、不同体适能的人要区别对待,要有个体化的运动处方。运动的时间、强度要由小到大,不可急于求成。每一次运动前要做好准备活动,要充分热身,以防止运动损伤的发生和心脏的过度负荷。运动结束前,要做好放松运动,促进心血管系统和肌肉的恢复。

第四章 《国家学生体质健康标准》解读

《国家学生体质健康标准》的制定是为了贯彻落实"健康第一"的指导思想,切实加强学校体育工作,促进学生积极参加体育锻炼,使学生养成良好的锻炼习惯,提高学生的体质健康水平。《国家学生体质健康标准》是《国家体育锻炼标准》的有机组成部分,是《国家体育锻炼标准》在学校的具体实施,是国家对学生体质健康方面的基本要求,适用于全日制小学、初中、普通高中、中等职业学校和普通高等学校的在校学生。本章着重从结构及内容、组织与领导以及操作方法等几方面对《国家学生体质健康标准》进行详细解读。

第一节 《国家学生体质健康标准》的结构及内容

一、《国家学生体质健康标准》的结构

(一)《国家学生体质健康标准》测试项目和评价指标的设置原则

在对《国家学生体质健康标准》(以下简称《标准》)进行研制的过程中,与我国的实际情况相结合,同时考虑到体育锻炼与体质健康的密切关系等因素,在设置《标准》的测试项目和评价指标时,以下几项原则是始终遵循与贯彻的。

1. 客观性原则

客观性指不同的测试人员,按照统一的测试方法对同一批受试者实施测试时,测量和评价结果的一致程度。我国有着辽阔的地域,各地的发展水平都是存在差异的。为了保证不同的地区,不同测试者只要按照统一的要求进行测量,都能够得到可靠的数据,《标准》所设置的测评项目都具有规范性的特征,只要依照规定的测量程序和方法,就能对测量结果进行准确的定量。

2. 可靠性原则

可靠性是指在同等条件下,对同一批受试者重复测量时,测量结果的一致程度。从理论方面而言,在相同条件下(受试者本身不发生变化),两次对同一受试者进行测量,得到的测量结果应该是相同的。但是,即使标准化的测量条件得到了最严格的保证,测量仪器使用的是最精密的,测量结果总会有一定的误差存在。这种误差的大小在很大程度上决定了测量的可靠性的高低。如果存在测试者没有熟练掌握测量方法的技巧和要领、使用不合格的仪器、受试者不

配合、测试项目本身的技术要求高等因素,都会降低测量的可靠性。例如,急行跳远,需要准确地踏在起跳线后才能取得好成绩,如果碰了起跳线或过了线都属犯规,不能计量成绩,倘若距离起跳线很远的距离做起跳动作,跳远的成绩就会受到影响。相比之下,上述的问题在立定跳远就不存在,因此说立定跳远的设置可靠性高于急行跳远。

3. 标准化原则

《标准》采用的测试项目和评价指标,尽可能选用国际上通用的指标,以利于研究和比较。

4. 有效性原则

有效性指某一测试在测量某一种特性(质量、能力、特征等)时所具有的准确程度。也就是说我们想测量的和所测量到的是否一致。例如,要对学生跑的速度进行测量,采用50米跑,它有着很高的有效性;然而如果用50米跑对学生的耐力进行测量,就机会没有什么有效性,甚至可以说是无效的。

《标准》所采用的评价指标其针对性都很强,是针对身体形态、身体机能、身体素质或运动能力中的某一方面的有效评价,能够对学生在该方面的特性进行有效测试。

可靠性和有效性两者之间存在着十分紧密的联系,二者是不可分割的。一个测试项目可靠但不一定有效,但如果测试项目有效就一定是可靠的。例如,用50米跑测试耐力时,在一定程度上可以体现可靠性原则,但却不能很好地体现有效性原则;如果用50米跑测速度,它是有效的,也是可靠的。

5. 连贯性和个别性原则

《标准》所采用的测试项目与受试者的能力都是相适合的,采用的评价指标既能适应不同年龄、性别特点,又使之尽可能一致,以便从横向与纵向两个角度进行研究,使测量数据不仅能将个体差异反映出来,而且不同阶段测量结果能较准确反映出被测者体质与健康水平的动态变化。《标准》的测试对象涵盖了16个年级,从小学到大学,这显示出测试项目所具有的连贯性特征。通过每次测试结果的上报,国家有关主管部门就可以把握各地区、各年级学生的体质健康状况,能够以学生的体质健康状况为根据采取对自己子女或学生的测试情况和评价结果进行了解,可以更好地对他们的科学锻炼进行有效引导。学生通过了解自己每次测试和评价的结果,可以知道自己体质健康水平的状况,发现自己的长处和不足,制定今后的努力目标;同时通过与上一次测试和评价结果进行比较,还可以对自己这一阶段体质健康水平的发展变化状况有一定的了解与把握。

6. 可选择性原则

《标准》在修订之后以我国不同地区学校和学生的特点为依据,对部分备选项目进行了适当地添加,旨在为各级各类学校结合学校特色和地域特色,选择适宜的测试项目提供方便。也为扩充学生课余锻炼项目,引导学生积极、科学健身提供指导。

7. 可代表性和操作性原则

《标准》采用的测试项目简便易行,测试项目具有一定的代表性,基本上能将学生的体质健康状况反映出来。在对测评项目做出选择时从我国历年学生体质健康调研和《国家体育锻炼标准》的指标群中精选了部分具有代表性又便于操作的项目作为《标准》的测评项目,做到少而精。

(二)解说《国家学生体质健康标准》的测试项目和评价指标

1. 身高标准体重

据调查得知,我国不同阶段的学生均出现了体重上升的现象,预计在今后相当长的一段时期里,我国学生的体重还有进一步增加的趋势,肥胖学生的比例也将不断增加,肥胖将会成为影响学生体质健康的一个主要因素,对学生进行这方面的教育干预已经刻不容缓。针对这一状况,《标准》规定从小学到大学都要进行身高、体重的测试,采用身高标准体重评价学生身体的匀称度,间接反映学生的营养状况,引导学生将自己的身体形态和肥胖状况重视起来。

身高标准体重是将身高和体重综合起来,以每厘米身高的体重分布,确定学生的体形匀称度,可反映学生是营养不良、正常体重,还是超重或肥胖。它以大规模调查的统计数据为依据,以学生的每厘米身高为单位,利用标准差,增减间距为 1 厘米,制定了对身高、体重进行综合评价的评分表。

对身高标准体重这一指标进行评价时,身高的单位为厘米,测试时保留 1 位小数;体重的单位为公斤,测试时保留 1 位小数,然后用测试值直接查表评分。这种方法的最大优点就是直接查表就可以对学生体形的匀称度作出判断,而且可以知道学生体重是否超重,超了多少千克;是否体重过轻或营养不良,轻了多少千克。身高标准体重这一评价指标对于学生形成正确的身体形态观具有非常直观的教育作用。

2. 肺活量、肺活量体重指数

肺活量是指在不限时间的情况下,一次最大吸气后再尽最大能力所呼出的气体量,是对人体生长发育水平进行反映的重要机能指标之一。性别与年龄会影响一个人的肺活量,男性明显高于女性。在 20 岁前,肺活量与年龄之间的关系是成正比的,20 岁后,年龄增加,肺活量虽然也会增加,但是增加量不明显。体育锻炼可以促进肺活量的明显提高,如中长跑运动员和游泳运动员的肺活量可达 6 000 毫升以上。为了鼓励学生积极地参加长跑等耐力项目的锻炼,改善心血管和呼吸系统的功能,肺活量是小学各级及初中、高中大学各年级学生的必测项目。

肺活量的大小与身高、体重、胸围之间存在着密切的关系,因此在评价时应对这些因素对肺活量大小产生的影响进行充分的考虑,所以,在对学生进行评分时采用了肺活量体重指数来进行评价。

肺活量体重指数＝肺活量÷体重

《标准》规定计算肺活量体重指数时,肺活量的单位为毫升,测试时保留整数;体重的单位为千克,测试时保留 1 位小数,计算出指数后,舍去小数,用整数查表评分。例如,肺活量指数为 58.6,按 58 查表评分。

3. 50 米跑

50 米跑是国际上通用的测试项目,通过较短距离的高强度跑来对学生的速度素质进行有效测试。速度素质的测试可以降人体中枢神经系统的机能状态和神经与肌肉的调节机能反映出来,也可以对人体的爆发力、灵敏、反应、柔韧等素质进行综合反映。速度素质有明显的性别和年龄差异。男性在 20 岁前、女性在 18 岁前一般是随着年龄增长而提高。体重过大或肥胖都会影响速度。

《标准》中 50 米跑的测试和评价以秒为单位,保留 1 位小数,小数点后第二位数非"0"时则进 1,如 9.01 秒,按 9.1 秒查表评分。

4.50 米×8 往返跑、1 000 米跑(男)、800 米跑

《标准》在小学五、六年级设置 50 米跑、50 米×8 往返跑,在初中以上年级设置 1 000 米跑(男)、800 米跑(女)作为与台阶试验相对应的可选指标,用以对学生的心肺功能和耐力水平进行评价。耐力是指机体长时间进行肌肉活动并对抗疲劳的能力。如果学生没有参加过专业训练,小学的 50 米跑、50 米×8 往返跑、中学和大学的 1 000 米跑(男)、800 米跑(女)既能够对学生的有氧耐力进行测试,也能够对无氧耐力的水平进行有效的测评。由于耐力是衡量人的体质健康状况和劳动工作能力的基本因素之一,是从事各项运动必不可少的一种运动素质,因此测试耐力水平对于评价学生体质健康状况有着非常重要的意义。

中国学生体质与健康调研组经过详细的调查后发现,有一部分学生不愿意参加长跑锻炼。不同学生之所以不愿意参加长跑锻炼的原因表现在几个方面,一些学生因为太累不愿参加,一些学生因为枯燥不愿参加。目前,有些人把学生不愿意跑长跑归罪于体育考试或"达标"的 1 000 米跑(男生)、800 米跑(女生)的测试。认为这种测试运动强度大,持续时间较长,人体要在接近生理极限状态下运动,这种大运动量刺激,使学生感到非常难受,给许多学生带来很大的心理压力。有人认为,学生学习的积极性与学生的身心会因为耐力测试前的心理压力,测试中的痛苦,测试后的反感而受到严重的影响与伤害,甚至会有一些学生因为长跑而死亡,所以建议《学生体质健康标准》中不设置长跑项目。

而 2000 年全国学生体质与健康调研结果表明:与 1995 年相比,我国学生的速度素质、耐力素质、柔韧性素质、爆发力素质、力量素质等均出现全面下降,除反映速度素质的 50 米跑成绩下降幅度较小外,其余素质的下降都十分明显。特别值得关注的是,学生的耐力素质、柔韧性素质是在 1995 下降之后又持续下降,而且下降的幅度很大;而速度素质、爆发力素质和力量素质则是在 1995 年提高之后重新开始出现下降的趋势。而 2005 年调研结果显示,2005 年与 2000 年相比,7—12 岁城市男女学生 50 米×8 往返跑成绩,分别平均下降 2.3 秒、1.3 秒;乡村男女生分别平均下降 2.7、2.9 秒。2005 年与 2000 年相比,13—18 岁、19—22 岁城乡男生 1 000 米跑成绩平均下降 12.4 秒、13.8 秒与 11.9、9.7 秒;13—18 岁、19—22 岁城乡女生 800 米跑成绩平均下降 10.3 秒、12.6 秒与 9.2、9.8 秒。[①]

有专家指出:阻止住学生耐力素质的进一步下降是阻止住学生的运动素质下降的关键一步。同时,过去多发生在老年期的心、脑血管疾病,现在正在向低年龄的青壮年蔓延,有的青少年已患上心、脑血管疾病。有很多方面的原因会造成这种趋势,一方面,青壮年在日常饮食中摄入过多的脂肪,血液中脂类物质大大增加,这些物质逐渐沉淀到血管壁上,诱发心、脑血管疾病;另一方面,青壮年运动不足。低强度、长时间的运动,如长跑,能充分地促进体内脂肪分解供能,促进机体分解和利用脂类物质能力的有效提高,促进学生的身体健康。而且长跑测试既

---

① 国家学生体质健康标准解读组委会. 国家学生体质健康标准解读[M]. 北京:人民教育出版社,2007.

可以反映肌肉耐力,又可以从呼吸系统和心血管系统的机能水平反映出来,测试方法简单易行,具有其他测试项目不可替代的作用。更为重要的是,《标准》中的长跑项目还可作为一种锻炼手段,用以引导学生对自己的耐力和心肺功能进行更多的关注,使学生明白怎样用适宜的运动负荷控制跑的速度和持续时间,怎样用多种方法发展自己的耐力,从而更加主动积极地参加长跑等体育锻炼,发展体能,增强耐力,促进体质健康水平的提高。通过《标准》的引导,教师的正确指导,对教学方法的科学安排,是可以改变学生不愿意长跑的现状的,是可以扭转与改变学生耐力水平持续下降的趋势的。

《标准》中 50 米×8 往返跑、1 000 米跑(男)、800 米跑(女)的测试和评价以分、秒为单位记录成绩,不计小数,然后进行查表评分。例如,5 分 30 秒 8,按 5 分 30 秒查表评分。

5. 坐位体前屈

坐位体前屈是能够对人体柔韧性进行反映的测试项目。柔韧性是指人体完成动作时,关节、肌肉、肌腱和韧带的伸展能力。柔韧素质的好坏,取决于关节的解剖结构和关节周围软组织的体积大小及韧带、肌腱、肌肉及皮肤的伸展性。柔韧素质与健康的关系极为密切,柔韧性的提高,有利于身体的协调能力的增强,有利于人们更好地发挥力量、速度等素质,提高技能和技术,防止运动创伤等都有积极的作用。通过体育锻炼能促进关节的灵活性的提高,能够对关节周围软组织的功能以及肌肉、韧带、肌腱的伸展性起到改善的效果,而当人们缺乏体育锻炼,体质下降时,很多都是从柔韧素质的下降开始的。

过去在对学生进行体质健康调查时一般采用立位体前屈的方法对柔韧性进行测试。进行立位体前屈测试时,受试者站在离地至少 40 厘米的测试台上,恐惧感和潜意识的自我保护等多种因素限制了受试者能力的发挥。当人体姿势处于膝关节伸直为 180°、身体躯干向前屈 180°站立时,小腿、大腿以及躯干部后群肌肉须保持一定张力,以维持身体重心位于两脚的支撑面内,因而对手臂和躯干前伸的幅度造成了限制。近年来,发达国家普遍采用坐位体前屈来评价柔韧性;我国国民体质监测系统在对幼儿、成年及老年人等年龄段柔韧性监测也已经采用了坐位体前屈测试。所以不管从安全性、准确性、真实性,还是从与国民体质监测接轨以及利于进行国内外对比等方面来讲,坐位体前屈的优势都是明星的。因此,《标准》设置项目时选用坐位体前屈来反映柔韧素质。

《标准》中坐位体前屈的测试和评价以厘米为单位,保留 1 位小数,当手指伸过 0 点时记录为"＋"值,即手指伸过脚尖;到不了 0 点时记录为"－"值,即伸不到脚尖。然后以测试值为根据查表评分。

6. 立定跳远

立定跳远是对爆发力进行测试的项目,爆发力要求在最短时间内发挥最大的力量。爆发力的大小不仅取决于力量,而且取决于力量和速度的结合。立定跳远的测试多年来一直被广泛使用,一方面是因为它对人们日常生活、劳动产生了积极的影响;另一方面体育锻炼对于提高立定跳远成绩有着积极的作用,有利于促进学生参与体育锻炼。因此《标准》保留了这一测试项目。

《标准》中立定跳远的测试和评价以米为单位,保留两位小数,如 1.584 米,按 1.58 米查表评分。

7. 仰卧起坐

仰卧起坐是对学生的腹肌力量和耐力进行测试的一个项目。测试方法简单,操作方便,多年来在学校体育的锻炼和测试中一直受到很高的重视。仰卧起坐的测试,可促使学生在青少年时期积极地发展腰腹肌力量。因此,《标准》设置了仰卧起坐作为测评项目。

《标准》规定仰卧起坐的测试和评价以次为单位,测试值直接查表评分。

8. 握力、握力体重指数

《标准》在小学五、六年级和初中、高中、大学各年级都设置了握力的测试,该项目用于反映被测者的力量素质。研究表明,一个人的握力与其全身力量呈高度相关,还有研究表明,握力能够对一个人的健康状况进行间接的反映,握力增长或维持在较高水平时,健康状况就好,握力下降时健康状况就不好。所以《标准》中将握力列入了测试项目。

握力大小与体重有关,通常而言,身材魁梧的学生与体形瘦小的学生相比,握力上会存在十分明显的差异,为了公平起见,《标准》采用了握力体重指数进行评分。

$$握力体重指数=握力\div 体重\times 100$$

《标准》规定计算握力体重指数时,握力的单位为千克,测试时保留 1 位小数,体重的单位为千克,测试时保留 1 位小数。计算出指数后,舍去小数,用整数查表评分,如计算得指数为 58.6,按 58 查表评分。

9. 引体向上

引体向上这一指标能够对男生肩臂最大力量和力量耐力进行准确地反映。多年来,一直是我国学生体质与健康调研、体育考试的重要项目。近些年来,我国男生引体向上成绩平均在不断下降,这表明近些年我国男生肩臂最大力量和力量耐力远远不如从前。《标准》将该项目纳入学生体质健康标准的指标体系,旨在增加学生参加锻炼和测评的选择性,促进学生积极参与锻炼,通过锻炼提高男生的力量耐力。

《标准》规定引体向上的测试和评价以次为单位,测试值直接查表评分。

10. 跳　绳

跳绳是综合反映学生跳跃能力和上下肢协调配合能力的项目,同时也能在一定程度上体现力量、协调、灵敏等多项素质的水平,属于反映综合身体素质和运动能力的测评项目。由于该项目器材简便,受场地的影响少,有良好的锻炼效果,有很高的练习安全性,不仅是学生锻炼健身的良好项目,也成为对学生素质进行评价的重要指标。因此,在《标准》中将其纳为评价指标之一。

《标准》规定跳绳的测试和评价以次为单位,测试值直接查表评分。

二、《国家学生体质健康标准》的内容

(一)《国家学生体质健康标准》测试项目

《国家学生体质健康标准》中对小学不同年级和中学、高校的测试项目与指标进行了不同的规定,因本书着重是对高校体能训练与体质测试进行阐述与研究,所以下面只对高校体能测

试的项目进行阐述(表 4-1)。

表 4-1　《国家学生体质健康标准》大学生测试项目

测试对象	单项指标	权重(%)
大学各年级	体重指数(BMI)	15
	肺活量	15
	50 米跑	20
	坐位体前屈	10
	立定跳远	10
	引体向上(男)/1 分钟仰卧起坐(女)坐(女)	10
	1 000 米跑(男)/800 米跑(女)	20

注:体重指数(BMI)=体重(千克)/身高²(米²)

(二)《国家学生体质健康标准》评分标准

对《国家学生体质健康标准》评分标准的解读也主要以高校大学生的各项指标评分标准为重点解读内容,对其他学习阶段学生的体质评分标准这里不做赘述。

1. 大学生单项指标评分标准

根据《国家学生体质健康标准》的相关内容,在对大学生各项指标进行测量和统计的基础之上,参考各项评分表对学生的体质健康状况进行评分。评分标准分为七大项,具体参考表4-2、表 4-3、表 4-4、表 4-5、表 4-6、表 4-7、表 4-8。

表 4-2　大学生体重指数(BMI)单项评分表(单位:千克/米²)

等　级	单项得分	男　生	女　生
正　常	100	17.9～23.9	17.2～23.9
低体重	80	≤17.8	≤17.1
超　重		24.0～27.9	24.0～27.9
肥　胖	60	≥28.0	≥28.0

表 4-3　大学生肺活量单项评分表(单位:毫升)

等　级	单项得分	男　生		女　生	
		大一大二	大三大四	大一大二	大三大四
优　秀	100	5 040	5 140	3 400	3 450
	95	4 920	5 020	3 350	3 400
	90	4 800	4 900	3 300	3 350
良　好	85	4 550	4 650	3 150	3 200
	80	4 300	4 400	3 000	3 050
及　格	78	4 180	4 280	2 900	2 950
	76	4 060	4 160	2 800	2 850
	74	3 940	4 040	2 700	2 750
	72	3 820	3 920	2 600	2 650
	70	3 700	3 800	2 500	2 550
	68	3 580	3 680	2 400	2 450
	66	3 460	3 560	2 300	2 350
	64	3 340	3 440	2 200	2 250
	62	3 220	3 320	2 100	2 150
	60	3 100	3 200	2 000	2 050
不及格	50	2 940	3 030	1 960	2 010
	40	2 780	2 860	1 920	1 970
	30	2 620	2 690	1 880	1 930
	20	2 460	2 520	1 840	1 890
	10	2 300	2 350	1 800	1 850

表 4-4 大学生 50 米跑单项评分表（单位：秒）

等级	单项 得分	男 生		女 生	
		大一 大二	大三 大四	大一 大二	大三 大四
优　秀	100	6.7	6.6	7.5	7.4
	95	6.8	6.7	7.6	7.5
	90	6.9	6.8	7.7	7.6
良　好	85	7.0	6.9	8.0	7.9
	80	7.1	7.0	8.3	8.2
及　格	78	7.3	7.2	8.5	8.4
	76	7.5	7.4	8.7	8.6
	74	7.7	7.6	8.9	8.8
	72	7.9	7.8	9.1	9.0
	70	8.1	8.0	9.3	9.2
	68	8.3	8.2	9.5	9.4
	66	8.5	8.4	9.7	9.6
	64	8.7	8.6	9.9	9.8
	62	8.9	8.8	10.1	10.0
	60	9.1	9.0	10.3	10.2
不及格	50	9.3	9.2	10.5	10.4
	40	9.5	9.4	10.7	10.6
	30	9.7	9.6	10.9	10.8
	20	9.9	9.8	11.1	11.0
	10	10.1	10.0	11.3	11.2

表 4-5 大学生坐位体前屈单项评分表(单位:厘米)

等级	单项得分	男 生		女 生	
		大一大二	大三大四	大一大二	大三大四
优秀	100	24.9	25.1	25.8	26.3
	95	23.1	23.3	24.0	24.4
	90	21.3	21.5	22.2	22.4
良好	85	19.5	19.9	20.6	21.0
	80	17.7	18.2	19.0	19.5
及格	78	16.3	16.8	17.7	18.2
	76	14.9	15.4	16.4	16.9
	74	13.5	14.0	15.1	15.6
	72	12.1	12.6	13.8	14.3
	70	10.7	11.2	12.5	13.0
	68	9.3	9.8	11.2	11.7
	66	7.9	8.4	9.9	10.4
	64	6.5	7.0	8.6	9.1
	62	5.1	5.6	7.3	7.8
	60	3.7	4.2	6.0	6.5
不及格	50	2.7	3.2	5.2	5.7
	40	1.7	2.2	4.4	4.9
	30	0.7	1.2	3.6	4.1
	20	−0.3	0.2	2.8	3.3
	10	−1.3	−0.8	2.0	2.5

表 4-6 大学生立定跳远单项评分表 (单位:厘米)

等 级	单项 得分	男 生		女 生	
		大一 大二	大三 大四	大一 大二	大三 大四
优 秀	100	273	275	207	208
	95	268	270	201	202
	90	263	265	195	196
良 好	85	256	258	188	189
	80	248	250	181	182
及 格	78	244	246	178	179
	76	240	242	175	176
	74	236	238	172	173
	72	232	234	169	170
	70	228	230	166	167
	68	224	226	163	164
	66	220	222	160	161
	64	216	218	157	158
	62	212	214	154	155
	60	208	210	151	152
不及格	50	203	205	146	147
	40	198	200	141	142
	30	193	195	136	137
	20	188	190	131	132
	10	183	185	126	127

表 4-7 大学生引体向上(1 分钟仰卧起坐)单项评分表(单位:次)

等 级	单项得分	男 生		女 生	
		引体向上		仰卧起坐	
		大一 大二	大三 大四	大一 大二	大三 大四
优 秀	100	19	20	56	57
	95	18	19	54	55
	90	17	18	52	53
良 好	85	16	17	49	50
	80	15	16	46	47
及 格	78			44	45
	76	14	15	42	43
	74			40	41
	72	13	14	38	39
	70			36	37
	68	12	13	34	35
	66			32	33
	64	11	12	30	31
	62			28	29
	60	10	11	26	27
不及格	50	9	10	24	25
	40	8	9	22	23
	30	7	8	20	21
	20	6	7	18	19
	10	5	6	16	17

表 4-8　大学生耐力跑单项评分表(单位:分·秒)

等　级	单项得分	男　生		女　生	
		1 000 米		800 米	
		大一 大二	大三 大四	大一 大二	大三 大四
优　秀	100	3′17″	3′15″	3′18″	3′16″
	95	3′22″	3′20″	3′24″	3′22″
	90	3′27″	3′25″	3′30″	3′28″
良　好	85	3′34″	3′32″	3′37″	3′35″
	80	3′42″	3′40″	3′44″	3′42″
及　格	78	3′47″	3′45″	3′49″	3′47″
	76	3′52″	3′50″	3′54″	3′52″
	74	3′57″	3′55″	3′59″	3′57″
	72	4′02″	4′00″	4′04″	4′02″
	70	4′07″	4′05″	4′09″	4′07″
	68	4′12″	4′10″	4′14″	4′12″
	66	4′17″	4′15″	4′19″	4′17″
	64	4′22″	4′20″	4′24″	4′22″
	62	4′27″	4′25″	4′29″	4′27″
	60	4′32″	4′30″	4′34″	4′32″
不及格	50	4′52″	4′50″	4′44″	4′42″
	40	5′12″	5′10″	4′54″	4′52″
	30	5′32″	5′30″	5′04″	5′02″
	20	5′52″	5′50″	5′14″	5′12″
	10	6′12″	6′10″	5′24″	5′22″

2. 大学生加分指标评分标准

大学生体质健康加分指标评分内容及标准具体参考表 4-9、表 4-10。

表 4-9 大学男生加分指标评分表

加分	引体向上（次）		1 000 米跑（分·秒）	
	大一大二	大三大四	大一大二	大三大四
10	10	10	−35″	−35″
9	9	9	−32″	−32″
8	8	8	−29″	−29″
7	7	7	−26″	−26″
6	6	6	−23″	−23″
5	5	5	−20″	−20″
4	4	4	−16″	−16″
3	3	3	−12″	−12″
2	2	2	−8″	−8″
1	1	1	−4″	−4″

注：引体向上为高优指标，学生成绩超过单项评分 100 分后，以超过的次数所对应的分数进行加分。1 000 米跑为低优指标，学生成绩低于单项评分 100 分后，以减少的秒数所对应的分数进行加分。

表 4-10 大学女生加分指标评分表

加分	1 分钟仰卧起坐（次）		800 米跑（分·秒）	
	大一大二	大三大四	大一大二	大三大四
10	13	13	−50″	−50″
9	12	12	−45″	−45″
8	11	11	−40″	−40″
7	10	10	−35″	−35″
6	9	9	−30″	−30″
5	8	8	−25″	−25″
4	7	7	−20″	−20″
3	6	6	−15″	−15″
2	4	4	−10″	−10″
1	2	2	−5″	−5″

注：一分钟仰卧起坐为高优指标，学生成绩超过单项评分 100 分后，以超过的次数所对应的分数进行加分。800 米跑为低优指标，学生成绩低于单项评分 100 分后，以减少的秒数所对应的分数进行加分。

第二节 《国家学生体质健康标准》的组织与领导

一、《国家学生体质健康标准》组织与领导实施的基本要求

为了使《标准》实施的质量和效果得到一定的保障,通常在组织与领导的实施过程中需要做到以下几个基本要求。

(一)促进思想认识的提高

提高思想认识就是要把实施《标准》的工作的认识提高到全面贯彻教育方针,全面实施素质教育的高度,在全面落实素质教育的轨道中纳入此项工作;各级教育、体育行政部门及学校教育要树立"健康第一"的指导思想,都应把实施《标准》的工作摆在应有的位置上,并从人力、物力、财力和时间上对其加以支持与保证。

(二)组织与管理要从客观实际出发

对《标准》进行科学化管理的基础是深入调查研究,掌握第一手数据与资料。要对实施《标准》过程中各个阶段和环节的规律加以掌握;要对各个具体过程、各个环节的特殊性和规律性进行深入的调查与研究;要逐步将切合实际的管理内容、方法和制度总结出来,最终做到有法可依、有章可循,使管理向着规范化、法制化、制度化、科学化的方向发展。要对组织领导、宣传教育、日常锻炼、测试、统计分析和总结评比等方面带有规律性的经验进行不断地总结,不断完善管理工作,促进组织管理工作的效益的充分提高。

(三)充分结合学校体育工作与《标准》的实施工作

学校体育有很多种组织形式,最基本的组织形式是体育课,它和早操、课间操以及各种课外体育活动结合,共同促进学校体育的目的和任务的实现。《标准》是国家的一项体育和教育制度,与学校体育的各种组织形式和各个环节都有着密切的关系。推行《标准》可进一步对学校体育工作进行推动和督促。所以,在学校体育教学和各项体育工作中,都应对和体现《标准》的精神进行积极贯彻,使《标准》的实施与学校体育工作的各种组织形式紧密配合,互相促进,共同发展。

(四)相关方面的职责要明确

在实施《标准》的工作中,各级教育、体育行政部门要加强领导,建立必要的检查考核制度,认真进行检查验收,定期召开总结表彰会议,促进工作开展。学校要成立领导小组,由主管校长负责,明确分工,《标准》的组织实施工作应记入教师工作量,要对切实的工作计划加以制定,对奖惩制度进行建立,加强对学生的宣传与教育,使学生的活动时间得到保证,推动学生经常锻炼,使《标准》测试工作落到实处。测试工作结束后,应将测试结果及时、准确地上报,并对测

试结果进行认真的统计、分析、评价和总结,并建立畅通的反馈渠道,让学校、教师、学生和家长都知道测试的结果,使测试工作发挥其应有的激励作用。

(五)利用条件,挖掘潜力,创造条件,提高工作质量

现阶段,大、中、小学的体育教师数量相对较少,教学、科研、训练、群体工作十分繁重。为了能够在各级学校中顺利且有序地实施《标准》,取得切实的效果,《标准》的实施必须与学校的各项工作结合起来,具体包括体育教学、课外体育活动,建立学生体质健康登记卡、小学生成长记录或学生素质报告书、初中学生档案,实施学生健康体检,以及学生毕业升学等各项工作,最大限度地发挥有限的人力的作用。体育场地、测试器材是保证《标准》顺利实施的基本物质条件,学校应加大投入,创造条件,改善《标准》实施过程中的软、硬件环境。必须通过科学管理、周密安排、精心养护,最大限度地提高场地器材的使用率并降低损耗,以达到科学管理的根本要求,使有限的人力、物力和时间产生最大的效益。此外,对于每年都要进行的《标准》的测试和上报工作,还应对现代信息技术加以充分利用,以此来提高此项工作的效率,根据有关文件的要求,按时上报测试数据。

二、各级教育、体育行政部门的指导方法

《标准》的实施是教育、体育行政管理部门的一项重要工作,因此必须纳入行政管理系统,并在全面加强教育、体育管理的过程中得到实现和加强。各级教育、体育行政部门实施《标准》的组织管理工作主要包括积极宣传、提高认识、加强管理,密切配合、共同领导,建立必要的制度,抓好教学和各项体育活动改革,严格检查验收,开展层层表彰等几个基本环节。各级教育、体育行政部门的指导方法具体如下。

(一)加强宣传与管理,促进认识的提高

各级教育、体育行政部门要通过多种途径对《标准》进行积极的宣传,使各有关部门、学校和全社会都意识到,全面推进素质教育需要做好《标准》的实施这一重要的工作。把实施《标准》的工作纳入到议事日程,要成立领导小组,设专门机构,自上而下地建立完整的领导体制,设专人负责,实行岗位责任制。各地(市)以及各高等院校应根据有关要求,根据当地情况具体统一布置,按时确定并公布当年选测项目,制定实施计划,层层发动,组织学生参加《标准》的测评和上报工作。为保证这一工作落到实处,各部门都应在本部门、个人必须完成任务的指标中纳入实施《标准》的工作,并规定没完成任务的不能评为先进单位或个人。

(二)统一部署,密切配合,共同领导

各级教育和体育部门之间的密切配合是贯彻落实《标准》的关键,两部门应统一思想,分工合作,坚持统一计划、统一部署、统一检查验收和统一评比表彰。体育部门负责指导、辅导、协调、监督和统计资料等工作。教育部门负责培训师资、组织测试、数据统计工作,对经费和器材予以保证。

(三)对必要的管理制度进行建立与完善,促进工作的规范化与科学化

《标准》的实施是在各地政府的统一领导下实行分级管理,要建立层层负责、级级承包、任务落实的管理制度。内容主要包括以下几方面。

(1)每年有指标,对责任制加以层层实行。

(2)统一布置,提出基本要求。

(3)对检查验收制度加以制定,全员实施。

(4)严格按要求进行测试和评价,及时汇总、统计和上报各项数据。

(5)层层验收,提高质量。

(6)加强医务监督,防止各种事故发生。

(7)收集信息,及时反馈交流。

(8)加强对科学、规范的档案资料管理制度的建立。

(四)《标准》的实施与教学和各项体育活动相结合,注重效果的提高

《标准》的实施不仅是为了评价学生个体的体质健康状况,而且更重要的是为了促进学生体质健康发展、激励学生积极进行身体锻炼的教育手段。《标准》实施工作质量的好坏,不仅由测试的结果决定,而且由开展活动的过程和学校体育工作开展的程度的决定,倘若能够很好地开展工作,学生参加锻炼的积极性高,体质健康水平得到不断发展,也就达到了实施《标准》的要求,效果就好;否则就难以收到良好的效果。各级教育、体育行政部门要特别注意指导各学校将实施《标准》与体育教学和各项日常体育活动结合起来,通过激励学生积极锻炼来提高测试成绩,保证《标准》的实施工作健康稳步地发展,具体要将以下各个方面的关系协调好。

(1)以全面实施《标准》为基础,加强对《标准》测试结果记录体系的建立与完善。测试成绩应记入小学生成长记录或学生素质报告书,初中以上学生要列入学生档案,并作为毕业、升学的重要依据。建立《标准》通报制度,定期通报各地《标准》的实施情况和测试结果。对全体学生积极开展"达标争优"活动认真进行组织,对达到《标准》优秀等级的学生颁发"阳光体育奖章"。

(2)将实施《标准》与开展"全国亿万学生阳光体育运动"相结合,以"达标争优、强健体魄"为目标,使85%以上的学校能全面实施《标准》,使85%以上的学生能做到每天锻炼一小时,达到《标准》及格以上,并能对至少两项日常锻炼的体育技能加以掌握,促进学生良好体育锻炼习惯的形成,注重体育锻炼的实效性。

(3)充分结合《标准》实施与开展"体育、艺术2+1项目"及丰富多彩的课外体育活动。在校内体育活动,如大课间活动中,加强对练习和测试的组织与实施。

(4)将实施《标准》与体育教学相结合。在体育课教学中促进学生运动兴趣的激发,引导学生对体育的基本知识、基本技术和基本技能加以掌握,掌握科学锻炼身体的方法,养成体育锻炼的习惯。

(5)将实施《标准》与校外体育活动(家庭和社会锻炼计划)相结合。在课外、节假日和寒暑假参加社区的体育活动,组织锻炼小组,要定时间、内容与任务。

(6)将实施《标准》与学校运动竞赛相结合。在校举行的运动会和小型比赛中,可设《标准》

项目。

(7)体育教师与辅导员或班主任相结合。体育教师的主要工作是指导、测试、统计数据,辅导员或班主任的主要工作是组织教育,督促检查等。

(8)将实施《标准》与学生会、学校团委、少先队和学生体育组织的活动相联系。发挥学生会、共青团、少先队、学生体育组织的作用,加强对形式多样的体育锻炼活动的积极开展。

(9)将实施《标准》与自制器材相结合。实施《标准》,促进学生锻炼就需要多种器材以全面发展学生各项身体素质,要满足学生身体发展的多种需要,必须自制器材解决问题。

(10)将实施《标准》与校医的工作相结合。校医要深入课堂、体育活动现场,进行医务监督,指导测试,及时将检查获得资料和监督结果,并反馈给体育教师、辅导员或班主任。

(五)严格进行检查与验收,保证质量

保证《标准》实施质量的重要措施中,建立严格的检查验收制度是其中一项主要措施。应建立以下四级检查验收网络,随机抽样,严密组织。

(1)一级为基层学校自查、自检。

(2)二级为县区抽检。

(3)三级为各市抽检。

(4)四级为省抽检,逐级把好质量关,坚决杜绝弄虚作假现象的产生。

(六)对先进加以表彰,促进工作的积极开展

层层表彰先进集体和先进个人是推动《标准》实施的动力之一,尤其是各基层学校,要促进完备的奖励制度的建立。首先领导要重视,其次要定期进行评比表彰,并且这种活动要有一定声势和规模,只有这样《标准》才能深入人心,学生和教师以及学校的积极性才能充分调动,促进工作的开展。

三、高校实施《国家学生体质健康标准》的组织与管理

(一)高校实施《标准》的组织工作特点

1. 有多种多样的组织形式,管理比较松散

大学生的组织管理形式与中小学生是有一定区别的,大学一般以院系为基本单位,在院系中又划分不同年级,学校进行教学和其他工作管理时,有时也采用以年级为单位进行组织的方法。同时,学生还会出现转系、转年级的情况,使学生各类活动的组织管理工作有一定难度。体育教学中学生的组织形式也出现了不同的情况,如有的学校体育课仍以各院系中的行政班为单位,有的则出现了学生自主选择课程的情况,不同院系的学生共同上一节体育课,有的学校甚至有不同年级、不同院系的学生上同一节体育课。这样的管理形式比较松散,在进行《标准》测评时就要通过与学校的实际情况相结合来进行组织管理。

2. 体育课以学期为单元,进行选项教学

高等学校的体育课一般实行选项教学,以学期为基本单元,每学期 16~18 周,进行"学分

制"管理,因为教学时数不多,教学任务相对较为繁重,使得在课上进行测试难度较大,大多数学校都要在课外对学生测试进行单独的组织,这就增加了管理难度。

(二)高校实施《标准》组织工作的要点

1. 与学校实际相结合对实施细则加以制定

根据《标准》要求,应在每学年定期进行测试,形成制度。学校应结合实际情况对适合本学校的实施细则加以制定,将《标准》中涉及高等学校的部分要求进行解读,并结合学校实际,详细说明实施中的具体问题。

2. 由专门的测试及研究机构对测试工作加以组织

学校可成立实施《标准》的领导小组,组长由主管校长担任,教务部(处)、体育部(教研室)、校医院等部门负责人共同组成成员。实施《标准》的部署工作由学校领导负责,筹划必要的场地、器材和经费,把握实施工作方向;教务部(处)主要负责在校学生受试人员的组织,名单的提供和测试成绩记录卡等学生档案的管理;体育部(教研室)负责实施《标准》过程中的计划调控和时间的安排及具体测试以及对测试数据、统计资料的分析研究,用以对体育工作进行指导和改进。在高等学校,《标准》测评不仅与大学生体质健康状况的检测相关,更重要的是通过测评结果的反馈,能够对学生有针对性地进行体育锻炼进行有效的指导,培养学生自觉锻炼的主动性,养成定期参加体育锻炼的习惯,切实增强学生体质。所以,成立专门的测试及研究机构会使《标准》测试工作过程更为完整、具体、可操作性强,同时保证测试结果的分析及研究工作能够科学有序地进行。在《学生体质健康标准(试行方案)》实施的过程中,很多学校都采用了这样的方法来组织落实《标准》的测试工作,有的成立了专门的机构,有的指定了专人负责,取得了较好的效果。

3. 对测试时间进行合理的安排,灵活组织测试形式

高等学校进行《标准》测试时,时间的安排主要包括以下两个方面。

其一,新生入学的学期是全体学生测试的时间,对于新生而言是入学时体质健康的基本情况,对于老生而言是一年来体质健康发展变化的过程反馈。另外,根据教育部要求,教育部直属院校要对入学新生进行《标准》测试,分析生源省份的学生体质状况。所以,新学年开始是高等学校的测试时间,但应注意一定要在要求上报数据的时间前完成。

其二,对于具体测试时间的设置。通常需要根据参加测试学生的人数进行预测和统筹安排。

测试的组织形式可采取结合课内和课外的方法。高校安排《标准》测试的组织形式主要有以下几种。

(1)利用体育课时间,对测试进行集体性的组织。在体育课上课时间内,将上课班学生统一安排参加测试。

(2)不占用体育课时间,在课外对专门的学生测试时间进行安排。例如,对固定的测试时间和地点进行安排,或者由学生自主选择时间参加测试,或者统一安排测试时间要求学生参加测试。

(3)结合分散测试与集中测试。对于教学中有的项目,结合体育课考核成绩获得,教学中

没有的内容,安排课外时间组织集体测试。

以上几种测试形式可以由各高校根据自己的实际情况选择使用。在《标准》试行过程中,大多数高校都认为应避免占用过多的体育课时间用于专门体质健康标准测试,而在条件许可的情况下,许多高校认可安排课外测试时间,由学生自主选择的形式。

4. 加强高校学生体育锻炼指导策略的研究

高校教师比较缺乏指导学生进行体育锻炼的知识和能力,需要在今后的研究和培训中不断加强。同时,应充分发挥《标准》测试结果在高校体育教学改革中的重要作用。

(1)《标准》测评结果为学校体育改革的决策提供理论依据。学校整体教育改革需要以每年的年度学生体质健康状况报告为参考依据。

(2)群体分析结果应成为指导体育教学的参考依据,如体育教学班学生的检测数据及分析报告,应成为教师运用有效教学方法,提高教学质量,增强学生体质的重要参考数据。

(3)学生个体检测报告和运动处方指导应成为学生进行体育锻炼的重要指导意见,并是检验锻炼效果的报告。

5. 杜绝安全隐患,制定紧急情况处理预案

在测试中,有时会出现一些运动损伤或疾病的现象,如肌肉痉挛、拉伤或一过性的昏厥及其他紧急情况等,为避免这些伤病现象的发生,保证测试过程的安全,预防意外事故的发生,应在测试前进行反复测试,检查环境、设备、测试方法等外界条件中存在的安全隐患,予以杜绝。测试员上岗前应进行培训,学会处理测试过程中出现紧急情况的处理办法。测试宣传中,应有明确的提示,说明不适宜进行测试的身体情况,当学生存在这些状况时,应提前向教师申请免测或缓测。测试现场应有学校医院急救中心的电话,以便出现问题时及时通知,大规模集中测试时应有医务人员在场。在测试过程中,应正确指导学生进行适当的准备活动,避免发生运动伤害。如果学生感到身体不适,需要及时向教师提出并停止运动。对待测试过程中出现的紧急情况,要避免随意处,并及时请医护人员处理。

第三节 《国家学生体质健康标准》测试的操作方法

《国家学生体质健康标准》测试的操作方法包括小学不同年级、中学及高校各测试项目的具体测试方法,由于本书重点是高校体能训练与体质测试,所以本节只对大学生的各测试项目的具体测试及操作方法进行阐述。

一、身 高

(1)测试目的:身高测试与体重测试相配合,评定学生的身体匀称度,评价学生生长发育及营养状况的水平。

(2)场地器材:身高测量计。

(3)测试方法:受试前,身高测量计应校对 0 点,以钢尺测量基准板平面至立柱前面红色划

线的高度是否为 10.0 厘米,误差不得大于 0.1 厘米。同时应检查立柱是否垂直,连接处是否紧密,有无晃动,零件有无松脱等情况,并及时加以纠正。

受试时,受试者赤足,立正姿势站在身高计的底板上(上肢自然下垂,足跟并拢,足尖分开约成 60°)。足跟、骶骨部及两肩胛区与立柱相接触,躯干自然挺直,头部正直,耳屏上缘与眼眶下缘呈水平位。测试人员站在受试者右侧,将水平压板轻轻沿立柱下滑,轻压于受试者头顶。测试人员读数时双眼应与压板水平面等高进行读数。记录员复述后进行记录。以厘米为单位,精确到小数点后一位。测试误差不得超过 0.5 厘米。

二、体　重

(1)测试目的:测试学生的体重,与身高测试相配合,评定学生的身体匀称度,评价学生生长发育的水平及营养状况。

(2)场地器材:杠杆秤或电子体重计。

(3)测试方法:测试前,杠杆秤或电子体重计需检验其准确度和灵敏度。准确度要求误差不超过 0.1%,即每百千克误差小于 0.1 千克。

测试时,杠杆秤应放在平坦地面上,调整 0 点至刻度尺水平位。受试者赤足,男性受试者身着短裤;女性受试者身着短裤、短袖衫,站在秤台中央。测试人员放置适当砝码并移动游标至刻度尺平衡。读数以千克为单位,精确到小数点后一位。记录员复诵后将读数记录,测试误差不超过 0.1 千克。

三、肺活量

(1)测试目的:测试学生的肺通气功能。

(2)场地器材:电子肺活量计,干燥的一次性口嘴。

(3)测试方法:肺活量计主机放置平稳桌面上,按工作键液晶屏显示"0"即表示机器进入工作状态,预热 5 分钟后测试为佳。令被测试者手持吹气口嘴,面对肺活量计站立试吹 1~2 次,首先看仪表有无反应,还要试口嘴或鼻处是否漏气。

测试时,受试者进行一两次较平日深一些的呼吸动作后,更深的吸一口气,向口嘴处慢慢呼出至不能再呼出为止,防止此时从口嘴处吸气。测试中不得中途二次吸气。吹气完毕后,液晶屏上最终显示的数字即为肺活量毫升值。每位受试者测三次,每次间隔 15 秒,记录三次数值,选取最大值作为测试结果。以毫升为单位,不保留小数。

四、50 米跑

(1)测试目的:测试学生速度、灵敏素质及神经系统灵活性的发展水平。

(2)场地器材:50 米直线跑道若干条,地面平坦,地质不限,跑道线要清楚。发令旗一面,口哨一个。一道一秒表。

(3)测试方法:秒表使用前,应用标准秒表校正,每分钟误差不得超过 0.2 秒。标准秒表的选定,以北京时间为准,每小时误差不超过 0.3 秒。

受试者至少两人一组测试。站立起跑,受试者听到"跑"的口令后开始起跑。发令员在发出口令同时要摆动发令旗。计时员视旗动开表计时。受试者躯干部到达终点线的垂直面停表。以秒为单位记录测试成绩,精确到小数点后一位。小数点后第二位数按非"0"时则进1,如 10.11 秒读成 10.2 秒,并记录之。

五、800 米或 1 000 米跑

(1)测试目的:测试学生耐力素质的发展水平。

(2)场地器材:400 米、300 米、200 米田径场跑道,地质不限。也可使用其他不规则场地,但必须地面平坦。秒表若干块。

(3)测试方法:受测者至少两人一组进行测试,站立式起跑。当听到"跑"的口令后开始起跑。计时员看到旗动开表计时,当受试者的躯干部到达终点线垂直面时停表。以分、秒为单位记录测试成绩,不计小数。

六、立定跳远

(1)测试目的:测试学生下肢肌肉爆发力及身体协调能力的发展水平。

(2)场地器材:沙坑、丈量尺。沙面应与地面平齐。如无沙坑,可在土质松软的平地上进行。起跳线至沙坑近端不得少于 30 厘米。起跳地面要平坦,不得有坑凹。

(3)测试方法:受试者两脚自然分开站立,站在起跳线后,脚尖不得踩线。两脚原地同时起跳,不得有垫步或连跳动作。丈量起跳线后缘至最近着地点后缘的垂直距离。每人试跳三次,记录其中成绩最好一次。

七、引体向上

(1)测试目的:测试学生的上肢肌肉力量和耐力的发展水平。

(2)场地器材:高单杠或高横杠,杠粗以手能握住为准。

(3)测试方法:受试者跳起双手正握杠,两手与肩同宽成直臂垂悬。静止后,两臂同时用力引体,上拉到下颏超过横杠上缘为完成一次。

八、坐位体前屈

(1)测试目的:测量学生在静止状态下的躯干、腰、髋等关节可能达到的活动幅度,主要反映这些部位关节、韧带、肌肉的伸展性和弹性及学生身体柔韧素质的发展水平。

(2)场地器材:坐位体前屈测试计。

(3)测试方法:受测者两腿伸直,两脚平蹬测试纵板坐在平地上,两脚分开约 10～15 厘米,上体前屈,两臂伸直向前,用两手中指尖逐渐向前推动游标,直到不能前推为止。测试两次,取

最好成绩。

九、仰卧起坐

(1)测试目的:测试腹肌耐力。

(2)场地器材:铺放平坦的垫子若干块。

(3)测试方法:受试者仰卧于垫上,两腿稍分开,屈膝呈 90°角左右,两手指交叉贴于脑后。另一同伴压住其踝关节,以便固定下肢。受试者起坐时两肘触及或超过双膝为完成一次。仰卧时两肩胛必须触垫。测试人员发出"开始"口令的同时开表计时,记录 1 分钟内完成次数。1分钟到时,受试者虽已坐起但肘关节未达到双膝者不计该次数。

十、跳　绳

(1)测试目的:测试学生的下肢力量和身体协调能力。

(2)场地器材:主要测试器材包括秒表、发令哨、各种长度的跳绳若干条;平整地面、干净的场地一块,地质不限。

(3)测试方法:两人一组,一人测试,一人记数。受试者听到开始信号后开始跳绳,动作规格为正摇双脚跳绳,每跳跃一次且摇绳一回环,计为一次。听到结束信号后停止,测试员报数并记录受试者在 1 分钟内的跳绳次数。

第五章 高校学生体质测试的内容与方法

开展学生体质测试工作是非常重要的,科学的体质测试能帮助教师及时、全面地了解学生的身体发展状况,进而采取有针对性的措施和手段提高大学生的身体素质。一般来说,大学生体质测试主要包括身体形态测试、身体机能测试和身体素质测试三个部分。

第一节 人体形态测评

人体形态检测是指应用检测量具和仪器对人体外形和结构进行的测量。根据"国际体力测定标准化委员会"(ICPFR)和"国际生物学规划"(IBP)组织制定的测定方案,人体形态测量主要包括体格测量、体形测量、身体成分测量和身体姿势测量等四个方面。在对大学生进行体质测试时也可以采用此种方案。

一、人体形态测量概述

在对大学生进行身体形态测量的过程中,必须要按照人体测量的规范特点与人体形态结构的关系,给予人体各部位标准的解剖学姿势位置进行准确的定位。标准的解剖姿势是身体直立、两眼平视、两脚并拢、足尖向前、两上肢垂直于躯干两侧、手掌相对。

在人体形态测量中,常用的术语有:正中面和正中线、上与下、前与后、内侧与外侧、近端与远端、矢状面、额状面、水平面、矢状轴、额状轴、垂直轴等。实施测量时,只有严格按照人体形态的定位进行测试,才能获得准确的测量数据。人体形态的基本测量点是根据人体的骨性标志、皮肤皱褶、皮肤的特殊结构以及肌性标志而确定的主要测量位置。

人体形态测量中,常用的人体主要测量点有:头顶点、耳屏点、眶下点、颏下点、胸上点、胸中点、胸下点、脐点、耻骨联合点、乳头点、颈点、肩峰点、茎突点、指尖点、髂嵴点、髂前上棘点、大转子点、胫骨点、内踝点、跟点、趾尖点等(图5-1)。

(1)喉结节点。在正中矢状面上,喉结节最向前突出的一点。

(2)颈窝点。左右侧锁骨胸骨端上缘的连线与正中矢状面的交点。

(3)胸上点。胸骨柄上缘的颈静脉切迹与正中矢状面的交点。在胸上点的部位上,常可见到一个深凹,即胸骨上凹,所以此测点较易确定;但要注意,胸骨柄上缘与胸骨柄前缘之间是逐渐移行,并无明显界线。所以确定此测点时要将指尖插入胸骨上凹,从上方向下方扣压,以正确觅得此测点。

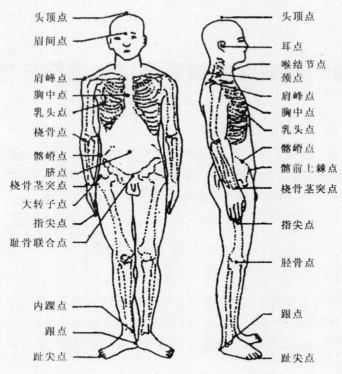

图 5-1

（4）胸中点。左右第四胸肋关节上缘的连线与正中矢状面的交点。测量胸深、胸围等时使用。在确定胸中点时，须先在胸骨前面找到胸骨柄与胸骨体之间的胸骨角。胸骨角的两侧是第二胸肋关节所在的位置，循此向下经两个肋间隙，即为第四胸肋关节；然后，顺第四胸肋关节上缘，确定与正中矢状面相交之点，即为胸中点。

（5）胸下点。胸骨体下缘（和剑突相连的部位）与正中矢状面的交点。在胸骨体与剑突连接处的下方的三角形凹陷中，甚易触得此测点。

（6）乳头点。乳头的中心点。仅在儿童、男性和乳房不下垂的女性才能确定此测点。

（7）脐点。脐的中心点。

（8）耻骨联合点。耻骨联合上缘与正中矢状面的交点。测量者站在被测者的右侧，将左手按在被测者的下腹区，然后用拇指向下慢慢移动，探寻耻骨联合的上缘；如被测者腹肌紧张、不易探寻时，可令被测者向前屈躬，以减轻腹肌的紧张，有助于探得耻骨到关合。

（9）会阴点。左右两侧坐骨结节最下点的连线与正中矢状面的交点。被测者先以两腿稍分开的姿势站立。将人体测高仪的活动尺座上的直尺靠在右腿的内侧面，并将它向上移动而紧压耻骨，然后令被测者并拢两腿。活动尺座上直尺所靠的部位即为会阴点。

（10）颈点。第七颈椎棘突尖端的点。令被测者头部向前弯曲，此时所见项部的皮肤隆起，即为第七颈椎棘突的尖端。有时可见两隆起，则取下面一个；如见到三个隆起，则取中间一个。

（11）颈根外侧点。在外侧颈三角上，斜方肌前缘与颈根外侧部位上，连接颈窝点和颈点的曲线之交点。

(12)腰点。第五腰椎棘突尖端的点。先定左右髂嵴最高点的连线,再定左右髂后上棘点的连线,在这两连线的中点上作第三条线。腰点即位于第三条线的中点。

(13)肩峰点。肩胛骨的肩峰外侧缘上,最向外突出的一点。用食指和中指沿着肩胛冈从后内方向前外方触抚,易找到此测点。也可用下述方法来确定肩峰点:令被测者举起上肢,可见肩峰部呈现一个皮肤小凹,然后用食指按压此凹,并令被测者将上肢放下,则很易确定此测点。

(14)腋窝前点。在腋窝前裂上端,胸大肌附着部的最下端之点。上臂下垂时,在腋窝部水平地插入一根木棒,很易确定此测点。

(15)腋窝后点。在腋窝后裂上端,大圆肌附着部的最下端之点。上臂下垂时,在腋窝部水平地插入一根木棒,很易确定此测点。

(16)肩胛骨下角点。肩胛骨下角的最下点。

(17)桡骨点。桡骨小头上缘的最高点。在上肢下垂、手掌朝向内侧的姿势中,肘关节背面的外侧有一个小凹,在此凹中很容易找到肱桡关节,确定桡骨小头上缘的最高点即为桡骨点,或令被测者的前臂反复地向前上方摆动,此时易触摸到桡骨小头,由此可确定桡骨点。

(18)肘尖点。尺骨鹰嘴在肘背侧面的最突出之点。

(19)桡骨茎突点。上肢下垂时,桡骨茎突的最下点。拇指用力外展时,在拇长展肌腱、拇短伸肌腱和拇长伸肌腱之间形成一个三角形的深窝(即解剖学鼻烟壶),在此窝底部,测量者用拇指向近侧压摸,很易觅得此测点。

(20)尺骨茎突点。弯曲手腕时,在尺骨茎突端很易找到此测点。

(21)桡侧掌骨点。第二掌骨小头向桡侧最突出的一点,通常位于第二掌指关节的近位侧数毫米处。

(22)尺侧掌骨点。第五掌骨小头向尺侧最突出的一点。

(23)指点。各指第一节(近节)指骨底背面最向上突出的一点。弯曲手指时,可见高突的掌骨小头。测量者用第一和第二指夹住此处的伸肌腱和皮肤,然后令被测者伸屈手指,此时很易触及掌指关节及近节指骨底,由此可确定此测点。

左手和右手指点各有五个。记录方法:从拇指数起,phI 为拇指(第一指)指点,phⅡ 为食指或示指(第二指)指点,phⅢ 为中指(第三指)指点,phⅣ 为环指(第四指)指点,phⅤ 为小指(第五指)指点。

(24)指尖点。中指尖端最向下的一点,也称中指指尖点(daⅢ)。其他各指指尖点分别称为拇指指尖点(daI)、食指(示指)指尖点(daⅡ)、环指指尖点(daⅣ)和小指指尖点(daⅤ)。

(25)髂嵴点。髂嵴最向外突出之点。

(26)髂前上棘点。髂骨的髂前上棘最向前下方突出的一点,令被测者弯曲大腿,在腹股沟线的上方用拇指从下向上按压髂前上棘,即可觅得此测点。

(27)髂后上棘点。髂后上嵴最向后方突出的一点。此点在皮肤上呈现一小窝,所以很易确定。

(28)大转子点。股骨大转子最高的一点。令被测者将大腿外展,体部向外展的大腿侧屈。此时,在大转子部位的皮肤形成一个凹窝,由此处可探觅大转子点。

又可从髂前上棘点至坐骨结节作一连线,称为棘结节间线(奈拉通氏线),此线恰好通过大转子顶点,有助于探觅大转子点。

(29)髌骨中点。髌骨底最高点与髌骨尖最下端连线的中点。

(30)腓骨头点。腓骨小头最向外侧突出的一点。

(31)胫骨点。胫骨内侧髁的内侧缘上最高的一点。令被测者弯曲膝部,在膝部髌韧带的内侧,探得股胫两骨之间的凹窝,再以手指触摸胫骨内侧髁上缘,则很易确定此测点。

(32)胫骨下点。胫骨下端关节面前缘最向前的一点。

(33)内踝点。胫骨内踝尖端最向下方的一点。

(34)外踝点。腓骨外踝最下端的一点。

(35)跟点。直立时,足跟最向后突出的一点。

二、人体形态测量内容与评价

人体形态是反映人体外表结构和生长发育水平的重要指标之一,这些指标主要包括:身高、坐高、体重、胸围、肩宽、骨盆宽、臂围、上肢长、下肢长、腰围等。在国民体质健康测试中,人体形态是主要的指标之一。

(一)人体形态测量内容与评价标准

1. 身 高

身高又称"空间整体指标",是反映人体形态结构和生长发育水平,尤其是纵向发育水平的重要指标之一,指人体从站立底面到头顶点的垂直距离。一般来说,身高主要受遗传、年龄、性别、种族、地区、营养、体育锻炼等因素的影响。在测量身高时可以用标准的身高计立柱进行检测。测量单位为厘米,精确到小数点后一位,其测量误差不得超过 0.5 厘米。

测量仪器:标准身高坐高计。测量误差不得超过 0.5 厘米。

测量方法:受试者赤足,以立正姿势站立于底板上,背靠身高坐高计,足跟、骶骨和两肩胛间与立柱接触,耳眼处水平位。测试者将水平压板下滑至头顶点,在两眼与压板呈水平位时读数并记录测量值。表 5-1 为中国学生身高评价表。

注意事项:

(1)身高坐高计应选择平坦靠墙的地方放置,立柱的刻度尺面向光源。

(2)测量时,要特别注意足跟、骶骨和肩胛骨间紧靠立柱。

(3)水平压板与头顶接触时,松紧要适度,有发髻者应放下。

表 5-1　中国学生身高(百分位数)评价表　(单位:厘米)

性　别	年龄(岁)	P_{10}	P_{25}	P_{50}	P_{75}	P_{90}	P_{97}
男	7	114.7	118.4	122.6	126.7	130.3	134.2
	8	120.2	124.0	128.1	132.3	136.0	140.0
	9	124.6	128.5	132.8	137.1	141.1	145.4
	10	129.4	133.5	137.8	142.4	146.7	151.3
	11	133.7	138.0	142.8	147.9	152.7	157.8
	12	138.3	143.0	148.6	155.0	161.0	166.2
	13	144.8	150.5	157.4	163.8	168.7	173.5
	14	151.5	157.4	163.4	168.5	172.9	177.0
	15	157.8	162.3	167.0	171.5	175.6	179.8
	16	161.1	165.0	169.2	173.5	177.3	181.5
	17	162.4	166.1	170.1	174.3	178.1	182.3
	18	162.3	166.0	170.1	174.5	178.3	182.3
	19	162.1	166.0	170.0	174.0	178.0	181.0
女	7	114.0	117.5	121.5	125.6	129.2	133.0
	8	118.7	122.6	126.9	131.1	135.0	139.0
	9	123.8	127.8	132.4	137.0	141.4	146.0
	10	129.1	133.3	138.5	143.6	148.4	153.2
	11	135.0	139.5	145.0	150.2	154.9	159.2
	12	140.6	145.5	150.6	155.2	159.3	163.2
	13	146.0	150.2	154.5	158.7	162.2	165.9
	14	149.3	152.7	156.7	160.5	164.0	167.5
	15	150.4	153.8	157.6	161.4	165.0	168.3
	16	151.3	154.6	158.3	162.1	165.8	169.0
	17	151.4	154.8	158.5	162.2	166.0	169.5
	18	151.4	154.6	158.3	162.1	165.8	169.0
	19	152.0	155.0	158.8	162.2	165.8	169.5

2. 体　重

体重是反映人体形态结构和生长发育水平的重要指标之一,体重主要指人体的净重,即衡量人体骨骼、肌肉、皮下脂肪及内脏器官等综合重量发展变化的指标。主要用来说明人体肌肉骨骼的生长发育水平和营养状况。它通常受到遗传、年龄、性别、季节、经济生活条件、体育锻炼、疾病、伤害等因素的影响。人类形态学还把它作为体现人体长、围、宽、厚度发展的整体度量标志。测量体重仪器为标准体重计。检测时,被测者只准穿薄短裤(女性可加一胸罩),排尽大小便,身体保持平稳直立于体重计(秤台)中央。测量单位千克,精确到小数点后一位,其测量误差不得超过 0.1 千克。

测量仪器:标准体重计,误差不超过 0.1%。

测量方法:受试者赤足、身着薄衣裤站立于体重计中央,测试者移动刻度尺稳定在水平位后读数并记录其重量值。表 5-2 为中国学生体重评价表。

注意事项：

(1)测量前预先检查仪器，要求衣着合格，讲解测试时姿势。

(2)测量时间最好在上午10点左右为宜。

(3)每测50人后注意校正仪器的准确度，测试完毕要检查仪器，以备后用。

表 5-2　中国学生体重（百分位数）评价表　（单位：千克）

性　别	年龄（岁）	P10	P25	P50	P75	P90	P97
男	7	18.8	20.4	22.5	25.1	28.8	34.3
	8	20.7	22.5	25.0	28.1	32.5	39.0
	9	22.7	24.6	27.3	31.3	36.5	43.7
	10	24.6	27.0	30.4	35.4	41.7	49.9
	11	26.7	29.5	33.6	39.4	46.1	55.6
	12	29.1	33.5	37.6	44.5	52.0	62.2
	13	33.2	37.7	43.9	50.5	58.6	69.7
	14	38.0	42.7	48.5	55.1	62.6	74.6
	15	43.0	47.3	52.5	58.8	67.0	78.0
	16	46.8	50.6	55.5	61.6	69.0	79.2
	17	48.7	52.5	57.3	63.4	70.9	81.0
	18	49.6	53.5	58.2	64.6	71.7	81.2
	19	50.0	53.6	58.2	64.2	70.0	78.9
女	7	18.1	19.6	21.5	24.0	27.1	31.5
	8	19.8	21.5	23.8	26.6	30.2	35.4
	9	21.7	23.6	26.5	30.3	35.0	40.7
	10	24.0	26.4	29.8	34.5	40.0	47.0
	11	26.7	29.7	34.1	39.5	45.2	52.9
	12	30.1	34.0	38.6	44.0	50.0	57.5
	13	34.5	38.1	42.6	47.7	53.4	60.8
	14	38.0	41.3	45.5	50.4	55.8	62.5
	15	40.5	43.8	47.9	52.5	57.8	64.0
	16	42.5	45.7	49.5	54.1	59.0	65.0
	17	43.0	46.2	50.0	54.8	59.9	65.6
	18	43.6	46.7	50.6	55.3	60.0	66.0
	19	43.8	46.9	50.3	54.6	59.3	64.2

3. 身高标准体重（身高/体重）

随着我国居民生活水平的不断改善和提高，预计在今后相当长的一段时期内，我国学生的体重还有进一步增加的趋势，肥胖学生的比例将进一步增大，肥胖将会成为影响学生体质健康的主要因素之一，因此对学生进行这方面的教育已经刻不容缓。针对这一状况，《国家学生体质健康标准》规定从小学到大学都要进行身高、体重的测试，采用身高标准体重评价学生身体的匀称度，间接反映学生的身体成分肥胖状况，引导学生关注自己的身体形态和肥胖状况。身高标准体重是指身高与体重两者的比例应在正常的范围。它通过身高与体重一定的比例关系，反映人体的围度、宽度、厚度以及密度。身高标准体重是评价人体形态发育水平、营养状况及身体匀称度的重要指标。它可以间接地反映人体的身体成分，其测量方法简便易行。

以往，身高和体重一般采用的是单一指标分别评价的方法，这种评价难以反映学生生长发育的匀称度及相关关系。也有用指数法进行评价的，如体重/身高，但这种方法在评价处于生长发育中的儿童青少年时，不够准确。身高标准体重是将身高和体重综合起来，以每厘米身高的体重分布，确定学生的体形匀称度，可反映学生是营养不良、正常体重，还是超重和肥胖。它以大规模调查的统计数据为依据，采用了以学生的每厘米身高为单位，利用标准差，增减间距为 1 厘米，以离差法方式制定了对身高、体重进行综合评价的评分表。评价该指标时，身高的单位为厘米，测试时保留 1 位小数；体重的单位为千克，测量时保留 1 位小数，然后用测试值直接查表评分。这种方法的优点是直接查表就可以判断学生体形的匀称度，而且可以知道学生体重是否超重，超了多少千克；是否体重过轻后营养不良，轻了多少千克。该指标对于学生形成正确的身体形态观具有非常直观的教育作用。

4. 坐　高

坐高也是反映人体形态结构与发育水平的重要指标之一。坐高指人体取正位坐姿势时头和躯干的长度。它主要反映人体躯干的生长发育状况以及躯干与下肢的比例关系。测量仪器为标准身高坐高计。测量时，被测者端坐在身高坐高计底板上，头正，躯干挺直紧靠立柱，测量单位为厘米，精确到小数点后一位，测量误差不得超过 0.5 厘米。

测量仪器：标准身高坐高计。

测量方法：受试者端坐在身高坐高计底板上，头正，躯干挺直紧靠立柱。测试者将水平压板下滑至受试者头顶点，在两眼与压板呈水平位时读数并记录测量值。

注意事项：

(1)注意骶骨部和肩胛骨间紧靠支柱并坐直。

(2)其他注意事项同身高的测量。

5. 骨盆宽

骨盆宽是人体形态的重要指标之一。骨盆宽为骨盆左右两端髂嵴外缘突出点之间的直线距离。反映人体骨盆的发育情况，在运动员选材中有着重要的意义。测量时，被测者自然站立，两腿并拢，检测者面对被测者用测径规的两脚端分别置于骨盆左右两髂骨嵴外缘计取其最宽部距离。测量单位为厘米，精确到小数点后一位，测量误差不得超过 0.5 厘米。

测量仪器：同肩宽。

测量方法：受试者两腿并拢成自然站立姿势，测量者面对受试者用弯脚规(或直脚规)置于骨盆左右髂骨外缘，计量其水平直线距离。

注意事项：体重应均匀落在两脚上，避免骨盆倾斜。

6. 胸　围

胸围是人体形态的重要指标之一。胸围是指人体胸廓围度的大小。它是人体胸部肌肉发育状况的重要标志，也是人体宽度和厚度最有代表性的测量值。胸围指由胸前经背部两肩胛下角点水平绕行一周的周长。男性及未发育女性带尺下缘置于乳头上缘，已发育女性带尺通过胸中点处水平绕行一周。在一定程度上反映了人体呼吸器官生长发育和生理变化的情况。同人体身高、体重指标一样受到各种客观因素的影响,尤其是体育锻炼和运动训练的影响。长期坚持体育运动的人其胸围比一般人要大 5% 以上。测量时,主要分以下两种情况。

(1)在人体青春发育期前被测男、女均裸露上体,自然站立,平静呼吸,检测者将软带尺上缘置于背部肩胛骨下角,在胸部则将软带尺下缘置于乳头上进行计量。

(2)在人体青春发育期后,男子同以上方法测量;女子则可戴胸罩,将软带尺置于背部两肩胛骨下角,胸部置于乳头上缘进行计量。通常只测受测者的静气围(即平静时呼气末而吸气尚未开始时的胸围大小)。在体育测量中往往因某种需要有时也测受测者的吸气围(即最大深吸气终末的胸围大小)和呼气围(即最大深呼气终末的胸围大小)。测量单位为厘米,精确到小数点后一位,测量误差不得超过 1 厘米。表 5-3 为中国学生胸围评价表。

表 5-3　中国学生胸围(百分位数)评价表　　(单位:厘米)

性　别	年龄(岁)	P_{10}	P_{25}	P_{50}	P_{75}	P_{90}	P_{97}
男	7	54.1	56.0	58.0	60.5	64.0	69.0
	8	55.6	57.5	60.0	62.5	66.6	73.0
	9	57.3	59.2	61.7	65.0	69.5	76.5
	10	59.0	61.0	64.0	68.0	74.0	81.3
	11	60.5	63.0	66.0	70.5	76.5	84.0
	12	62.4	65.2	69.0	73.7	79.8	87.0
	13	65.5	68.8	73.0	77.6	83.0	90.6
	14	68.9	72.0	76.0	80.5	85.5	92.9
	15	72.2	75.4	79.0	83.0	88.0	94.5
	16	75.0	77.9	81.0	85.0	89.5	95.7
	17	76.5	79.5	82.5	86.4	90.9	97.0
	18	77.7	80.3	83.8	87.5	92.0	97.1
	19	78.0	80.2	84.0	87.5	91.5	96.9
女	7	52.5	54.0	56.0	58.5	61.3	66.0
	8	54.0	55.7	58.0	60.5	64.0	68.5
	9	55.6	57.5	60.0	63.1	67.9	73.5
	10	57.5	60.0	62.6	66.6	71.6	77.5
	11	60.0	62.5	66.2	71.0	75.7	81.4
	12	62.6	66.0	70.0	74.2	79.0	85.1
	13	66.5	69.5	73.0	77.0	81.5	87.0
	14	69.1	72.0	75.3	79.0	83.3	88.5
	15	71.0	73.7	77.0	80.5	85.0	89.5
	16	72.5	75.0	78.2	81.9	85.5	90.0
	17	73.0	75.5	78.7	82.4	86.0	90.8
	18	73.4	76.0	79.1	83.0	86.8	91.0
	19	73.3	76.0	79.1	82.5	86.2	90.0

测量仪器:软带尺,每米误差不得超过 0.2 厘米。

测量方法:受试者自然站立,平静呼吸,测量者面对受试者,双手将带尺上缘平齐背部肩胛骨下角下缘,带尺平贴背部,向两侧经腋窝水平绕至胸前,计量其绕行一周的读数。

注意事项:

(1)受试者不得低头、耸肩、呼气。

(2)测试人员应注意带尺松紧适度。

(3)应有一人在受试者背后协助测试人员将带尺围定于肩胛下角下缘,以防下滑,并注意观察带尺是否成水平。

7. 腰　围

腰围亦称"腹围",是人体形态的重要指标之一。腰围是指人体腰部围度的大小。它在一定程度上反映着人体腰部肌肉发育水平及腹部皮下脂肪厚度和沉积状况,也是反映人体体型特点的一项重要指标。测量时,被测者自然站立,检测者将检测软带尺置于脐上,以水平位绕腰腹一周,取其自然呼吸时的计量值,测量单位为厘米,精确到小数点后一位,测量误差不得超过 0.5 厘米。

测量仪器:软带尺,每米误差不得超过 0.2 厘米。

测量方法:受试者自然站立,测量者将带尺置于受试者脐上,以水平位绕腹一周,取其自然呼吸时的计量值。

(二)人体形态测量指数

一般来说,人体形态的评价方法主要有两种:一种是直接用测量获得数据进行绝对值的评价;另一种是将测量数据转换为指数而进行相对值的评价。所谓指数,是根据测试指标的相互关系,借助于数学公式将两项或两项以上的指标结合为某种相对指标。在人体形态评价中,形态指数是被广泛运用的评价方法。因为形态指数不仅考虑了人体各部分的比例和相互间的内在关系,把两项或两项以上指标的测量值按照一定的数学方法计算出相对值,而且用形态指数进行身体发育水平评价时,可使不同年龄、性别、地区和种族的个体或群体之间的评价建立在对等条件和同一客观尺度的基础上,比使用绝对值更能反映他们之间的差异,使相互之间的比较更具有科学性。

用形态指数进行形态评价的步骤为:第一,计算出形态指数;第二,采用离差法、百分位数法对形态指数划分等级,并制定出评价标准。

制定评价标准时应考虑以下几个方面的问题:(1)年龄、性别特点,对生长发育期的儿童少年应按类别和年龄分别制定评价标准;(2)种族差异,由于各种族之间存在显著差异,国外一些评价标准不宜直接引用对中国人进行评价;(3)不同的形态指数应有不同的判断标准,不是所有的指数对任何年龄和性别的被评价者都是越高越优秀。因此,在评价时应作具体分析,以保证形态评价的正确性。下面介绍一些常用的形态指数评价方法与标准。

1. 克托莱指数

克托莱指数亦称"体重—身高指数"或"肥胖指数"。在人体形态测量中最为常用。克托莱指数表示每 1 厘米身高的体重,作为一个相对体重或等长体重来反映人体的围度、宽度、厚度以及人体组织的密度。它是评价人体形态发育水平和匀称度的重要复合指标。

(1)计算公式:体重/身高×1000。

(2)示例:测得某大学男生体重为 65.3 千克,身高为 171.6 厘米。其克托莱指数为:65.3/171.6×1000－380.5。

(3)评价标准见表 5-4。

(4)说明:体重计量单位用千克,身高计量单位用厘米。

表 5-4   克托莱指数评价表

性　　别	年龄(岁)	P_{10}	P_{25}	P_{50}	P_{75}	P_{90}	P_{97}
男	20—24	310.5	332.5	360.3	395.5	435.2	483.8
	25—29	320.3	343.5	375.4	415.7	455.9	499.0
	30—34	324.8	351.5	388.0	427.7	465.9	506.5
	35—39	330.6	357.4	394.3	432.4	468.8	507.6
	40—44	333.9	361.1	397.7	436.3	473.5	509.2
	45—49	333.1	363.1	400.3	436.9	473.1	509.6
	50—55	333.7	364.1	400.0	436.4	473.4	511.8
	55—	326.9	360.5	396.0	432.0	466.4	504.5
女	20—24	284.2	302.6	326.3	352.8	381.9	416.0
	25—29	288.2	308.0	332.7	362.1	395.6	434.5
	30—34	296.9	317.7	343.7	374.8	407.6	449.2
	35—39	305.7	328.8	357.1	387.8	423.1	460.1
	40—44	312.4	337.5	367.7	400.1	433.5	474.0
	45—49	315.4	342.0	374.5	409.3	443.8	481.6
	50—55	316.0	343.0	378.6	413.6	448.8	483.8
	55—	312.7	341.9	375.3	411.8	446.4	482.3

2. 身体质量指数(BMI)

BMI 指数(身体质量指数,简称"体质指数",英文为 Body Mass Index,BMI),是用体重千克数除以身高米数平方得出的数字,是目前国际上常用的衡量人体胖瘦程度以及是否健康的一个标准。它主要用于统计研究。当我们需要比较分析一个人的体重对于不同高度的人所带来的健康影响时,BMI 值是一个中立而可靠的指标。

体质指数(BMI)＝体重(千克)/身高(米)的平方。身体质量指数,作为衡量人体整体肥胖程度的简便指标在国际上得到了广泛的应用。中国将 BMI 的界限定为超重和肥胖。

(1)BMI 四个级别划分标准(表 5-5)。

表 5-5　BMI 组别划分标准

组　别	BMI 标准
轻	BMI<18.5
正　常	18.5≤BMI<24.0
超　重	24.0≤BMI<28.0
肥　胖	BMI≥28.0

（2）BMI 评价标准（表 5-6）。

表 5-6　BMI 指数评价表

性　别	年龄（岁）	P_{10}	P_{25}	P_{50}	P_{75}	P_{90}	P_{97}
男	20—24	18.5	19.7	21.3	23.2	25.5	28.1
	25—29	19.1	20.4	22.2	24.4	26.7	29.0
	30—34	19.5	20.9	23.0	25.2	27.3	29.5
	35—39	19.8	21.3	23.4	25.5	27.6	29.7
	40—44	20.0	21.6	23.7	25.8	27.9	29.9
	45—49	20.1	21.8	23.8	25.9	27.9	30.0
	50—55	20.2	21.9	23.9	26.0	28.1	30.2
	55—	20.0	21.8	23.8	25.8	27.8	30.0
女	20—24	18.0	19.1	20.6	22.2	24.0	26.1
	25—29	18.4	19.6	21.1	22.8	24.8	27.4
	30—34	18.9	20.2	21.7	23.6	25.7	28.2
	35—39	19.5	20.9	22.6	24.5	26.7	29.0
	40—44	20.0	21.5	23.3	25.3	27.5	30.0
	45—49	20.3	21.8	23.8	26.0	28.2	30.5
	50—55	20.3	22.0	24.1	26.4	28.5	30.8
	55—	20.2	22.0	24.1	26.3	28.5	30.8

3. 比胸围指数

比胸围指数是人体测量复合指标之一。它是重要的人体形态指数。它主要通过人体自身的胸围与身高之比，或胸围减去二分之一的身高之值来反映胸廓的围度相对比值用以衡量其发育水平。比胸围指数在人体体质综合评价中具有重要的参考作用。

（1）计算公式：胸围/身高×100。计量单位：厘米。

（2）示例：测得某大学男生身高为 171.6 厘米，胸围为 81 厘米，其胸围指数为：81/171.6×100＝47.2。

（3）评价标准见表 5-7。

表 5-7 比胸围指数评价表

性 别	年龄(岁)	P_{10}	P_{25}	P_{50}	P_{75}	P_{90}	P_{97}
男	20—24	45.8	47.7	49.9	52.4	55.0	58.2
	25—29	46.9	48.8	51.1	53.7	56.3	59.0
	30—34	47.7	49.9	52.3	54.9	57.5	60.1
	35—39	48.2	50.4	52.9	55.6	58.0	60.7
	40—44	48.7	50.9	53.5	56.1	58.5	61.1
	45—49	49.0	51.3	53.8	56.5	59.0	61.6
	50—55	49.0	51.5	54.2	56.9	59.4	62.0
	55—	49.0	51.3	53.9	56.7	59.3	61.7
女	20—24	46.8	48.8	51.2	53.6	56.2	59.4
	25—29	47.5	49.5	51.9	54.5	57.3	60.7
	30—34	48.1	50.3	52.7	55.4	58.5	61.9
	35—39	49.0	51.2	53.8	56.7	59.6	63.1
	40—44	49.8	52.1	54.9	58.0	61.0	64.3
	45—49	50.3	52.8	55.9	59.1	62.1	65.2
	50—55	50.3	53.1	56.5	59.9	63.0	66.0
	55—	50.5	53.4	56.8	60.1	63.2	66.4

三、身体成分测量内容与评价

身体成分测量主要包括对人体所含脂肪、水和固体成分(蛋白质、矿物质和碳水化合物)等三大组成部分的测量与评价。在体育测量中,身体成分测量主要是对人体脂肪的检测和计量,对于水和固体成分的测量通常由运动医学进行检测和分析。

身体成分测量的方法主药有直接测量法和间接测量法两大类。直接测量法,主要用于尸体解剖分析人体脂肪的含量;间接测量法,主要用于活体脂肪成分的检测计量。在身体成分测量中,间接测量法比较可靠和适用,因此在体质测量中得到广泛应用。本节主要介绍间接测量法中通常所用的皮褶厚度法。

皮褶厚度法是用皮褶厚度计测量身体某些部位的皮褶厚度,再计算出体密度、体脂百分比、体脂重和瘦体重的测量方法。该方法简便易行,易于操作,适宜于对群体身体成分的测量。

测量仪器:皮褶厚度计(压强在 10 克/立方毫米,测量前将校验码挂于钳口,将指针调至红色标记刻度的 15～25 毫米范围内)。每次测试前将指针调至零点(图 5-2)。

测量方法:受试者自然站立,暴露身体测量部位。测试者选准测量点,用左手拇指和食指、中指将皮下脂肪捏起,右手持皮褶厚度计将卡钳张开,卡在捏起部位下方约 1 厘米处,待指针停稳,立刻读数并记录。测量三次取中间值或中间两次相同的值。测量单位为毫米,测量误差不得超过 5%,保留一位小数。

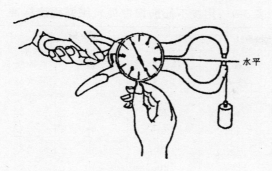

图 5-2

测量部位：

(1)上臂部：肩峰与上臂后面鹰嘴连线的中点。通常来说，皮褶走向与肱骨平行。

(2)肩胛下部：肩胛骨下角点下约1厘米处。皮褶走向与脊柱成45°角，方向斜下。

(3)腹部：脐水平线与锁骨中线相交处。皮褶走向水平(表5-8,表5-9)。

表 5-8　上臂部＋肩胛下部＋腹部皮褶厚度(毫米)

性　　别	年龄(岁)	P_{10}	P_{25}	P_{50}	P_{75}	P_{90}	P_{97}
男	20—24	21.0	26.5	37.5	53.6	11.4	89.0
	25—29	22.0	29.5	44.0	60.0	75.5	93.5
	30—34	23.5	33.2	48.5	65.0	79.0	96.0
	35—39	25.0	36.0	51.0	66.0	80.6	98.5
	40—44	25.3	36.4	51.5	67.0	81.5	97.0
	45—49	26.0	37.0	52.4	67.5	82.0	98.0
	50—55	26.5	37.9	52.5	67.5	82.0	98.6
	55—	25.0	36.8	51.5	67.0	81.5	97.0
女	20—24	31.5	39.9	50.0	82.5	75.0	90.5
	25—29	31.5	40.5	52.0	65.0	80.0	97.0
	30—34	34.0	44.0	57.0	71.1	86.0	101.7
	35—39	37.0	48.0	62.0	77.0	92.0	110.0
	40—44	38.5	50.5	65.5	81.5	97.5	116.5
	45—49	39.5	53.0	69.0	85.0	103.0	121.0
	50—55	39.8	54.0	69.5	86.0	103.5	121.5
	55—	38.6	52.5	69.3	86.0	103.0	121.0

表 5-9　用皮下脂肪厚度评价肥胖程度标准

性别	年龄（岁）	轻度肥胖		中度肥胖		高度肥胖	
		皮脂厚（毫米）	体脂肪（%）	皮脂厚（毫米）	体脂肪（%）	皮脂厚（毫米）	体脂肪（%）
男	6—8	20	20	30	25	40	30
	9—11	23	20	32	25	40	30
	12—14	25	20	35	25	45	30
	15—18	30	20	40	25	50	30
	成人	35	20	45	25	55	30
女	6—8	25	25	36	30	45	35
	9—11	30	25	37	30	45	35
	12—14	35	25	40	30	50	35
	15—18	40	30	50	35	55	40
	成人	45	30	55	35	60	40

第二节　身体机能测评

身体机能是指人的整体及其组成的各系统、器官表现的生命活动。在学生体质测试中,身体机能测试的主要目的,就是应用人体机能测试和医学检查方法来检测与计量人体在安静时和做定量运动负荷时机体主要器官系统机能水平的状况,并对所获取的各种生理机能指标作出客观的评价。一般来说,身体机能测量主要分为循环机能、呼吸机能和感觉机能三个方面。

一、循环机能测评

人体的循环系统是由心脏和血管组成的闭锁管道。它的功能主要反映了一个人的发育水平、体质状况和运动训练水平。最常用的测量指标是脉搏和血压,通过对脉搏和血压的测量,可了解到人体运动前后心血管系统的变化规律、特点及其影响。对人体循环机能测量的方法一般采用定量负荷进行,是通过台阶试验进行的。

（一）台阶试验测量

台阶试验是一项定量负荷机能试验,主要用以测定心血管系统的功能,也可以间接推断机体的耐力。由于台阶的高度和频度是相对固定的,因此相对于每个受试者来说,台阶试验是在固定时间（180 秒）内完成固定的负荷,根据恢复期心跳频率恢复的快慢计算指数来反映心脏对运动负荷的承受能力,在运动负荷相对等同的情况下来比较心功能的优劣。在完成同样运动负荷时,动用心输出量潜力越多,心跳频率（脉搏频率）越快,指数越低,心功能水平也越低,反之越高。

经常进行长跑、足球、篮球、游泳等项目的锻炼能有效地增强心血管系统功能,从而提高人体体质健康水平。人体体能素质的提高具体表现为运动性心脏增大,每搏输出量增多,心搏徐缓和血压降低。在完成定量负荷时心血管机能具有以下特点:运动开始后动员快,能够迅速动员心血管系统进行活动,以满足运动的需要;运动后恢复期短,能够很快恢复到安静状态的水平。也就是说经常参加体育锻炼,尤其是耐力项目的锻炼能有效改善心肺功能,加快运动后心率的恢复,提高台阶试验的水平。《学生体质健康标准》所使用的评分表中台阶试验是整数,因此计算台阶试验指数时只保留整数进行评分。

台阶试验是人体测量的复合指标,为重要的人体心血管机能指数。该试验通过有节律的登台阶运动持续时间(秒)与规定的脉搏次数之比值来量化评定心血管的机能水平,较之静态的心血管机能检查更有实用价值。指数越大,说明心血管机能水平越高。在体育运动中,因训练水平高,心血管机能强的人在完成定量负荷工作时表现为心跳次数少,脉搏频率低,由此可客观地了解和评定心血管机能工作状况和工作效率。

测试仪器:电子台阶试验仪,台阶高度为:男子 50 厘米,女子 42 厘米。

测试方法:受试者站立在台阶前方,按照节拍器(测试仪含此节拍器)发出的 30 次分频率的提示音上下台阶。即从预备姿势开始,当听到第一声响时,一只脚踏在台子上,第 2 声响时踏台腿伸直,另一只脚跟上台上站立,第 3 声响时,先踏上台的脚下来,第 4 声响时,另一只脚下地还原成预备姿势。在测试中采用 2 秒上、下踏台一次的速度,连续做 3 分钟。运动完毕后,令受试者都立刻静坐在椅子上,将测试仪的指脉夹夹在受试者的中指前方,测试仪将自动采集受试者的三次脉搏数。整个测试结束后将运动时间及三次心率值填入卡片。如果受试者在运动中坚持不下去或跟不上上、下台阶频率三次者,测试人员应立即停止受试者运动,同时按下功能键,然后以同样方法测取脉搏数并记录。人工测试脉搏的方法:测试运动停止后 1 分到 1 分半钟、2 分到 2 分半钟、3 分到 3 分半钟的三次脉搏数。

注意事项:

(1)受试者必须严格按照节拍器的节奏做完成上、下台阶的运动。

(2)受试者在每次登上台阶时,姿势要正确,腿必须伸直,尤其是膝关节不得弯曲。

(3)测试人员要严格按照测试方法的要求准时、准确地记录三次 30 秒的脉搏数。

(4)受试者测试前可做一些热身准备活动。

(5)心脏功能不良或有不同程度心脏疾患者,最好不要参加此项测试。

(6)测试人员在仪器测试脉搏时应经常用手号脉,与测试仪器进行对比,如果 10 次脉搏误差超过两次的可视为仪器不准,及时改用人工测试方法。

(二)台阶试验评价

(1)计算公式为:

$$台阶指数 = \frac{运动持续时间(秒) \times 100}{(f_1 + f_2 + f_3) \times 2}$$

(2)评价标准见表 5-10。

表 5-10　台阶试验评价标准

	性　别	优		良		及　格		不及格
		20 分	17 分	16 分	15 分	13 分	12 分	10 分
小学五、	男	70 以上	69～64	63～57	56～51	50～48	47～41	40 以下
六年级	女	69 以上	68～62	61～54	53～48	47～46	45～40	39 以下
初中	男	64 以上	63～59	58～53	52～48	47～46	45～40	39 以下
一年级	女	63 以上	62～57	56～50	49～45	44～43	42～38	37 以下
初中	男	64 以上	63～58	57～52	61～47	46～45	44～40	30 以下
二年级	女	59 以上	58～55	54～49	48～45	44～43	42～39	38 以下
初中	男	61 以上	60～57	56～52	51～47	46～45	44～41	40 以下
三年级	女	58 以上	57～54	53～49	48～46	45～44	43～40	39 以下
高中	男	64 以上	63～59	58～53	52～49	48～47	46～41	40 以下
一年级	女	59 以上	58～55	54～50	49～46	45～44	43～40	39 以下
高中	男	63 以上	62～59	58～53	52～49	48～46	45～41	40 以下
二年级	女	58 以上	57～54	53～49	48～45	44～42	41～39	38 以下
高中	男	61 以上	60～57	56～51	50～47	46～45	44～41	40 以下
三年级	女	57 以上	56～54	53～49	48～45	44～43	42～39	38 以下
大　学	男	59 以上	58～54	53～50	49～46	45～43	42～40	39 以下
	女	56 以上	55～52	51～48	47～44	43～42	41～25	24 以下

二、呼吸机能测评

呼吸是人体与外界进行气体交换的过程,其系统的功能在于排出体内的二氧化碳,吸入氧气。人体在安静时,每分需氧量为 200～300 毫升,剧烈运动时每分需氧量可增加 200 倍以上。人的摄氧能力有一定的限度,一般用最大摄氧量衡量。在体质健康测量中,对呼吸机能的测量与评价主要是肺活量。

肺活量是指在不限时间的情况下,一次最大吸气后再尽最大力量所呼出的气体量。它是反映人体生长发育水平的重要机能指标之一。肺活量因性别和年龄而异,男性明显高于女性。在 20 岁前,肺活量随着年龄增长而逐渐增大,20 岁后增加量就并不明显。体育锻炼可以明显地提高肺活量,如中长跑运动员和游泳运动员的肺活量可达 6 000 毫升以上。为了鼓励学生积极参加长跑等耐力锻炼,改善心血管和呼吸系统的功能,《学生体质健康标准》将肺活量的测试列为必测项目。肺活量的大小与身高、体重、胸围的关系密切,故在评价时应充分考虑这些因素对肺活量大小产生的影响,因此在对学生进行评分时采用了肺活量体重指数来进行评价。

《国家学生体质健康标准》规定计算肺活量一体重指数时,肺活量的单位为毫升,测试时保留整数;体重的单位为千克,测试时保留 1 位小数,计算出指数后,舍去小数用整数查表评分。例如,肺活量指数为 57.4,按 57 查表评分。

(一)肺活量测试

肺活量是指受试者最大吸气之后,再做最大呼气时所排出的气量。其大小反映了肺的容积和呼吸机能的潜力,是评价人体生长发育水平和体质状况的常用指标。

测量仪器:肺活量计(0～10 000 毫升)。

测量方法:受试者面对肺活量计呈站立姿势,作 1～2 次深呼吸准备活动后,手握吹气嘴,做最大吸气,然后对准口嘴向肺活量计内做最大的呼气。每人测两次,每次间隔 15 秒。取两次测量中最佳值为成绩。

注意事项:

(1)肺活量计,使用前必须进行检验,仪器误差不得超过 2%。

(2)测试前应向受试者讲解测试方法和动作要领,并做示范。受试者可试吹一次。

(3)受试者在测试前,吸气和呼气均应充分,呼气不可过猛,防止因呼吸不充分、漏气,特别要防止用鼻子反复吸气影响测试结果。

(4)受试者必须一次性吹嘴。如果出现重复使用吹嘴的情况,使用前需进行严格消毒。

(5)对个别始终不能掌握要领的受试者,要在记录数字旁注明,不予统计。

(二)肺活量评价

(1)肺活量单一评价(采用百分位数法),其评价标准见表 5-11。

(2)肺活量指数评定法。肺活量是评价人体呼吸系统机能状况的一个重要指标。科学家指出:肺活量低的人难以与肺活量高的人一样同享高寿。肺活量的大小与体重、身高、胸围等因素有着密切的关系。因此,为了将学生身体发育的不同步因素在肺脏机能的评价中得以体现,在《国家学生体质健康标准》测试中选用了肺活量一体重指数。

肺活量体重指数＝肺活量(毫升)/体重(千克)

肺活量体重指数评定是利用各种有关指数来综合评价人体生长发育水平与机能水平的一种方法。它可以有效地弥补单一指标评定时带来的局限性。在体质健康测试中常用的指数评定法有:肺活量一体重指数。人体测量复合指标之一,为重要的人体呼吸机能指数。它主要通过人体自身的肺活量与体重的比值,即每 1 千克体重的肺活量的相对值来反映肺活量与体重的相关程度,用以对不同年龄、性别的个体与群体进行客观的定量比较分析。在有关氧代谢项目类运动员选材和学生体质综合评价中具有一定参考作用。肺活量一体重指数评价标准见表5-12。

表 5-11　中国学生肺活量(百分位数)评价表　(单位:毫升)

性　别	年龄(岁)	P_{10}	P_{25}	P_{50}	P_{75}	P_{90}	P_{97}
男	7	828	1 000	1 200	1 420	1 620	1 860
	8	1 000	1 200	1 400	1 640	1 860	2 100
	9	1 100	1 329	1 600	1 836	2 060	2 300
	10	1 284	1 500	1 795	2 020	2 300	2 540
	11	1 420	1 700	1 994	2 250	2 511	2 838
	12	1 600	1 860	2 180	2 500	2 892	3 300
	13	1 885	2 180	2 560	3 000	3 420	3 898
	14	2 100	2 500	2 940	3 400	3 800	4 296
	15	2 469	2 860	3 300	3 760	4 200	4 600
	16	2 720	3 100	3 540	4 000	4 400	4 866
	17	2 900	3 274	3 700	4 170	4 560	5 000
	18	3 000	3 400	3 800	4 260	4 700	5 100
	19	3 100	3 460	3 820	4 300	4 700	5 100
女	7	750	900	1 100	1 300	1 500	1 700
	8	880	1 040	1 250	1 480	1 700	1 900
	9	1 000	1 191	1 400	1 660	1 900	2 120
	10	1 120	1 360	1 600	1 860	2 100	2 360
	11	1 258	1 500	1 800	2 100	2 380	2 693
	1 2	1 400	1 700	2 000	2 300	2 600	2 900
	13	1 600	1 900	2 200	2 500	2 800	3 130
	14	1 720	2 000	2 320	2 640	2 959	3 273
	15	1 800	2 100	2 400	2 735	3 040	3 380
	16	1 920	2 200	2 500	2 820	3 151	3 500
	17	1 960	2 212	2 550	2 880	3 180	3 500
	18	2 000	2 300	2 600	2 900	3 200	3 547
	19	2 100	2 360	2 620	2 950	3 245	3 600

表 5-12　肺活量体重指数评价标准

	性　别	优		良		及　格		不及格
		15 分	13 分	12 分	11 分	10 分	9 分	8 分
小学五 六年级	男	68 以上	67～63	62～54	53～46	45～42	41～29	28 以下
	女	59 以上	58～54	53～47	46～38	37～34	33～18	17 以下
初中 一年级	男	69 以上	68～64	63～55	54～47	46～42	41～30	29 以下
	女	61 以上	60～56	55～48	47～40	39～35	34～21	20 以下

	性　别	优		良		及　格		不及格
		15 分	13 分	12 分	11 分	10 分	9 分	8 分
初中 二年级	男	70 以上	69～65	64～57	56～49	48～45	44～34	33 以下
	女	60 以上	59～55	54～48	47～41	40～37	36～24	23 以下
初中 三年级	男	71 以上	70～67	66～58	57～50	49～46	45～33	32 以下
	女	59 以上	58～55	54～49	48～41	40～36	35～22	21 以下
高中 一年级	男	73 以上	72～68	67～61	60～53	52～48	47～38	37 以下
	女	60 以上	59～56	55～49	48～42	41～39	38～27	26 以下
高中 二年级	男	73 以上	72～69	68～61	60～54	53～49	48～36	35 以下
	女	60 以上	59～55	54～48	47～41	40～38	37～26	25 以下
高中 三年级	男	71 以上	70～66	65～58	57～50	49～46	45～36	35 以下
	女	59 以上	58～54	53～48	47～41	40～37	36～26	25 以下
大学	男	75 以上	74～70	69～64	63～57	56～54	53～44	43 以下
	女	61 以上	60～57	56～51	50～46	45～42	41～32	31 以下

三、感觉机能测评

感觉是指人体神经系统对外界刺激的直接反应。在体育运动中,人体完成各种动作或改变身体姿势,都是通过本体感受器产生兴奋经传入神经到大脑皮层引起的运动感觉,再经传出神经到效应器引起肌肉运动。因此,各种感觉能力的发展是动作技能形成的重要因素。感觉机能根据刺激物所作用的感官的性质,可分为外部感觉和内部感觉两种。外部感觉接受外部刺激并反映它们的属性,如听觉、皮肤感觉等;内部感觉是反映身体各部分运动变化的感觉,如运动觉、平衡觉、机体觉等。通过感觉机能的测量,可使学生或运动员体验到在身体练习中如何更快地掌握运动技术,提高对动作技术练习的质量与效果。

测量目的:测验受试者单脚支撑维持平衡的能力。

场地器材:闭眼单脚站立测试仪。

测量方法:受试者以优势单脚支撑,另一脚置于支撑腿膝部内侧,两手侧平举。当受试者非支撑腿离地,计时开始。尽可能保持长时间的平衡姿势。若受试者非支撑脚触地,即刻停表。计算闭眼单脚站立维持平衡的时间。测量 2 次。

评价方法:取 2 次测试中的最佳值为测验成绩。

评价标准:见表 5-13。

表 5-13　闭眼单脚站立测验评价标准　（单位：秒）

性　别	年龄（岁）	P10	P25	P50	P75	P90	P97
男	20—24	6.0	13.0	27.0	59.0	99.0	150.0
	25—2g	5.0	11.0	24.0	49.0	86.0	143.0
	30—34	5.0	10.0	20.0	42.0	75.0	125.0
	35—39	4.0	9.0	18.0	38.0	69.9	117.0
	40—44	4.0	8.0	15.0	29.0	55.0	92.0
	45—49	4.0	7.0	13.0	25.0	48.0	80.0
	50—54	3.0	6.0	11.0	21.0	40.0	71.0
	55—	3.0	5.0	10.0	19.0	34.0	61.0
女	20—24	6.0	12.0	25.0	53.0	97.0	150.0
	25—29	5.0	10.0	22.0	46.0	84.4	148.0
	30—34	5.0	9.0	19.0	40.0	73.0	128.0
	35—39	4.0	8.0	16.0	32.0	63.0	111.0
	40—44	4.0	6.0	13.0	25.0	46.0	78.0
	45—49	3.0	5.0	11.0	22.0	40.0	70.0
	50—55	3.0	5.0	9.0	18.0	34.0	66.0
	55—	3.0	5.0	8.0	15.0	27.0	52.0

第三节　身体素质测评

力量、速度、耐力、柔韧、灵敏是人体参加体育运动所必须具备的重要身体素质，大学生的身体素质都是不同的，存在着较大的差异，因此对其进行身体素质的测评，能帮助体育教师及时、准确地了解学生的体质水平，从而采取有针对性的措施增强学生身体素质的提高。

一、力量素质测评

力量素质是指人体肌肉系统工作时克服或对抗阻力的能力。肌肉力量是人们完成各种动作的动力来源。如果一个人丧失了肌肉活动的力量，那么他的各种社会活动将会受到极大的限制，其日常生活甚至将无法自理。当人们参与体育运动锻炼时，就会借助机体的肌肉力量进行运动，而这些特殊的肌肉力量能力是通过运动训练获得的。对所有运动项目来说，力量素质都是最基本的身体素质，它是掌握运动技能、技巧以及提高运动成绩的最重要的基础。

对大学生基础力量素质的测试，主要采用以下几种方法：原地纵跳摸高（反映下肢伸肌特别是膝关节伸肌和足跖屈肌垂直向上跳起的爆发力指标）、立定跳远（测评下肢肌特别是膝关节伸肌和足屈肌向前跳的爆发力指标，同时也能反映一定的灵敏性）、握力和屈膝仰卧起坐，下面重点介绍一下握力和屈膝仰卧起坐两种测试方法。

（一）握力测试

研究表明，握力与其全身力量密切相关，它能够间接反映一个人的健康状况，握力增长或维持在较高的水平时，健康状况就好，握力下降时健康状况就不好。因此，《学生体质健康标准》中将握力列入测试项目。

测试仪器：受试者根据自己手掌的大小选择握力计（型号为大、中、小）。

测试方法：受试者选择适宜的握力计，用左（或右）手持握力计尽力抓握，左、右手各测两次。

注意事项：测验时身体保持正直，双臂自然下垂。

测试评价：每次抓握后，记录握力计指针读数（千克）。

（1）握力单一评价（百分位数）。

（2）握力指数评价。有研究表明，握力与体重的大小有关，身材魁梧的人与瘦小的人相比，握力有着很大的差异，为了公平起见，可采用了握力体重指数进行评分。握力体重指数每千克体重的握力，是对肌肉相对力量的反映。人前臂和手部肌肉的力量主要通过握力体现出来，同时其他肌群的力量也能够通过握力有一定程度的反映。握力指数这一指标能够好好地对人体肌肉总力量进行反映。

（二）屈膝仰卧起坐测试

通过仰卧起坐测试，可以有效地了解大学生的腹肌力量和耐力。这种测试方法简单易行，多年来一直在高校大学生体质测验中备受重视。

测试仪器：电子测试仪。

测试方法：

（1）受试者在平铺的软垫上全身仰卧，稍微分开两腿，膝盖以 90°左右的角度弯曲，两手指在脑后交叉将头抱住。同伴将受试者两侧踝关节压住，以对其下肢进行固定。受试者仰卧时，两肩胛一定要与垫子接触，起坐时两肘关节要与双膝碰触或超过肘关节才算完成一次仰卧起坐。

（2）测试者发出"开始"口令，同时开表计时，对受试者在一分钟内完成的次数进行记录。

（3）在完成一分钟计时后，受试者虽然已经坐起，但是如果但两肘关节没有与双膝关节接触，或者没有超过，那这次就不算入其中。最后将最终计数填入方格内。

注意事项：

（1）测试过程中，倘若受试者是通过借用肘部撑垫或臀部上挺的力量完成起坐动作，那该次仰卧起坐不计入总成绩。

（2）测试过程中，测试人员或负责计数人员要随时把完成的次数报告给受试者。

（3）受测者的双脚一定要放在垫上，并由同伴加以固定，以防出现意外事故。

测试评价：规定时间内完成仰卧起坐次数多者腰腹能力较好。

二、速度素质测评

速度素质是人体非常重要的素质，它主要包括三个方面，即快速完成动作的能力、快速经过规定某种距离的能力、对外界刺激或各种应激反应的快速判断能力。简单来说，这三方面的表现形式可以表述为动作速度、反应速度和周期性运动中的位移速度。

（一）动作速度测评

个体的动作速度的快慢是测试速度素质的重要指标。测定动作速度需要配备专门的仪器，如无专门仪器测试，可让受测者在一个较短的规定时间内，连续反复做一个动作，记录下在规定时间内的动作次数，就可以测出动作速度。规定时间不宜过长，一般在 10～30 秒钟之间，这样就可以排除速度耐力和力量耐力等其他因素的影响，正确测算出个体的动作速度。

目前，常用的动作速度测评方法主要有 10 秒原地高抬腿跑等速度和频率测试、某一规定姿势拳击击打速度和频率测试、手指摆动指频仪测试等，这些测试均可反映神经系统发放速度的快慢和完成动作速度和频率问题。

（二）反应速度测评

反应速度与人体神经系统反应速度与肌肉系统的骨骼肌纤维的类型有密切关系，受遗传因素的影响较大，遗传度高达 75% 以上，通过后天训练不易被改变。反应速度的测试可通过简单反应时测试进行。

测试仪器：电子测试仪。

测试方法：受测者坐在仪器前，面对信号盒。测试人员发出预备口令时，受测者注意信号盒，准备对刺激（灯光或声音）做出按键反应。一旦看到信号灯，就立即做出按键反应。视、听反应各测 5～10 次，求平均数，以毫秒为单位。

注意事项：测试人员呈现信号时间不宜过长，一般是约 2 秒钟后呈现，不能让受试者等过久。

测试评价：反应时越短越好。

（三）位移速度测评

一般来说，位移速度受遗传因素的影响较大，后天训练不易改变，通常用测 50 米跑成绩的方法来测试大学生的位移速度。

三、耐力素质测评

耐力素质是指个体克服工作过程中所产生疲劳的能力。它是人体身体素质的重要组成部分之一，是体现个体的健康水平或体质强弱的重要标志。任何一个体育运动项目都需要运动者具备相应的耐力素质。运动生理学研究认为，疲劳是由于机体在长时间工作中而引起的工作能力暂时性的降低，其表现为工作较困难或者完全不能继续按照以前的强度工作。因此，运动者克服疲劳的能力，客观真实地反映了他的耐力水平。

下面主要介绍一下耐力素质两种常用的测试方法，即定距离计时跑和定时计距离跑。

（一）定距离计时跑

1. 400 米（50 米×8 次往返）跑

测试时可多人同时进行，将所有受测者分为 3～4 人一组，采用站立式起跑，听到口令后开始起跑,往返 8 次。往返跑时逆时针绕过杆竿。受测者穿跑鞋,跑时不得碰到竿,也不能用手扶竿,不可以串道。测试人员发出起跑口令时,计时者开表计时,受测者胸部到达终点时停止计时。用时越短则说明耐力素质越好。

2.800 米跑、1 500 米跑

在进行测试时,可分多人同时进行,将所有受测者分为 3～4 人为一组,采用站立式起跑,听到测试人员口令后立即起跑,直至跑完全程。受试者跑完后,不要马上停止或坐下,以免发生意外伤害事故。测试人员发出起跑口令时,计时者开表计时,受测者胸部到达终点时停止计时。用时越短则说明耐力素质越好。

(二)定时计距离跑

定时计距离跑具体是指在规定时间内尽可能跑较长的距离。常用的测试方法有 9 分钟跑、12 分钟跑、15 分钟跑等。测试时,受测者站立在起跑线后,听到发令者的发令后,以最快的速度坚持跑 9 分钟(12 分钟或 15 分钟),由计时者记录受测者在 9 分钟(12 分钟或 15 分钟)跑过的距离。记录以米为单位,不计小数。规定时间内跑进距离越长则说明耐力素质越好。

四、柔韧素质测评

柔韧素质主要体现的是关节活动幅度的大小和跨过关节的肌肉、肌腱、韧带等软组织的伸展性。这两个方面对柔韧水平的影响非常大。其中,关节本身的装置结构与跨过关节的肌肉、肌腱、韧带等软组织的伸展性是决定关节的活动幅度的主要因素,柔韧素质受遗传因素影响较大,但可以通过后天的训练得到改善。

大学生柔韧素质的测试方法有很多,这里重点介绍一下足、髋柔韧性的测试方法。

(一)足关节背屈角度测试

测试仪器:关节活动度测角规(测角器)。

测试方法:测试时,尽量选择一块较为平整的墙壁,准备一个测角规。测试开始后,受测者面墙而立,脚跟着地,身体前倾,目平视,直臂撑墙,掌心贴紧墙面,脚与墙之间的水平距离尽可能延长,身体保持正直,测角规一根尺面与地面、足底平行,一根尺面与腓骨平行。测试人员读取和记录两腿测角规(腓骨与地面间)背屈角度数值,得出平均值。

注意事项:测试过程中,两膝伸直,脚跟不得离地。

测试评价:背屈度数越小越好。

(二)足关节跖屈角度

测试仪器:测角规。

测试方法:受测者赤足坐在地上,先尽量伸直右腿,用力绷直足背,测角规一根尺面与腓骨平行,一根尺面与足背最高处(即:第二跖骨最高处)平行,上体正直稍后仰,双手撑地,保持身体平衡,测试人员分别记录两腿(外踝尖延伸至腓骨头)跖屈数值,取其平均值。

注意事项:测试中,受试者的腿应尽力伸直。

测试评价:夹角度数越大越好。

（三）髋关节柔韧性

测试仪器:直尺或软尺。

测试方法:受测者两腿前后或左右分开,尽量使双腿劈叉到最大限度,两腿尽量向远离身体方向伸出,使双腿分叉处接近地面。测量股骨大转子尖至地面的离地面的垂直距离。

注意事项:尽量使双腿分叉接近地面,但应注意不要拉伤肌肉。

测试评价:纵横劈叉距离越短,说明髋关节柔韧性越好。

五、灵敏素质测评

灵敏是一种综合素质,常用的测试灵敏素质的方法主要有以下几种。

（一）立卧撑

测量迅速、准确、协调地变换身体姿势的能力。测试时,受测者取立正姿势,听到测试人员"开始"的口令后,双手于脚尖15厘米处扶地成蹲撑,双腿向后伸直成俯撑,再收腿成蹲撑,然后还原成立正姿势,即为完成一次动作。开始和结束部分时的身体必须呈立正姿势,背和腿伸直。受试者需连续做立卧撑10秒钟,测试人员记录受试者合格的立卧撑动作的次数。

（二）反复横跨

在平坦地面上画一条中线,在中线两侧各画一条平行线,平行线与中线的距离为120厘米。测试时,受测者两脚跨中线站立,膝微屈。听到测试人员的"开始"的口令后,单脚跨越横线,双脚落地,先跨右侧平行线,然后跨回中线,再跨左侧平行线,接着又跨回中线,往复进行20秒钟。测试人员记录受试者横跨次数。单位时间内横跨次数越多,说明身体灵敏性越好。

（三）12分钟跑

12分钟跑测试开始后,受试者以站立的姿势起跑,绕跑道跑12分钟。当听到测试人员"停跑"的命令后,计下受试者所处的地点,然后测量其距离并记录成绩。

（四）立定跳远

在对大学生进行立定跳远测量时,学生脚尖不得踩线,不得有垫步连跳动作。受试者每人试跳3次,记录其最好成绩。

第六章 高校力量素质训练的方法

力量素质是一切运动的基础素质,是高校综合体能素质训练的重要基础,也是所有运动项目体能训练不可缺少的重要内容,本章主要就高校力量素质训练的基本理论、方法及要求进行详细阐述,并结合相关运动对专项力量素质训练方法进行分析。

第一节 力量素质基本理论

一、力量素质的概念与分类

（一）力量素质的概念

关于力量素质的概念,张英波在《现代体能训练方法》中指出:人体—肌肉系统工作时克服或对抗阻力的能力。肌肉力量是人们完成各种动作的动力来源。[①] 具体来说,力量素质是指机体或机体的某一部分肌肉工作（收缩和舒张）时克服内部阻力（肌肉的黏滞力、关节的加固力、肌肉间的对抗力等）和外部阻力（重力、支撑反作用力、摩擦力、空气或水的阻力）的能力。

力量素质是各项身体素质的基础,也是运动者掌握运动技能,提高运动成绩的基础。在快速、激烈的体育运动比赛中,运动员不仅要克服自身体重去完成各种奔跑、跳跃、急停、起动、转身等动作,还要准确地完成各种技术动作。

力量素质是达到完成技术动作所需的质量要求的基础。对于普通人来讲,丧失肌肉活动力量的人,生活将无法自理。对所有运动项目的运动员来说,力量都是最基本的身体素质,它是掌握运动技能、技巧以及提高运动成绩的最重要的基础。在竞技运动项目中,力量素质对运动成绩有着至关重要的作用。

（二）力量素质的分类

依据不同的分类标准,可以将力量素质分为不同的类型。从力量的训练特征来对力量素质进行分类,将力量素质分为最大力量、快速力量和力量耐力三种,具体如下。

---

① 张英波. 现代体能训练方法[M]. 北京:北京体育大学出版社,2006.

1. 最大力量

最大力量是以最大限度地发挥神经肌肉系统的意志收缩对抗外力的一种力。一般来说，在竞技运动中运动员的最大力量常处于动态变化之中，这就要求运动员不断发掘自身能力的极限。竞技运动的最大力量往往表现在可能克服和排除的外阻力的大小上。最大力量多运用于田径的投掷、举重、摔跤、体操和柔道等竞技体育项目中。力量型应当项目的运动员常常采用增大肌肉体积，发展肌肉内和肌肉间的协调性的方法，以达到提高最大力量的目的。

2. 快速力量

快速力量，又称"速度力量"，是神经肌肉系统以最快的速度发挥最大力量的能力。快速力量以速度和加速度的形式表现出来。快速力量在许多竞技运动项目中，如田径、举重、柔道、摔跤、短程游泳、球类、体操、对抗类项目、室内自行车和短程速滑等，都均起着十分重要的作用。其中，弹跳力、爆发力和起动力是快速力量的特殊表现形式。

（1）弹跳力：是指神经肌肉系统在触地前瞬间被拉长，后在自动（触地）转化为缩短的过程中，以很高的加速度朝相反方向运动使身体产生跃起的能力。

（2）爆发力：是快速力量的一个组成部分，是神经肌肉系统以最短的时间最大的加速度爆发出最大的肌肉力量的能力。爆发力是利用肌肉弹性能的一种力量，即在爆发力之前的一瞬间有一个极短暂的肌肉预拉长瞬间产生弹性能（大约为原肌肉长度的 5％），迅速向相反方向用力收缩的动作过程。

（3）起动力：是快速力量中收缩时间最短的力，也是一种表现在必须对信号做出快速反应的运动项目上的一种力量能力，它是神经肌肉系统在极短的时间内发展尽量高的力量能力，即用力开始后约 50 毫秒就能达到较高力值的能力等。

3. 力量耐力

机体长时间承受负荷（负荷为个人最大负荷的 30％左右）对抗疲劳的能力就是力量耐力。在运动过程中，机体肌肉的 1/3 参与工作。在耐力性运动项目中，力量耐力起着重要的作用。以力量耐力为主的体育运动项目主要有中长跑、划艇、公路自行车、足球运动、现代五项、铁人三项等。

二、力量素质训练的作用

（一）完成日常机体活动

力量素质是机体肌肉、骨骼进行移动和收缩的基础。人体运动的基本单位就是肌肉，任何身体素质都是通过肌肉的工作来实现的，而肌肉力量是人体活动的基础。人体所进行的一切活动都是由机体相应的运动器官的肌肉以不同的负荷强度、收缩速度、持续时间等进行工作且带动其他运动器官运动来共同完成整个运动过程的。如果没有机体肌肉的收缩和舒张，机体各器官就无法进行运动。所以说力量素质是人体进行一切活动的基础。

（二）促进其他素质发展

力量素质决定速度、耐力、柔韧、灵敏素质的提高、增长、发挥和表现。具体表现如下。力量素质影响速度素质的提高。肌肉的快速收缩以力量为前提。以短跑为例，如果运动员的双腿无力，就不可能获得较快的速度以取得优异的运动成绩；力量素质影响耐力素质的增长。如身体肌肉强壮的人运动的时间比体弱的人运动的时间要长；力量素质、速度素质的提高会影响肌肉弹性的改变，进而影响机体的灵敏性和柔韧性。

（三）提高个体运动水平

机体力量素质的增长有助于运动员更好、更快速地掌握运动技术，从而有利于提高运动成绩。以体操为例，如果运动员没有足够的上肢和肩臂力量，就无法完成体操运动中的十字支撑、慢起手倒立等动作。再以球类运动为例，如果运动员没有足够的腿部和腰腹部力量，就很难完成运动中的各种急停、闪躲、变向、空中移动等动作。可见，机体的力量素质是影响运动员运动成绩的重要因素，对运动员掌握运动技术、提高运动水平十分重要。

（四）提高运动训练水平

在运动实践中，力量素质是判断运动员训练水平、评定运动员参加何等级比赛的重要指标，是判断运动员运动潜力和进行运动员选材的重要手段和依据。例如，在体操运动中，体操运动中的很多动作都是运动员在借助外力或者利用自身的力量完成的；再如，在篮球比赛中，突然起动、连续跳跃、投篮、传球、抢断球等都要求运动员具有爆发性的快速力量。力量是一些项目的重要选材指标。

三、力量素质训练的影响因素

（一）人体的生长发育

1. 性　别

人体的生理结构受性别影响因素较大，这会直接影响到人体的生长发育，进而对力量的发展产生十分重要的影响。通常而言，男子的力量比女子的大，这主要是由肌肉大小的差异所导致的。例如，一般成年男子肌肉重量约占体重的 $40\% \sim 45\%$，而女子则占 35%。

科学研究证明，女子的力量平均约是男子的 2/3。但并不是所有肌群的不同性别的力量均为男女比例为 2∶3。如果男性力量为百分之百，那么女性的前臂屈、伸肌群大约为男性的 55%；伸肌、髋关节屈、小腿屈肌、咀嚼肌约为男性的 80%；手指内收肌、小腿伸肌约男性的 65%。无论肌肉力量增加多少，女子的"肌肉肥大"均不如男子。女子力量的增长和肌肉体积的增大在力量训练的影响下都较男子慢。

2. 年　龄

力量素质训练要把握好在不同年龄发展的敏感期。一般来说，10 岁以前，男女肌肉力量都保持缓慢而平稳地增长,二者区别不大。从 11 岁起,男生的肌肉力量增长比女生较快,男女最大肌肉力量的差异开始明显增大。青春期过后,机体的肌肉力量增长速率降低。13—16 岁是力量素质发展的敏感期,最大力量进入快速增长的第一个高峰。16—17 岁是最大力量快速增长的第二个高峰,这一时期肌肉横向增长速度加快,最大力量和相对力量增长加快。男生达到最大肌肉力量在 20—30 岁之间,女生在 20 岁左右。40 岁以后,人体大部分肌肉力量开始衰退。70 岁时,人体大多数肌肉的力量只有其鼎盛时期的 30%～60%(图 6-1)。

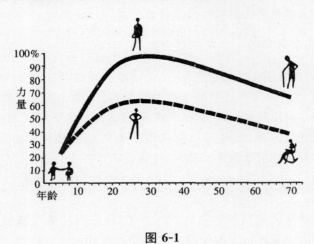

图 6-1

3. 身高和体重

身高和体重因素也对力量素质有着显著的影响。如果某人身高又壮实,那么其力量就会也较大;但如果其身高但是却细长,那么其力量就不会大。如果某人身矮又粗壮,那么其力量也不会小;但如果其又矮又瘦,那么其力量必然小。

体重与力量素质的大小成反比。如体重重的人往往力量大,体重轻的人则力量小些。体重增长,则其最大力量也随之增长。

4. 体 型

一般来说,体格健壮的粗壮型的人由于肌肉较发达,所以力量就较大;体型匀称型的人力量次之,这种体型的人肌肉线条比较清晰,一般比较精干,往往具有比较好的速度力量;体型细长的人力量较差;肥胖型的人似乎最大力量较好,但相对力量水平不高。

5. 脂 肪

生理学研究表明,肌肉中的脂肪不仅本身不能收缩,而且在肌肉收缩时还会产生摩擦,而降低了肌肉的收缩效率。此外,脂肪太厚还会影响肌肉的发展。脂肪的多少与相对力量的大小有着密切的关系,因为减少了脂肪,体重就减轻了,相对力量也会显著提高。

(二)肌肉的形态结构

1. 肌纤维的类型

不同类型肌纤维的百分比决定了肌肉力量的大小,在其他条件不变的情况下,机体骨骼肌中快肌纤维百分比越高的人,他的肌肉收缩力量越大。一般的,人体肌肉的快肌纤维与慢肌纤维的百分比构成大致相等,但受先天遗传和后天训练因素的影响,机体快肌纤维的百分比构成可发生一定的改变,如短跑和爆发力项目运动员就拥有较多的快肌纤维;而耐力项目运动员则拥有较多的慢肌纤维。

关于肌纤维比例不同对于力量素质的影响,其生理原因主要表现如下:白肌纤维无氧代谢能力比红肌纤维大得多,因此白肌纤维决定着力量的大小。白肌纤维百分比高,则力量较大。从事强度大、时间短的运动项目的运动员肌肉中含白肌纤维较高,这是因为与红肌纤维相比,白肌纤维的无氧代谢能力要大得多。红肌纤维的有氧代谢能力较白肌纤维强,它更适合于强度小、工作时间长的耐力性运动项目,可使人维持长时间工作不易疲劳。

2. 肌纤维的数量

肌肉内肌纤维数量越多,其收缩时产生的力量也就越大。每块肌肉都是由许多肌纤维构成的,肌肉内肌纤维的数量多,则收缩力量大。肌肉收缩时并非所有的肌纤维都能被同时动员起来参加活动,动员参与活动的肌纤维数量越多,则收缩时产生的力越大。

3. 肌肉的初长度

人体肌肉收缩前的初长度与肌力的大小关系密切,二者基本成正比例关系。在一定范围内,肌肉收缩初长度越长,所产生的张力及缩短程度就越大。在具体的运动实践中,扣球前的背弓动作、挺举前的下沉动作、投掷前的超越器械动作等都是使动作的主动肌被预先拉长,从而获得更大的收缩力来完成叩击、挺举、远投等动作的。

4. 肌肉收缩的形式

肌肉收缩形式的不同,其对肌肉力量的大小及其特点产生的影响也不尽相同。肌肉收缩的形式主要包括如下四种。

(1)动力性向心克制性收缩:肌肉在缩短过程中张力随着关节角度的变化也发生改变。无论进行何种运动项目,在发展运动员的力量素质时,掌握好发挥最大肌力的关节角度,可以获得良好的效果。

(2)动力性离心退让性收缩:研究表明,肌肉在做离心退让性收缩时可以产生更大的张力。与同一肌肉做向心收缩肌肉相比,做离心收缩时所产生的张力要大 40% 左右。

(3)静力性等长收缩:肌肉极限或者次极限负荷的静力性收缩比动力性收缩能够动员更多的肌纤维参与工作,可以有效发展最大力量和静力性耐力。

(4)等动性收缩:等动性收缩的优点是集等长收缩和等张收缩的优点于一身,使练习者肌肉在各个关节角度上用力基本均等,受到的刺激相当。

(三)神经系统调节性

1. 中枢驱动

中枢驱动是指人体中枢神经系统动员肌纤维参加收缩的能力。动员与参与活动的肌纤维数量越多,肌肉收缩产生的力就越大。良好的训练可动员 90% 以上的肌纤维参加收缩。研究表明,中枢驱动作用主要表现为支配肌肉的运动神经元放电频率及其同步化的变化,而力量训练能有效提高运动神经元的放电频率(图 6-2),从而增强中枢驱动。

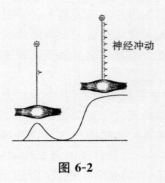

图 6-2

2. 中枢神经兴奋性

人体中枢神经系统兴奋性高时,机体会大量释放肾上腺素、乙酰胆碱等生理活性物质,从而影响肌肉力量。在训练早期,肌肉力量增加的同时肌肉体积并没有明显增加,在训练后期,肌肉力量的增加则更多的是受肌肉体积的影响,这说明人体的适应机制在力量训练的各时间段不同(图 6-3)。

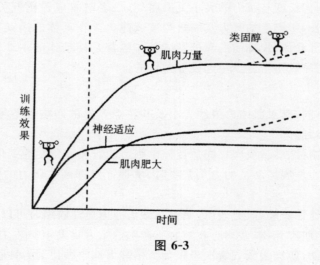

图 6-3

3. 神经中枢对肌肉活动的支配及调解能力

中枢神经系统的机能状态可影响肌肉的力量及其发展,神经中枢对肌肉群起着协调支配的作用,如果不同神经中枢之间的协调关系得到改善,就可以使主动肌同对抗肌、协同肌、固定肌之间的协调能力提高,使各个肌肉群在参加工作时能可以协调一致、各尽其责。

4. 神经过程的频率与强度

神经过程的频率与强度对力量素质也具有一定的影响。神经传导电脉冲引起肌肉的收缩,一次脉冲可以引起肌肉收缩一次。如果新的脉冲信号在肌纤维还没有完全松弛时又传来,就会出现肌肉的重叠收缩,可以产生更大的力量。科学系统的训练可促使训练者中枢神经系统传出的神经冲动频率高、强度大,力量素质也就较好。

（四）营养系统的供能

营养是机体工作的重要物质基础,人体的力量素质在很大程度上还会受到营养系统的供能能力的影响。当肌肉处于工作状态时,营养的供应对肌肉力量的发挥具有直接的影响。最大力量的增长、速度力量的提高以及力量耐力的持久将取决于 ATP—CP 供能系统,糖酵解供能系统,有氧供能系统的供能能力,即无氧非乳酸性供能,无氧乳酸性供能,有氧供能。极限运动 8 秒钟后,开始糖的有氧慢酵解生成丙酮酸进入三羧循环氧化生成 ATP 补充肌肉中 ATP 的浓度。当运动时间持续 30 秒左右时,由于糖的无氧酵解被抑制,迫使运动强度降低,乳酸作为有氧供能的衔接能源供能。糖的有氧及脂肪的有氧供能会随着运动时间的延长而维持肌肉长时间的活动。因此,为了获得更好的力量素质,就应在训练期间,结合不同训练内容安排合理补充营养。

力量素质训练会加快机体内部蛋白质的代谢速度,消耗大量的热量和维生素 B_2,因此,力量素质训练期间,应及时给机体补充充足的优质蛋白质,在训练早期,蛋白质的供应量应在 2 克/每千克体重以上,其中优质蛋白质不低于 1/3,热量百分比应在 18% 左右。此外,应注意无机盐、糖和维生素 C 的合理补充,保证神经肌肉系统的正常工作。

（五）训练因素

1. 动作速度

训练过程中,运动者完成技术动作速度的快慢对发展力量的特性有着十分重要的影响。例如,练习时既注意加快单个动作速度,也注意加快动作的频率（重复若干次数）,可以发展一般速度力量;练习时尽量加快动作的速度,尤其是单个动作速度,可以有效地发展爆发力。对动作的速度一般不作过多要求强调,如果强调每次练习的负荷量或者次数,最大力量或者速度力量就会得到发展。

2. 训练负荷

训练负荷是影响运动者力量素质发展的重要因素。实践证明,如果训练时负荷重量大,重复次数少,发展最大力量的效果就比较好;特别是在肌肉群受到超负荷训练后,力量素质会得到有效的发展;如果重量小,重复次数多,那么主要发展肌肉耐力;如果重量与次数都适中,那么可以明显增大肌肉体积。

3. 训练基础

一般来说,训练基础好的运动员,力量增长速度就比较快,而训练基础较差的运动员,在开始训练后,力量增长得就会很快,力量训练如果停止,增长的力量就会逐渐消退。简言之,力量提高得快,停止训练后消退得也就快。经过长时间训练逐渐提高的力量,停止训练后,保持的时间也较长。

4. 训练方法

训练实践表明,训练方法会直接影响力量素质的发展。不同的训练方法对力量的大小和特性的影响也不同。等张收缩的动力性练习可以明显提高肌肉的爆发性力量和灵活性,等长收缩的静力性练习主要可以提高静止性用力的力量。

第二节　力量素质训练的方法及要求

一、力量素质训练的方法

结合不同的身体部位,力量素质训练的方法如下。

(一)上肢力量训练

1. 杠铃训练

(1)颈后伸臂:选用一重量适当的轻杠铃,身体直立,双手约以肩宽间距反握轻杠铃于头后部。用力伸双臂向上提升杠铃,然后屈臂放下杠铃于原处(图6-4)。重复练习,以发展上臂后部肌肉力量。

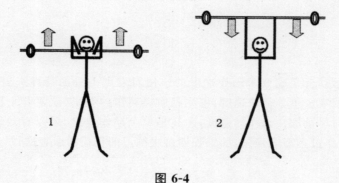

图 6-4

(2)屈肘:选用一重量适当的轻杠铃,身体直立,双手约以肩宽间距反握杠铃于身体前部。用力屈双臂向上提升杠铃,然后伸臂放下杠铃于原处,重复练习,以发展上臂前部肌肉力量。

(3)屈腕:双手持轻杠铃坐在凳子上,膝部支撑肘部。连续进行手腕屈伸动作。重复练习以发展前臂前部和屈腕肌群力量(图6-5)。

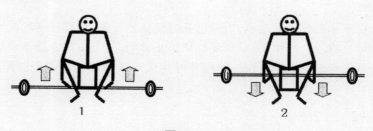

图 6-5

2. 结合球的训练

(1)瑞士球俯卧撑:取一瑞士球,双手撑在球上,双脚掌撑地,身体成一斜线。向身体下方屈肘,使前臂"包"在球上,而后撑起身体(图 6-6)。重复练习,以发展上臂后部和肩部肌肉群力量。

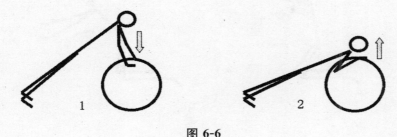

图 6-6

(2)实心球移动俯卧撑:取一瑞士球,俯卧,一手撑在球上,一手和双脚掌撑地,身体成一线。把两只手都放在实心球上,完成俯卧撑,换另一只手撑地。身体左右移动,两只手轮流撑在球上。重复练习以发展上臂后部和肩部肌肉群力量和平衡能力。

(3)侧俯卧屈肘:手持一个较重的哑铃,其重力能够使人屈肘时在球上前后移动。躯干侧俯卧于一瑞士球上,并固定练习臂,充分伸展练习臂后进行屈肘练习。重复练习以发展上臂前部肌肉群力量。

(4)仰卧伸臂:双手持哑铃,仰卧在瑞士球上,双臂向上伸直。保持上臂固定下降哑铃至头两侧的球上。充分伸展练习臂后进行屈肘练习(图 6-7)。重复练习以发展上臂后部肌肉群力量。

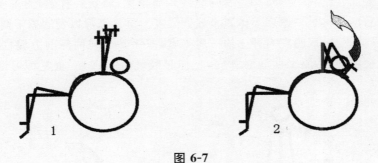

图 6-7

(5)压臂固定瑞士球:躯干正直坐在长凳上,一侧臂水平外展用手压住球。同伴以 60～75％的力量向侧面各个方向拍瑞士球,练习者尽最大努力防止球运动。目的在于发展臂部和肩部肌肉群反应力量和固定、支撑能力。

(6)实心球俯卧撑:取一实心球,双手撑在球上,双脚掌撑地,身体成一线。向身体下方屈肘,而后撑起身体。重复练习以发展上臂后部和肩部肌肉群力量和平衡能力。

(7)俯卧撑起跪推实心球:与同伴相对跪立,约 5 米间距,其中一人双手在胸前持实心球。持球人身体前倒顺势向上方双手推出实心球,推出球后双手撑地。双手迅速推地,将身体恢复跪立姿势,准备接球(图6-8)。重复练习以发展胸部、肩部、上臂后部和手腕肌肉群力量和爆发力。

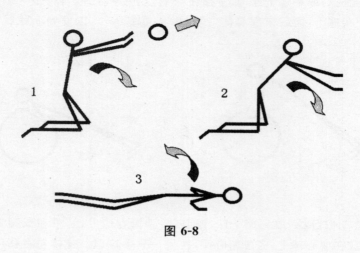

图 6-8

(二)躯干力量训练

1. 杠铃训练

(1)负重转体:取一轻杠铃,身体直立,双膝向前和身体外侧微屈双脚左右开立约一肩半宽。肩负轻杠铃,微仰头,尽量向身体一侧转体至最大限度,约180°,再向身体另一侧转体体直至最大限度。重复练习以发展腰部转动和躯干两侧肌群力量。

(2)负重体侧屈:身体直立,双脚左右开立约一肩半宽,肩负轻杠铃,微仰头。尽量向身体一侧屈上体,然后向身体另一侧屈上体直至最大限度。重复练习以发展躯干两侧肌群力量。

(3)硬拉:身体直立,双脚左右开立约一肩半宽,双手在大腿两侧前方握杠铃,微仰头。身体前屈,使杠铃接触地面,躯干前屈时呼气,上伸时吸气(图6-9)。重复练习以发展背部肌群力量。

图 6-9

（4）负重体前屈：身体直立，双脚左右开立约一肩半宽，肩负轻杠铃，微仰头。前屈身体直至与地面平行姿势，然后伸背、伸髋恢复直立姿势（图6-10）。重复练习以发展背部肌群力量。

图 6-10

2. 哑铃练习

（1）持哑铃体前屈转体：左手持哑铃，双脚约以两倍肩宽间距左右开立，掌心向内持哑铃，另一只手扶在腿上。持哑铃体前屈，使哑铃尽量接触对侧脚尖，然后竖直躯干（图6-11）。重复练习以发展腰部和躯干侧面肌群力量。

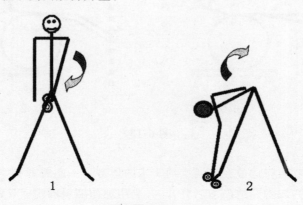

图 6-11

（2）持哑铃体侧屈：双脚约以肩宽间距左右开立，一只手掌心向内持哑铃，另一只手扶腰。向持哑铃一侧尽量屈体，然后竖直躯干并尽量向反方向屈体。重复练习以发展躯干侧面肌群力量。

3. 结合球的训练

（1）仰卧起坐：双脚支撑地面仰卧于瑞士球上。连续进行仰卧起坐练习。实践证实，仰卧起坐是发展腹部肌群力量的最有效、最简单的方法。

（2）仰卧双腿提球：在地面仰卧，双腿放在球上，在双踝系一条带子固定住球。双臂向体侧斜下方向伸展贴在地面上，双手掌心向下。将双膝向胸部拉引，直至大腿与地面的夹角稍微超过90°。重复练习以发展下腹部肌群力量。

(3)俯卧伸背:把瑞士球放在宽长凳上,在瑞士球上俯卧,双手握住长凳两侧,双脚离地。头和颈保持自然姿势,以臀部肌群发力。提起双腿至与膝、髋、和肩成为一线的高度(图6-12)。该训练方法可有效发展背部、臀部和大腿后部肌群力量。

图 6-12

(4)仰卧转体:把瑞士球放在一个方形台面上,练习者在瑞士球上仰卧,臀部和大腿后部支撑体重。采用适宜方式在踝部固定双脚(肋木或由同伴帮助)。双臂伸直,双手持实心球于胸前,左右方向转体(图6-13)。

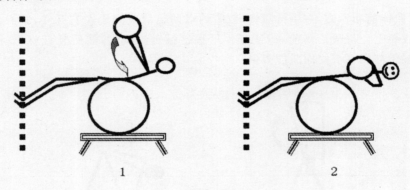

图 6-13

(5)双脚抵墙体侧起:将球放在离墙壁约1米的地方。一侧髋部支撑侧卧于瑞士球上。下方腿在前,上方腿在后,双脚贴地面前后分开,并利用地面墙根固定。双臂胸前持实心球,或交叉抱胸,进行侧向抬起躯干的重复练习(图6-14)。可有效发展躯干两侧肌群力量。

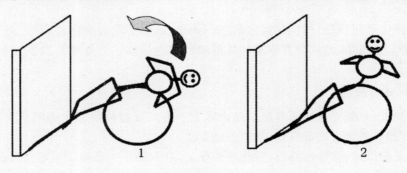

图 6-14

（6）举腿：将球放在一个可以固定双手的横杠（肋木或杠铃杆）之前，有一同伴保护。腰背部支撑身体，双膝提起仰卧于瑞士球上，双手握住横杠。先提起骨盆，向胸部拉引双膝。当大腿达到与地面垂直位置时，展体并进一步上举骨盆和下肢（图 6-15）。坚持练习可有效发展骨盆和腹部肌群力量和爆发力。

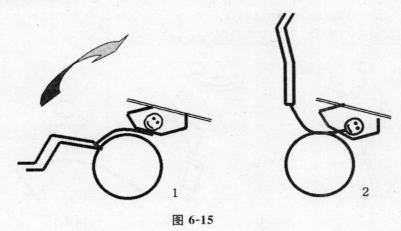

图 6-15

（7）仰卧膝夹球转髋：仰卧于地面，双臂向体侧方向伸展。膝关节呈 90°弯曲，夹住实心球进行左右方向的转练习。可以伸直双腿增加难度，用脚夹住实心球进行左右方向的转动练习。该训练可有效发展转体和转髋肌肉群，以及腿部内收肌肉群的力量。

（8）斜板滚球：使宽长凳的角度为 30°，面向站在长凳低端，双手扶球在长凳上。屈膝，以两个脚掌支撑体重和身体转动轴，前倒身体双手推球向上滚球。把球滚回（图 6-16）。重复练习以发展腹部、背部和肩部肌群力量。

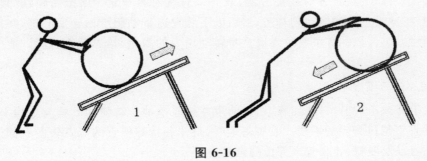

图 6-16

（9）滚肩仰卧转体：把瑞士球放在地面上，练习者先坐在瑞士球上。向前迈步成仰卧姿势，上背部支撑体重双脚在地面。双臂伸直，双手持实心球于胸前，躯干和臀部悬空，并与地面平行。持实心球左右方向连续转体。该训练可有效发展腹部、背部和躯干两侧肌群的力量，以及身体平衡和稳定能力。

(三)全身力量训练

1. 踩"T"形板传接实心球

双脚以肩宽站在"T"形板上手持实心球,与同伴相距约2步相对站立。保持屈膝、收腹身体姿势。两人相互传接实心球,接球后在"T"形板上保持平衡2秒钟再传出(图6-17)。坚持训练可有效发展全身平衡控制能力,以及臂部和腿部力量。

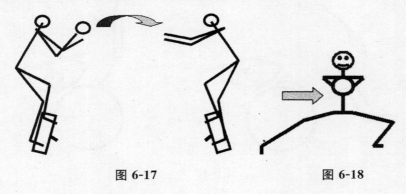

图 6-17   图 6-18

2. 持实心球侧蹲

双脚以肩宽左右开立,向左侧分步进入侧蹲姿势,重心移到左腿上。充分前伸双臂前送实心球,保持此姿势2秒钟。右腿蹬离地面形成开始姿势,左右腿交换重复练习(图6-18)。该训练可有效发展腿、髋和背部的全身力量。

3. 肩上侧后抛实心球

双手持实心球于胸前,背对投掷方向,双脚以肩宽左右开立。保持屈膝、收腹身体姿势。抛球前下蹲,将球沿身体一侧转到身后,然后以下肢发力带动躯干回转实心球,将球从身体另一侧肩上向后抛出。该训练可有效发展全身转动用力的力量,培养腿部、髋部、躯干和臂部的用力顺序。

4. 持实心球弓箭步转体

站立双手持球于胸前,右腿屈膝、屈髋前迈并缓缓落地。右腿的大腿与地面平行,膝关节弯曲90°,并且不超过脚尖的垂线。右脚落地时,身体和持球伸直的双臂转向右侧。行进间左右腿交替练习以发展腿、髋和躯干部位的全身力量。

(四)爆发力训练

1. 杠铃训练

(1)连续高抓:将杠铃放在身体两侧40～50厘米高的支撑物上,双手宽间距握住杠铃杆。由半蹲姿势开始,腿、髋发力尽量向上提拉杠铃。当杠铃接近最高点时降低身体重心,翻肩、翻腕上推,并移杠铃到头后上部。然后,举起杠铃成直立姿势,然后返回开始姿势(图6-19)。反复练习以发展腿部、背部和肩部向上拉引和支撑力量,以及全身协调能力和爆发力。

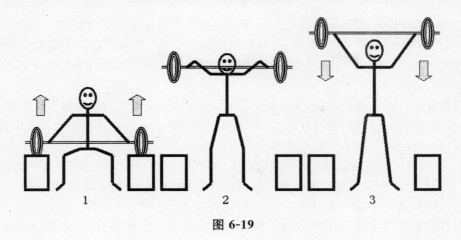

图 6-19

(2)高拉:将杠铃放在身体两侧 40～50 厘米高的支撑物上,双手宽间距握住杠铃杆。之后,由半蹲姿势开始,腿、髋发力尽量向上提拉杠铃,返回开始姿势(图 6-20)。重复练习可有效发展腿部、背部和肩部向上拉引力量,以及全身协调能力和爆发力。

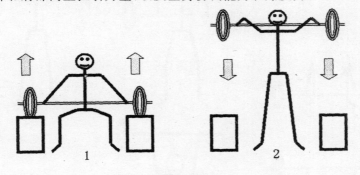

图 6-20

(3)高翻:将杠铃放在地面上,双手以肩宽为间距握住杠铃杆。由下蹲姿势开始,腿、髋发力尽量向上提拉杠铃。当杠铃接近胸上部时降低身体重心,翻肩、翻腕支撑,固定杠铃在胸上部。身体成直立姿势,然后返回开始姿势重复练习(图 6-21)。该训练方法可有效发展腿部、背部向上拉引和支撑力量,以及全身协调能力和爆发力。

图 6-21

(4)抓举：下蹲，双手宽间距握住杠铃杆，用腿、髋发力尽量向上提拉杠铃。当杠铃接近最高点时降低身体重心，翻肩、翻腕上推，并移杠铃到头后上部。然后举起杠铃成直立姿势，返回开始姿势重复练习。该训练方法可有效发展腿部、背部和肩部向上拉引和支撑力量，以及全身协调能力和爆发力。

(5)连续快挺：翻肩、翻腕支撑，固定杠铃在胸上部，双手以肩宽为间距握住杠铃杆。
身体成直立姿势，略微降低身体重心，利用双腿发力快速上举杠铃。腿成弓箭步，直臂支撑杠铃，然后返回开始姿势重复练习。

(6)挺举：将杠铃放在地面上，双手以肩宽为间距握住杠铃杆。由下蹲姿势开始，腿、髋发力尽量向提拉杠铃。当杠铃接近胸上部时降低身体重心，翻肩、翻腕支撑，固定杠铃在胸上部。身体成直立姿势，略微下蹲快速上举杠铃，双腿成弓箭步，直臂支撑杠铃。成直立姿势支撑杠铃，再返回开始姿势重复练习(图 6-22)。该训练方法能有效发展腿部、背部向上拉引和支撑力量，以及全身协调能力和爆发力。

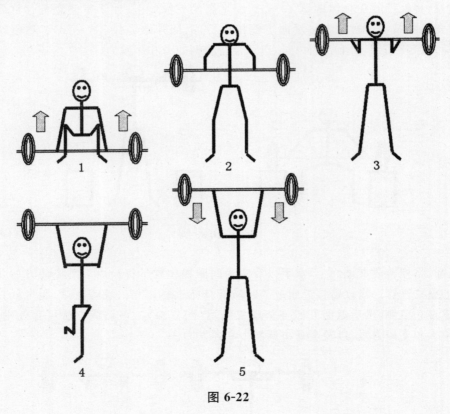

图 6-22

2. 结合球的训练

(1)蹲跳传接实心球：双手持实心球，与同伴相距约 6 步相对站立。在传球前下蹲使球接触地面。腿、髋和躯干依次发力，人体爆发式地跳起双手向前方推出实心球。该方法能有效发展全身爆发力。

(2)弓箭步传接实心球：两人一组，与同伴保持 3～4 步的距离相对站立。一人双手持实心球,一条腿屈膝、屈髋前迈并缓缓落地。前面腿的大腿与地面平行,膝关节弯曲 90°,且不超过脚尖的垂线。在脚落地前把实心球传给同伴,接球时前面的脚蹬地恢复开始姿势。该训练方法能有效发展下肢力量和上肢爆发力。

(3)上步推实心球:双脚以肩宽左右开立面向同伴,同伴手持实心球。同伴将球传向一侧肩部,当球接近身体时向前跨一步单手接球。接到球立即将球推出,再传给同伴,恢复开始姿势重复练习以发展腿、髋、躯干和上肢的爆发力(图 6-23)。

图 6-23

二、力量素质训练的要求

(一)做好准备活动

科学的准备活动能有效预防力量素质训练过程中运动损伤的发生,因此做好充分的准备活动是进行力量训练时需要注意的方面。力量练习可以采用慢跑、伸展体操和轻重量练习进行准备活动,使血液流向需要工作的肌肉群。如果天气寒冷,头和脚是身体的"温度调节"部分,寒冷天气时要注意这些部位的保暖。

(二)做好病史检查

病史检查是为了确保运动者的训练安全和健康,让运动者更加了解自己的身体,为运动员提供一个自身的"基本情况"信息,这一信息可以与将来的医学检查进行比较,从而帮助对运动者的健康进行长时间的监控,有助于最大程度的发展运动员的潜能和成绩。

一般来说,对于运动者的病史检查应当包括用药史、重大疾病史、免疫史、急性病和慢性病的药物治疗史、运动损伤史、女性运动者的口服避孕用药史、其月经初潮的年龄和月经周期,以及任何体重的变化。

(三)合理控制训练负荷

首先,训练负荷要符合运动者的具体情况。运动员的任何身体活动,都会引起人体产生解剖、生理和心理等方面的变化。负荷量(练习量)、负荷强度(练习强度)及练习密度等负荷因素,都会对训练效果产生影响。因此,训练安排应综合考虑以上各因素。

其次,训练负荷量的增加要循序渐进。训练时要保持较大的强度,或者要保持较大的数量(次数和组数),以达到大负荷。在力量训练过程中,当力量增长后,原来的负荷(主要指重量)就逐渐地变为小负荷了,因此大负荷训练量的保持需要遵循循序渐进的原则。

最后,重视"超负荷训练"。"超负荷训练"是指要求肌肉完成超出平时的负荷,是优秀运动员的力量训练效果和力量素质提高的基础。应不断有目的、有计划地安排"超负荷训练",以引起超量恢复,达到迅速发展力量素质的目的。

(四)训练安排科学系统

首先,训练课安排方面,力量训练课的次数取决于训练课的主要任务,训练课处于的阶段和周期,各力量素质的发展水平及训练特点,运动员的性别、年龄、健康状况、身体素质能力及训练水平等一系列因素。其中,训练水平是重要的因素之一。

其次,训练频率安排方面,力量训练的强度、运动负荷和训练频率必须符合年度训练计划和比赛的要求。一般的,在年度周期计划中,准备期的力量训练最大,训练强度较低;比赛期的力量训练量减少,训练强度增大,这样的安排比较科学。

最后,训练内容安排方面,大肌肉群的工作能力由于恢复得相对较慢,因此在比赛前7～10天的训练中不宜安排用极限负荷进行较大部位肌肉群的练习。在力量训练中,可以先安排发展最大力量、速度力量的练习,最后安排发展力量耐力的练习。

(五)训练结合专项进行

结合专项特点进行力量素质训练有利于达到理想的训练效果。力量训练首先要根据专项技术的动作结构来选择恰当的练习,以发展有关的肌肉群力量,其次要通过肌电研究了解主要肌群用力特点、用力方向、工作方式、关节角度等,以确定力量训练的方法。因此,练习者只有按照技术规格要求去进行训练,才能够真正发展肌肉群的力量。否则,技术动作变了样,参与活动的肌群也就有所改变,这就势必会对力量训练的效果产生影响。

(六)多做肌肉动作练习

力量训练以后,肌肉经常会充血,胀得很硬,此时应做一些与力量练习动作相反的拉长动作,或者做一些按摩、抖动的动作,充分放松肌肉。这样做具有以下优点和作用。

(1)有利于加快疲劳的消除,促进恢复,消除疲劳。

(2)有助于保持肌肉良好的弹性和收缩速度。

(3)有助于防止关节柔韧性因力量训练而下降。

(4)有助于超量恢复而使力量得到增长。

(七)训练全面且有重点

随着体育运动的发展,许多运动技术动作变得越来越复杂,需要运动者身体各部位许多大小不同的肌群协同工作才能完成,所以在力量素质发展的过程中,既要使腰、腹、背、四肢、臀等部位的大肌肉群和主要肌肉群得到锻炼和提高,同时也要注意发展那些薄弱的小肌肉群的力量。但也应该认识到,发展不同类型的力量素质并不意味着各种类型的力量素质必须得到平均发展、面面俱到。科学的力量素质训练应该是针对体育运动项目的特点,在全面发展的基础上有所侧重。

(八)掌握正确的呼吸方法

正确的呼吸方法有利于力量训练获得理想的训练效果。憋气有利于固定胸廓,提高腰背肌紧张的程度,因此可以提高练习时的力量。但用力憋气会引起胸廓内压力的提高,使动脉的血液循环受阻,而导致脑贫血,甚至会产生休克。一般来说,为有效避免力量素质训练中不良呼吸方法产生不良后果,应注意以下几点。

(1)对刚开始训练的人,所给予的极限和次极限用力的练习不要太多,并让其学会在练习过程中完成呼吸,以避免用憋气来完成练习。

(2)用狭窄的声带进行呼气,几乎也可以达到与憋气类似的力量指标。所以,做最大用力时可以采用慢呼气来协助完成最大用力的练习。

(3)当最大用力的时间很短,并且有条件不憋气时就应尽量不要憋气。尤其是在重复做用力不是很大的练习时。

(4)由于力量练习时间短暂,吸的气并不会立即在练习中产生作用,相反,深度吸气增加了胸廓内的压力,此时如果再憋气就可能产生不良变化,所以在完成力量练习前不应做最深的吸气。

(九)训练中应集中注意力

力量训练需要运动者的精神高度集中,这有助于避免训练过程中运动损伤的发生。为了肌肉力量得到更好的发展,在进行力量训练时一定要全神贯注,使意念活动与练习动作紧密配合保持一致。尤其是进行大负荷练习时绝对不能说笑,注意力应高度集中,因为笑的时候肌肉最容易放松,而力量练习的负荷又大,不当心就易造成损伤。

第三节　相关运动专项力量素质训练的方法

一、足球专项力量素质训练

(一)各部位力量素质训练

1. 颈部、上肢和肩背力量训练

(1)要求学生两手扶头,在颈部转动时给予抵抗力。

(2)俯卧撑。俯卧撑向侧、前跳移,双杠双臂屈伸,单杠引体向上。

(3)要求学生在垫上做颈桥并推举哑铃、壶铃或轻杠铃。

(4)两人面对坐地,两腿分开,抛、传实心球或足球。

(5)哑铃和杠铃练习。

(6)推小车。甲俯卧,两臂伸直。乙两手抬起甲的两脚,甲用两手向前"行走"。

(7)重叠俯卧撑。学生甲保持俯卧姿势,学生乙在甲的背上做俯卧撑,或者甲、乙二人同时做俯卧撑。

(8)斜立哑铃双臂屈肘:双臂伸直下垂,双手掌心相对,持哑铃站立,斜靠在斜板上。双臂屈肘,手到达大腿上部时由掌心向内转为掌心向上,直至达到肩部。然后下降哑铃,双手经过大腿后再由掌心向上转为掌心向内,保持上臂贴近体侧。重复练习,哑铃向上运动时吸气,向下运动时呼气。斜立哑铃双臂屈肘训练方法主要是发展运动员的肱二头肌和臂部肌群的力量。

2.腿部力量训练

(1)各种跳跃练习

①立定跳远、多级跳远、蛙跳、助跑跳远。

②单腿或双腿起跳摸高或用头触球。

③肩负杠铃或手握哑铃连续向上跳。

④利用不同高度的凳子、桌子或专设的跳台依次做连续的跳深练习。

⑤连续向前并腿或单腿跳。

(2)仰卧小腿屈伸

通过髋关节和膝关节使重物平台下降,直至膝关节屈曲90°,还原。重复上述动作。

(3)背人接力

全队分成两组成纵队站在起点,听到"预备"口令时,一人将另一人背起,见教练员手势后起跑,跑过对面的标志后交换背人。跑回起点时拍第二对同伴手后,第二对再跑。依次做完,最先跑到的一组为胜。

(4)小腿负重踢球

在不影响正确动作规格的前提下尽力踢球。

(5)腿部伸展

通过伸展膝关节使小腿上举至全腿伸直,还原。重复上述动作。

(6)健身机腿内收

两腿用力并拢,坚持片刻,还原。重复上述动作。

(7)驮人提踵

上体前屈,双手扶固定物,双腿伸直,前脚掌踩在提踵练习小凳上。同伴骑在腰部以下,体重压在髋部,尽量高地向上提踵,并稍停顿。返回开始姿势,提起时吸气,下降时呼气,重复练习。以发展小腿后部肌群的力量。

(8)坐式提踵

放低足跟至小腿有拉伸感,通过踝关节尽量跖屈使足跟抬高,还原。重复上述动作。

(9)卧小腿屈伸

通过膝关节的屈曲使小腿向上抬起,还原。重复上述动作。

3. 腰腹力量训练

(1)仰卧起坐、举腿、快速屈体。

(2)仰卧,两脚夹球离地 15～20 厘米,以腰为圆心画圆。

(3)展腹跳。爆发起跳并充分展腹,向后屈膝,两手尽可能地触脚跟。

(4)侧卧做体侧屈,俯卧做体后屈。

(5)肩负杠铃做体前屈或转体,抓举杠铃。

(6)跳起空中转体或收腹用力顶球。

(二)全身力量素质训练

(1)二人抢夺球练习。

(2)合理冲撞练习。二人面向或侧向做跳起冲撞练习。或甲运球,乙贴身跟随并冲撞甲,甲要稳住重心。或两人同时争顶并在其间运用合理冲撞。

(3)四节挺举。要求完成每一环节时都必须采取爆发性动作。

(4)蹲跳顶球。连续蹲跳中顶球,要求取半蹲姿势。可进行负重练习。

(5)倒地起身。甲运球,乙从侧面铲球,乙在铲球倒地后尽可能快地起身去追球。

二、篮球专项力量素质训练

(一)各部位力量素质训练

1. 发展手指手腕力量的练习

(1)手指用力抓空练习。

(2)用单手手指互相推球(手指自然张开,用手指的力量用力推球)练习。

(3)左、右两手互相对抗,用力抓夺篮球。

(4)双手握杠铃杆,直臂做快速屈伸手腕练习等。

2. 发展上肢力量的练习

(1)两人面对面的互相推手练习。

(2)两人一组的压手腕对抗练习。

(3)负重伸屈臂练习。

(4)负重伸屈臂提拉杠铃练习等。

3. 发展腰腹力量的练习

(1)仰卧举腿、仰卧折体、仰卧挺身练习。

(2)跳起空中收腹、手打脚、转身、空中传球或空中变化动作上篮。

(3)单、双脚连续左右跳过一定高度的练习等。

4. 发展下肢力量的练习

(1)徒手半蹲或背靠墙半蹲练习。

（2）徒手单腿深蹲起练习。

（3）两人互背负重半蹲起练习。

（4）深蹲跳。负重提踵练习等。

（二）综合力量素质训练

主要有各种抓举、挺举、蹲起练习等。

三、排球专项力量素质训练

（一）徒手力量素质训练

（1）指尖俯卧撑练习：俯卧撑姿势，手指向前，以指尖支撑身体。身体保持平直，下降身体直到胸部接触地面，稍停顿后迅速用双臂撑起。下降时吸气，上撑时呼气。

（2）坐凳屈肘练习：坐在凳子上，双脚牢固支撑地面，一只手掌心向上持哑铃。上体微前屈，另一只手扶在同侧膝关节上。持哑铃的臂肘关节顶在同侧大腿内侧，沿半圆运动路线屈肘，抬起哑铃至肩的高度。向上运动时吸气，向下运动时呼气。

（3）仰卧拉腿练习：仰卧在垫子上，踝关节上固定阻力滑轮拉力带，拉力方向向脚下。双手掌心向下，在臀部下稳定上体，双腿交替快速练习。

（二）器械力量素质训练

（1）杠铃拉举练习：抬头，身体直立，双臂下垂，在大腿上部高度，双手约肩宽间距握住杠铃杆。沿半圆运动路线，尽量向上提拉杠铃，并举杠铃到头上部。举起杠铃成直立姿势，然后返回开始姿势。杠铃提升时吸气，下降时呼气。

（2）单臂颈后伸肘哑铃练习：抬头，身体直立，一只手掌心向下握哑铃，将哑铃举过头顶，直臂。沿半圆运动路线向头后下降哑铃，直到前臂接触肱二头肌，上臂贴近头部。伸直肘关节，恢复哑铃在头上的姿势。向上运动时呼气，向下运动时吸气。

四、乒乓球专项力量素质训练

（一）结合哑铃的力量训练

（1）持轻哑铃做变速模仿拉弧圈球练习，用时 3 秒～1 秒。

（2）持轻哑铃做变速模仿削球练习，用时 2 秒～1 秒。

（3）持轻哑铃连续做模仿击球动作练习，注意将两个动作相结合。

（4）反握持哑铃弯举，同时做内旋动作。

（5）持轻哑铃做变速模仿正手扣杀练习，用时 3 秒～1 秒。

（二）结合球拍的力量训练

（1）各种徒手（规定练习次数和时间）的挥拍动作练习。

(2)持铁制球拍(约为 0.5 千克左右)的各种挥拍动作练习。

(3)用持拍手进行乒乓球掷远练习

(4)进行扣球击远练习。

(5)持拍推球(快推和加力推)练习。

五、羽毛球专项力量素质训练

(一)四肢力量素质训练

1. 上肢力量素质训练

羽毛球运动上肢力量素质训练主要是四个部位,即肩部、大臂、小臂、手腕。可通过以下方法进行练习。

(1)哑铃练习:持哑铃两臂侧平举;持哑铃俯立侧平举;持哑铃两臂交替向上举;持哑铃正、反握前臂屈伸;持哑铃手腕屈伸;手持哑铃于体前或体侧作绕 8 字练习;手持哑铃于体侧作旋内、旋外练习。

(2)杠铃练习:连续向前上方挺举杠铃;颈后屈臂向上举杠铃;正、反握杠铃前臂屈伸;手腕屈伸等。

(3)单杠练习:引体向上、双杠支撑臂屈伸等。

(4)俯卧撑、指卧撑。

(5)结合球的练习:做羽毛球快速挥拍和用力挥拍动作;模仿羽毛球各种击球动作;羽毛球掷远。

2. 下肢力量素质训练

羽毛球下肢力量素质训练主要是四个部位,即:骨盆部(盆带肌)、大腿、小腿,及足部(踝关节)。可通过以下方法进行练习。

(1)侧踢腿、悬垂举腿练习。

(2)蹲起练习。徒手半蹲、深蹲起;负重半蹲、深蹲起;深蹲向前、后、左、右蹬跨步;向前蹬跨模仿上网步法、向左右蹬跨模仿接杀球步法和向两侧起跳步法,向后蹬跨模仿后场两底线被动步法(底线平抽球步法)。

(3)跳跃练习:利用楼梯的多级台阶做单脚或双脚连续向上跳台阶练习;蛙式跳跃练习;原地纵跳、单足跳练习;两脚交替前、后、左、右跳;模仿两边起跳突击步法做向两侧大幅度跳跃;双脚并拢,按着十字方向做前、后、左、右蹬跳。

(4)跳绳练习:单腿跳、双腿跳、单摇、双摇。

(5)以上所介绍的各种练习方法的负重练习。

(二)腹背力量素质训练

羽毛球腹背肌力量练习主要体现在羽毛球运动中的各种步法的转体、各种扣杀动作及上网救球动作中,常用的腹背肌力量练习方法如下。

（1）徒手、负重以及登上徒手、负重仰卧起坐练习。

（2）徒手、负重以及凳上徒手、负重俯卧体后屈练习。

（3）徒手或负重转体练习。

（4）凳上仰卧体侧屈练习。

（5）肩负杠铃分腿站立作屈伸练习。

（6）传接球练习——两人背靠背分腿站立,其中一人手拿实心球,两人同时向一个方向转体,将球传给另一个人。

六、网球专项力量素质训练

(一)徒手力量素质训练

（1）抓空拳练习:抓空拳是一种很好的练习方法,80～100次。可以在不用手去做事情的任何时候进行练习。

（2）发展上肢力量:手掌撑地俯卧撑。手指可向前或向内。

（3）发展手指和手腕力量:手指撑地前进或后退。

（4）发展肩、臂力量:靠墙倒立。

（5）发展腹肌和腹内外斜肌力量:仰卧起坐接转体,仰卧,两手抱头,上体迅速抬起,右肘触左大腿,左肘触右大腿各一次。有助于发球时收腹转体的用力及其他击球动作的转体用力。

（6）发展腹肌和腰背肌力量:仰卧两头起,两手尽量触两脚背。

（7）发展腰背力量:俯卧两头起。俯卧垫上,两臂前伸,两腿并拢伸直,两臂和两腿同时向上抬起,腹部着垫成背弓;。

（8）发展大腿前群肌肉:单腿蹲起。单腿支撑,另一腿平举,下蹲,起立。初做时可扶支撑物。

(二)器械力量素质训练

以杠铃为例,网球专项力量素质训练具体如下。

（1）发展全身各部分力量,提高全身协调用力的爆发力:抓举、挺举。

（2）发展肩、臂力量:推举。

（4）增强腹内外斜肌及骶棘肌力量:负重转体。方法:身体直立,颈后负杠铃,两足固定,先向左转体再向右转体至极限,

（5）发展大腿及臀部肌肉:负重深蹲。方法:颈后负杠铃,挺胸塌腰,下蹲慢些,蹲起时挺胸抬头,腰部保持收紧。

（6）发展下肢尤其是小腿及曲足肌群力量:负重分腿跳。方法:身体直立,颈后负杠铃,连续快速地前后分腿跳。

（7）增强小腿后群肌肉力量:负重提踵。方法:身体直立,颈后负杠铃,脚前掌站于低台阶上,脚后跟尽量下压后快速向上提踵。

5.哑铃训练

(1)发展肱三头肌,旋前圆肌:颈后臂屈伸。方法:身体直立,两手握哑铃,上臂固定在头侧,掌心向后,然后做肘屈伸动作。

(2)发展前臂肌肉:臂环绕。方法:持哑铃两臂同时向内或向外作曲伸环绕。

(3)发展肩带肌肉力量:直臂上举。方法:持哑铃两臂前伸,上举或侧上举。

(4)发展胸部肌肉,有助于正手击球、发球和高压球的挥拍用力:仰卧上举。方法:持哑铃仰卧长凳上,两臂于两侧同时上举,上举时肘可微屈。

七、游泳专项力量素质训练

(一)陆上专项力量训练

1.快速力量拉力训练

快速力量拉力训练强调动作速度。拉力负荷为自己体重的 10% 左右(优秀运动员约拉 10 千克左右),动作速度(动作频率)要接近或稍快于比赛动作频率,爬泳、仰泳 10 个动作 4~6 秒,蝶泳、蛙泳 5 个动作 4~6 秒。每次拉的次数与专项距离的动作次数基本一致,50 米 20~25 次,100 米 45~50 次。除采用动作次数控制之外,也可采用时间控制,如在规定的时间内拉多少次。时间的选择一般在 30 秒~2 分钟之内。每组间歇时间稍长,使下一组练习时得到较好的恢复,一般重复 3~4 组。

2.最大力量拉力负荷训练

和普通游泳者相比,优秀的游泳者能拉自己体重的 15%~20%,女子约 13 千克,男子约 18 千克。在游泳的短距离、中距离项目中,一般一组可以在 20~30 次,而长距离项目中,则要坚持拉 1 分钟。这种最大力量拉力训练能有效地提高肌肉力量和肌肉力量耐力,提高 100 米和 200 米的运动成绩,但最大力量拉力训练对少年儿童不宜采用。

3.力量耐力拉力训练

游泳训练中,力量耐力拉力训练以持续时间长或动作次数多作为评价指标,负荷量为 4~8 千克,一般要求每次拉 100~300 次或持续拉 5~20 分钟。长时间多次的拉力训练要强调动作正确规范,保持动作幅度,动作放松。

(二)水上专项力量训练

游泳运动的水上专项力量能最直接增大游泳推进力(牵引力)。运动员在游进过程或做具体的游泳动作中,克服人为增加的阻力,是水上专项力量训练的最大特点。根据力量负荷形式,可将水上专项力量训练分为增大阻力练习、增大推进力练习和增加练习难度练习三种。

1.增大阻力练习

在游泳运动者的专项力量素质训练中,增大阻力练习主要是通过增加游进阻力,或改变体位使划水和打腿负荷增大,达到力量训练的效果,如牵拉游、穿阻力衣、夹板划臂、垂直打腿(徒手、负重)等。游进阻力的大小、动作速度的快慢、持续时间的长短、动作幅度的大小都影响力量训练的负荷。增大阻力练习主要通过提高动作速度来发展速度力量,而保持划水效果是其基本要求。

2. 增大推进力练习

一般来说,增大推进力练习主要是通过增大划臂或打腿动作的对水面,使阻力增大,以提高划水力量。增大推进力练习主要有划水掌、脚蹼等力量训练手段。划水掌、脚蹼的大小,动作速度、动作幅度、游泳速度以及持续时间构成了力量训练负荷的主要影响因素。增大推进力练习主要发展划臂、打腿的绝对力量,以提高克服阻力的动作速度。增大推进力的力量训练负荷要以不破坏技术动作为基本前提,否则力量训练的效果将适得其反。此类型的练习过多,容易对运动员的动作速度和水感造成影响。

3. 增加练习难度练习

对于游泳者来讲,增加练习难度练习要求水上力量训练同水上训练方法结合起来,使发展肌肉力量和发展专项供能系统同步进行,以提高训练效果;水上专项力量训练应强调力量训练过程也是技术改进和提高的过程;水上力量训练要针对游泳比赛活动各环节的力量的特点发展力量素质,如出发时蹬台起跳、转身时蹬壁等下肢的爆发力,以及转身技术的动作速度(快速力量)等。

第七章　高校速度素质训练的方法

现今大部分对抗性体育运动始终向着高对抗和快速度的方向发展,并且这一趋势还会在很长一段时间保持,进而使得速度成为参与运动项目的运动员较为追求的运动元素之一。更快的速度需要在长期的速度素质训练中获得,而为了使运动员获得较为优秀的速度素质,就需要科学系统的训练做保障。因此,本章就对高校速度素质训练的方法进行研究,以期使大学生通过正确的训练具备足够的速度素质,进而在运动竞赛中占据相对主动的地位。

第一节　速度素质基本理论

一、速度素质的概念及分类

(一)速度素质的概念

速度,是指人的身体或某一身体部位快速改变原有运动状态的能力。

速度素质包括三个方面,即快速完成动作的能力、快速经过规定某种距离的能力和对外界刺激或各种应激反应的快速判断能力。速度对于大多数运动员来说都是取得好成绩的关键因素之一,如田径比赛中的 100 米跑,百米赛跑就是一项典型的运动员之间比拼快速运动能力的比赛项目。有些运动项目本身虽不是比速度,但速度对运动成绩有着直接影响,如世界著名运动员刘易斯,当他跳远成绩达到 8.91 米时,他的 100 米成绩已达到 9 秒 86。还比如在铅球运动中更多的是依靠直接力量和通过旋转"助跑"产生的间接力量,但在铅球的"助跑"和投掷的那一刻仍旧需要腰部的快速转动和手臂的快速投掷。除此之外,速度素质还是很多运动项目对年轻运动员选材的重要指标之一。因此,速度素质的训练在运动员的日常体能训练中的地位十分重要。

(二)速度素质的分类

速度素质是人身体素质中的一项,前面提到了快速完成动作的能力、快速经过规定某种距离的能力和对外界刺激或各种应激反应的快速判断能力是速度素质的三个方面。简单地说这三方面的表现形式可以表述为动作速度、周期性运动中的位移速度和反应速度。

1. 动作速度

动作速度,是指人体或人体某一部位在单位时间内完成某种动作或完成次数的用时。动作速度根据其表现形式的不同可以分为动作速度、组合动作速度和动作速率三种。例如,跳高运动员的屈腿起跳的腿部动作就属于单一动作速度;撑竿跳运动员完成预备、助跑、撑杆、过杆和落地的动作全过程速度就属于成套动作速度;径赛运动员的跑步步幅的快慢就属于动作速率。

神经系统对人体的各种运动机能起到控制作用,因此可以说,动作速度的快慢与神经系统的兴奋和敏感度有极大的关系。当人受到的内外刺激强度较大时,人体神经系统就出在兴奋的状态下,随之而来的就是其传递信号的速度加快,在人体表象上看就显现为身体的协调性增强,使得动作速度和反应能力加快,反之则使动作速度和反应能力减弱。另外,人体各器官系统的准备状态也会决定动作速度的快慢,如没有做好准备活动的运动员,其身体的动作速度和反应速度势必会有一定程度的衰减。而技术动作的娴熟程度也会影响动作速度,如刚刚学习足球运动的人其动作完成速度和频率皆比熟练掌握这些技术动作的人要慢许多。

2. 移动速度

移动速度,是指在单位时间内人体快速移动的能力。为更好的理解移动速度的计算方法,可以参照物理公式 $v = s/t$。在公式中,v 表示物体移动的速度,它是距离 s 与通过该距离的时间 t 之比。

与动作速度相同的是,移动速度的快慢也与人体神经系统所处的状态有关,且移动速度的快慢和能力与神经系统的兴奋性呈正比例关系。这些现象最终也将直接体现在人体移动速度的加快。

经研究表明,人体的移动速度不仅可以依靠后天训练和培养得到提高,有时它还会受遗传因素影响。例如,父母从小参与各种训练,获得了快速移动的反应的能力,那么他们的子女在这方面的素质也一定不会太差,或者可以在后天的培养和训练中在速度方面的提高会更快。

在技术动作中,移动速度可分为平均速度,加速度和最高速度。

3. 反应速度

反应速度,是指人体对外界各种刺激信息的回应能力。反应速度的快慢取决于刺激信息被传导所需的时间,信息的传递几乎是在瞬间完成的,这一瞬间的快速时间被称为"反应时"。"反应时"与反应速度呈反比例关系,即"反应时"越长,人的反应速度就越慢;"反应时"越短,人的反应速度就越快。良好的反应速度可以表现为诸如短跑运动员听到发令枪响后到起动之间的反应;足球运动中守门员在判断射门方向并做出扑救动作的时间;乒乓球运动员通常在0.15秒内就要根据对方的引拍方向、击球瞬间和击球声音来判断飞来的球的线路、旋转和可能的落点等,不仅如此,他还需要根据这些因素来快速反应自身要做出的回球准备。

从上面的内容中就可以得知,神经过程的感觉时间和思维判别时间即为反应速度的基础,因此,这就使得有很多因素会直接影响神经过程,进而间接影响反应速度。影响因素中遗传因素的影响最大,根据有关数据显示反应速度的遗传力高达75%以上。

反应速度、动作速度、移动速度作为速度素质的评判标准,他们之间相互区别,但又彼此联系,共同对速度素质的最终表现施加影响。因此,在发展速度素质的过程中,要考虑三者之间的相互关系,就移动速度而言,反应速度是前提条件,动作速度则是基础。

二、速度素质训练的价值

要想提高速度素质水平,最主要的就是要着重改善、提高神经系统灵活性,提高心肺系统功能和肌肉质量。在提高肌肉质量的同时,还要注意掌握好对肌肉协调的控制和学会放松的能力,知道对肌肉的使用要张弛有度,发力之前的放松有利于肌肉的爆发力的发挥,如铅球运动员在最后发力投掷前的投掷手是相对放松的状态,在投掷步的最后一刻腿、腰、肩、臂一致协同用力,此时手臂从相对放松状态突然猛烈爆发发力,将球掷出,如此会比在一开始变用力"攥"住球到最终发力会获得更好的投掷效果。

速度素质是人体的基本身体素质之一,对于参与体育运动的人来说,速度素质的好坏决定了他对运动技术发挥的水平。因此,在日常训练中对于速度素质的训练就显得异常重要。除此之外,速度素质的重要性还在于在不同运动项目中,速度素质对运动本身的成绩具有直接影响。速度素质的价值主要体现在以下三个方面。

(一)速度素质是取得良好成绩的关键

在体育竞赛中,几乎所有项目都需要通过速度来抢得先机,速度素质保持在较高水平可以直接或间接提高竞技水平,获得优异的成绩。田径运动就是展现运动员速度素质最好的平台,在田径运动中几乎所有项目都需要速度素质的参与,如田径中的径赛项目;田赛项目中的跳远、跳高、撑竿跳发力之前的助跑等。其中,像跳高、跳远项目,它实质上是比拼一种依托在速度素质上的技巧径赛,而不单单只是速度的比拼。田赛中的跳远项目,在它的整个运动过程中首先要由助跑产生一定高的水平速度,在达到一定速度后要在一瞬间完成起跳;跳高运动员在跳跃之前也要有一个充分的助跑过程,并且最终要在 0.2 秒内完成起跳,将身体腾起 2 米多高。从跳高项目的运动过程就可以看出,跳跃前运动员助跑的初速度决定了他最终能够跳跃过的高度。在其他运动中也是如此,如拳击、击剑等项目,这两种运动都需要人体始终处在不停的运动之中,在移动中伺机快速出击,且进攻的同时还要兼顾防守。这些都需要运动员具备快速及敏捷的动作速度才能做到。球类运动也是如此,参与球类运动的双方球员始终处在攻防转换之中,急起急停、快速变向、防守卡位等动作都需要以速度为基础,在速度的保证下力争先人一步,只有这样才能在比赛中处于主动的地位。

现代体育运动竞赛更加显现出时空争夺性的特点,这也是秉承了"更高、更快、更强"的体育宗旨而来的。那么,根据这种发展趋势,就需要体育竞技科学研究部门紧随运动发展潮流,在研究影响运动成绩的因素问题时,要格外重视对人体速度素质如何增加问题的研究。这就需要在日常的研究工作中重点注意两个方面:一是要研究通过什么方式或训练能够让运动员在尽可能短的时间内完成单一或组合技术动作,提高动作的速度、速率;二是力求完成技术动作的迅速性和突然性。除体育科研人员关于提高运动素质的研究外,在日常的体育训练中,身处一线的教师也会尝试使用一些简单有效,可以达到提高速度素质目的的训练方法,通过实践证明,这种训练方法起到的效果非常良好,因为在训练中就以高速度、高强度来要求的话,在竞争激烈的比赛中就更能从容不迫地发挥水平。

由于速度素质可以最大程度地直接或间接影响运动员技、战术水平的发挥,是竞争能力的表现因素之一。所以,大部分运动项目对运动员拥有良好的速度素质都是非常看重的。

(二)速度素质是衡量运动水平的依据

速度素质水平在运动过程中可以非常直观地表现出来,也非常易于被赛场内外的人关注到。当发现运动员的速度素质欠缺,以致成为影响运动员取得更好成绩的限制因素时,就需要对症下药,针对速度素质进行训练,并以此提供改进技术和方式的客观数据。

在高强度的运动竞赛或训练中,大多数技术动作都要在有高对抗的条件中用最短的时间完成,比对手的速度快也就成为在比赛中占据主动的条件之一。良好的速度素质有助于运动员更好地掌握合理而有效的运动技巧。

(三)速度素质训练能够改善人体代谢过程

前面提到了神经系统与速度素质的密切关系,然而这两者之间还拥有着一种相互促进的关系。这种促进关系就是速度素质在提高人体快速运动能力的同时,还在提高着人体中枢神经反应过程的兴奋性与灵活性。这种关系对人体内三磷酸腺苷(ATP)和磷酸肌酸(CP)的储存量的提高有不小的帮助。两种物质存储量提高的意义在于,它可以有效提升人体供能能力及改善代谢过程。

三、速度素质训练的影响因素

前面的文字中提到了反应速度、动作速度与移动速度之间关系和区别。这种区别尤其体现在三者的内部机制方面,如反应速度主要表现在神经活动层面,而动作速度和移动速度则更反映在人体肌肉活动方面。这些影响速度素质训练的因素具体分析如下。

(一)反应速度的影响因素

1. 感官的敏感程度

人体的感觉器官是接收外界信号源的收集"设备",人体的感官的敏感程度决定了对外界信号的感受时间。敏感度越强,收集和传递信号的时间过程就越短,反之则越强。而注意力的集中程度,又是决定感官敏感度的因素。举个例子来看,如百米赛跑运动员在起跑时必须全神贯注在听发令枪的声音,此时他的感觉器官处在高度集中的状态下,因此反应速度会得到很大的提高,反之若没有集中精神,则极易使得反应速度减慢。感觉器官除受到注意力程度的影响外,还会受到人体疲劳程度的制约,如跳高运动员长时间练习腾空动作后,必然会导致他有关动作所要使用肌肉的疲劳,这时人体的反应时就会延长,造成动作越发脱离标准的现象。

2. 肌纤维的兴奋性

肌肉纤维的兴奋与否也对反应速度快慢起着重要作用。据有关方面研究发现,肌肉处于紧张状态时的反应时要比放松状态的缩短7%左右,但要注意的是,这种紧张状态必须要在一定的限度内,而不能是过度的紧张,否则则会由于肌肉的过度紧张使运动技术动作变形,起到事倍功半的不利效果。当肌肉过度劳累产生极强的疲劳感时,肌肉对应激反应的时间明显延长。通过这个规律可知反应速度会受到注意力的集中程度、疲劳程度与反应过程的影响而发生变化。

3. 中枢神经系统机能

反射活动受刺激信号的影响便会显出不同的状态,如刺激信号的选择性越大,反射活动就越复杂,表现为运动员要在单位时间内做出的思考更多。中枢神经对刺激信号的分析时间主要与神经兴奋性以及条件反射建立的巩固程度有关。除此之外,运动员对运动技术动作的熟练程度也是决定反应速度长短的因素之一,即当运动员在刚刚接触新技术不久时其本身对这项技术尚未熟悉,每个动作的做出都需要较长时间的思考,而随着技术动作的逐渐成熟,新的肌肉记忆也随之形成,此时运动员就会表现为对所做动作不用加以思考,并且可以在"下意识"做出技术动作的同时考虑更多的其他内容,这就很好地说明了反应时的明显缩短。

(二)动作、移动速度的影响因素

影响动作速度与移动速度的因素主要肌肉运动能力的高低。动作速度和移动速度是肌肉系统在最短时间内用最大限度的力来形成快速活动的形式。由于人体肌肉活动受到多方面的影响,因此,也有较多的因素影响着动作速度和移动速度,具体影响因素有以下几项。

1. 人体体形

人体的体形对速度素质的影响方面较多。其中影响较大的方面在于如人体体长(身高)、四肢长度等。以田径运动为例,在两名运动员身高体重条件一致的情况下,上下肢越长的运动员其运动速度就越快,简单地说就是四肢的长度与相关部位(手臂、腿部)运动速度成正比。举例说明,在田径项目中的径赛运动员的下肢长度通常决定了运动成绩,因为他腿长较长的缘故,所以他跨出一步的距离相比腿长较短的运动员要多一些,在分秒必争的比赛中,每一步多出的一点优势,就决定了最终比赛的胜负。因此,这就是在选择对运动速度要求较高的运动项目(如田径、游泳、体操等)的运动人才时,要首先将身体的体形作为一个重要选材指标的原因了。

2. 生理影响

(1)肌肉类型与肌力

速度素质的体现是需要肌肉的收缩来实现的,而肌肉纤维又是组成肌肉的基本物质。人体的肌肉(主要指对运动产生最大影响的骨骼肌)可以分为快肌纤维(白肌纤维)、慢肌纤维(红肌纤维)和中间型纤维三种。这三种类型的肌纤维中对速度素质起到重要影响是快肌纤维。因此,快肌纤维占肌肉含量百分比越高,人体的快速运动的能力也就越强。但是,快肌纤维在运动中的利用会产生一定的"副作用",那就是运动积累到一定时间后会产生强烈的疲劳感。

人体肌肉的弹性及其在运动中不断交替工作的方式是准确完成动作技术的重要保证。除此之外,还有一点是不能被忽视的,那就是关节的柔韧性。关节的柔韧性尽管不是直接决定速度的组织,但它对某些需要肢体大幅度完成动作(如步幅)的速度促进作用十分明显。所以,根据这一情况,可以考虑在速度素质训练的过程中安排一些对关节柔韧度有较大帮助的练习。

(2)神经活动过程

神经活动过程的灵活性,是指神经中枢兴奋与抑制之间快速的转换能力。神经中枢对于人体的运动起到至关重要的作用,它是人体在运动中保持协调和做出快速反应的"指挥器"。只有敏感、快速的神经活动过程才能在运动中迅速调动所有必要的肌肉协作参与活动,同时它还能更有效地抑制对抗肌的影响。

在运动中,肌肉并非时刻保持高度的紧张状态,适时的放松也是积蓄力量的环节。而神经活动过程的灵活性就能够起到控制肌肉放松的作用。因此,当运动员在做有关移动速度的训练时,如果能做一些放松与紧张的肌肉转换练习,就能使肌肉的效率大大增加,有利于较长时间维持高速运动。

3. 心理影响

对于动作速度和位移速度的心理影响主要与自身注意力的集中程度有关。作为一种心理定向能力,注意力集中对中枢神经的兴奋性与迅速转换有极大的影响。除此之外,它还对肌纤维的收缩效果与紧张程度有着很重要的作用。然而注意力在适度的专注的情况下可以提高动作和位移速度,但是,这种专注力过于膨胀时,就会向紧张心情靠拢,紧张的情绪反而会在一定程度上制约动作和位移速度。

4. 力量发展方式

力量的发展水平对许多运动项目来说是决定性的,如田径运动或对抗性较强的足球、篮球等运动。人体加速度的产生原因就是由于力量的作用,力量大小与其可以制造出的加速度成正比。人体的力量分为相对力量和绝对力量,对于相对力量较大的人,其肌肉容易在运动中克服内、外部阻力,产生快速的收缩速度。除此之外,动作和移动速度不光依靠人们的相对力量,还受到运动技术娴熟度的影响。例如,在撑竿跳高比赛中,如果运动员的全套动作有某个环节是整体技术动作的短板,那么他在完成撑竿跳动作时就会有一定的顾虑,直接表现出来的行为就是适当放慢速度以顺利完成有缺陷的动作。

四、速度素质训练的注意事项

在上一部分内容中提到了诸多影响速度素质的因素,其中很多因素很可能在训练中出现,进而会对学生速度素质的发展产生阻碍。因此,面对这些可能出现的阻碍,就使得在训练时要对此格外关注。为了能够让人体的速度素质水平得到有力提高,就要求在平时对速度的专项训练中注意以下几点。

(一)合理安排速度训练的顺序与时间

速度素质的发展需要依靠身体多部分的协同才最终得以实现。基于此,就需要在进行速度训练的过程中关注速度素质与其他身体素质的关系,特别是要安排好不同训练内容的顺序,使得素质间结合训练,互相促进,最终获得速度素质与其他素质之间的良性转移,而如此进行的最终目的仍旧是为了速度素质训练获得最佳的训练效果。

肌肉力量的强弱在很大程度上决定着速度的快慢。因此,在进行速度训练中可以适度安排一些有针对性的力量训练内容,以此获得力量素质与速度素质之间的联系,最终使速度素质得以提高,尤其是静力性力量练习对速度素质的提高效果最为明显。但由于缓慢的静力性练习会在一定程度上降低神经过程和肌肉活动的灵活性,所以静力性练习还要注意次序性的问题。

还有一点需要注意的是,速度素质对于神经灵活性的要求较高。鉴于此,应该将速度素质训练和力量素质训练的顺序进行合理安排,正确的方式应该将速度练习安排在力量练习之前进行。

速度素质训练与其他类型的身体素质训练同样会稍显枯燥和单调,长期进行不免会使运动员产生厌倦的心理。合理安排速度训练的顺序和时间,也是缓解这一问题的有效手段,以此使运动员保持较为良好的训练状态和心理状态。原因在于当人体疲劳感增加到一定程度后,人体神经的灵活性会出现一定程度的下滑,如此便会出现兴奋与抑制之间的转换变慢,如会表现为运动员注意力不集中,动作质量下降等情况。如果执意在此时继续针对速度素质训练,那么将不会收到理想的效果。

(二)速度素质训练与专项技术相结合

随着现代科技越发融入运动训练当中,越来越更多的研究成果认为速度练习除对人体练习部位的速度素质提升起到重要帮助外,对其他动作速度发展的迁移效果较低。这也就是是说速度训练只对练习动作本身的速度能力的提高有很大帮助,而对与这项练习无关的运动则帮助较少,表现出了非常明显的针对性。例如,在拳击运动中,为了获得极佳的上肢爆发力以用于加快出拳和格挡的速度,就需要对上肢进行更多训练,而散打运动员则除了对上肢的训练外还要加强对下肢的训练,与散打运动员相比,拳击运动员腿上的速度就显得非常缓慢了。因此,速度练习具有较高的专门性,需要结合专项技术动作要求进行。让运动员在速度训练中能感觉到躯干等各部位的协调配合,发展专项技术所需要的动作速度的能力。

(三)依据个体能力安排训练

没有一种速度训练的方法、手段和训练量可以适应所有人,因此,对不同个体进行具有针对性的速度训练方法就显得很有必要。高校速度素质训练的群体为大学生,训练的单位通常也以自然班为主,因此,对个体能力的针对性训练安排并非针对每一个人,而是将班级中的不同体质、训练水平和身体素质的学生进行分级,此后在对身处不同层级的学生进行有针对性的训练指导,由此达成速度素质依据个体能力安排训练的目的。

发展速度素质需要在人体适宜性的基础上开展,这种适应性包括神经系统、内脏系统和肌肉系统的适宜状态。集中注意力和速度练习前用强度较小并保持一段时间的活动都是不错的可以有效保持适宜状态的方法。保持一段时间的较小强度活动能起到提高中枢神经系统功能,这对于改善肌肉内协调性有良好的作用。

(四)创造安全的速度训练外部环境

安全可靠的训练环境是任何训练都必不可少的。特别是对于速度素质的训练来说,其中有很多训练项目的动作幅度较大,场地要求较高,如此一来就更加对训练场地周边的环境有严苛的要求。因此要求教师和运动员在速度训练前都要进行充分的准备以及保证速度训练的正常开展。

速度练习中的负荷对运动员的肌肉、肌腱和韧带提出了很高的要求,因此,运动损伤发生的潜在危险性很高。运动员的速度训练要在科学、合理的指导下完成,如果所发出的力量以及动作频率、动作幅度等超量,这就有可能对运动员的身体造成一定的损伤。速度素质训练中运动损伤的发生原因主要是训练手段缺乏变化、负荷过大、在气温较低或运动员疲劳的情况下运动负荷的安排不当,或是速度训练所要求的直接准备(准备活动)不充分而引起的肌肉放松能力下降等。所以对任何速度练习来说,在比赛或训练前认真进行专门的准备活动是最基本的要求。除训练本身外,还要求在保障场地设施安全的条件下进行速度训练,注意穿透气良好、宽大的运动服和适宜的鞋袜都可以有效提高训练的安全性。

第二节　速度素质训练的方法及要求

一、速度素质训练的方法

(一)上肢速度素质的训练方法

1. 摆　臂

训练方法:两腿并拢,上肢以短跑动作前后摆臂,肘关节弯曲约 90°。前摆手摆到约肩部高度,后摆手摆到臀部之后(图 7-1)。

训练要求:摆臂训练方法的目的在于提高运动员摆臂动作效率和固定正确的上体跑动姿势,要求训练的技术动作要准确。

图 7-1

2. 俯卧撑撑起击掌

训练方法:双手撑地,双脚掌撑地,身体成一线。向身体下方屈肘,而后快速撑起身体并击掌,恢复开始姿势重复练习(图 7-2)。此方法可以发展运动员上臂后部和肩部肌肉群动作速度和爆发力。

训练要求:练习时,要求运动员快速完成动作,以肘部下降引导身体下降。全身充分伸展,保持平衡。

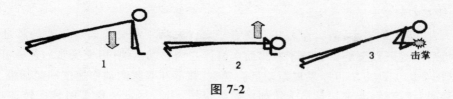

图 7-2

3. 仰卧快速斜推哑铃

训练方法：将瑞士球放置于地面，首先运动员坐在瑞士球上，后成仰卧姿势，此时头部枕在球上，体重由背部支撑。连续快速推举哑铃（图 7-3）。此方法可以发展运动员的胸肌、肩部肌肉群等的速度力量，与此同时发展身体的平衡性和稳定能力。

训练要求：练习时，运动员要注意双脚分开的距离要大于骨盆宽。推举哑铃要到位，一般举起位置应在眼睛的垂直上方。

图 7-3

4. 快速滑动俯卧撑

训练方法：将髋部压在球上，双臂撑地并相互交替前行，前移使身体在球上成俯卧撑姿势，直至小腿搭在球上支撑。此时再做一个俯卧撑动作后用手按刚才的程序反向退回到开始姿势，如此往复（图 7-4）。此方法可以发展运动员胸部、肩部肌肉群速度力量，以及身体支撑和稳定能力。

训练要求：练习时，运动员要保持身体完全处于伸直的姿势。在适应了此动作的负荷后还可以通过在俯卧撑姿势下提起一条腿，或以双手和一条腿在球上支撑完成俯卧撑的方法来加大负荷。

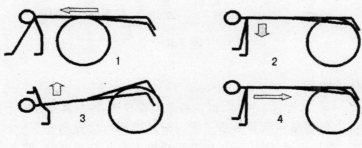

图 7-4

5. 连续左右转髋

训练方法:双臂侧平举,两脚左右开立略宽于肩。右脚于左脚前向身体左侧移动落地(前交叉步),然后还原开始姿势。右脚于左脚后向身体左侧移动落地(后交叉步),还原开始姿势。重复练习(图 7-5)。此方法可以发展运动员的骨盆、髋部和双脚的动作速度和灵活性。

训练要求:练习时,要求运动员上体朝向始终保持一致,尽量选择多用骨盆转动和下肢移动快速完成动作。在适应原有负荷后可以使用加快动作速度或加大幅度练习的方法提高负荷,也可以根据专项需要反方向练习。

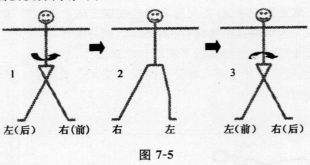

图 7-5

6. 连续交叉步

训练方法:双臂侧平举,双脚左右开立以前脚掌支撑身体,身体快速向侧移动。右脚通过左脚前方向身体左侧移动落地(前交叉步),然后回复至开始姿势(图 7-6)。此方法主要发展运动员骨盆、髋部和双脚的动作速度和灵活性。

训练要求:练习时,要求运动员双脚始终朝向移动方向,尽量用骨盆和下肢快速完成动作。可以根据专项需要反方向练习。

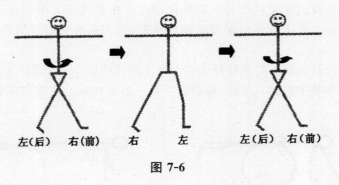

图 7-6

7. 绳梯 180°转体跳

训练方法:身体半蹲,双脚左右开立,以前脚掌支撑身体,每只脚站在一个格子里。身体跳起在空中转体 180°,双脚各落在前面的格子中。身体跳起向反方向在空中转体 180°,双脚各落在前面的格子中。重复练习(图 7-7)。此方法可以发展运动员骨盆、髋部和双脚的动作速度、灵活性,以及周边视觉能力。

训练要求:练习时,要求运动员身体始终向绳梯的同一方向移动。尽量用骨盆和下肢快速完成动作。

图 7-7

8. 快速传接实心球

训练方法：与同伴相对站立，稍微屈膝，2人间距约3～4米。双手持实心球于胸前，进行连续传接练习（图7-8）。此方法可以发展运动员胸部、肩部、臂部肌肉群速度力量和爆发力。

训练要求：练习时，要求运动员双臂充分伸直接球。如果加大难度，可以增加球的重量和2人间距。

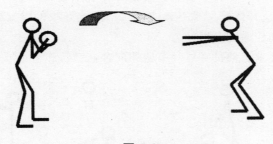

图 7-8

9. 前抛实心球

训练方法：面对抛掷方向，双脚左右开立约一肩半宽，直臂双手持实心球举过头顶。团身下摆实心球至两腿间，迅速蹬腿、挺身、挥臂向身体前上方抛出实心球（图7-9）。此方法可以发展运动员下肢、背部、肩部和上肢的动作速度和爆发力。

训练要求：练习时，要注意身体环节用力顺序是自下而上，并迅猛完成动作。

图 7-9

10. 后抛实心球

训练方法:背对抛掷方向,双脚左右开立约一肩半宽,直臂双手持实心球举过头顶。团身下摆实心球至两小腿间,后迅速蹬腿、挺身、挥臂向身体后上方抛出实心球(图 7-10)。此方法可以发展运动员下肢、背部、肩部和上肢的动作速度和爆发力。

训练要求:练习时,要求身体环节用力顺序是自下而上,并迅猛完成动作。

图 7-10

11. 跳起转体接实心球

训练方法:背对接球方向,双脚左右开立紧紧夹住轻实心球。迅速跳起,用双腿将轻实心球抛向空中,身体落地迅速转体接住实心球(图 7-11)。此方法可以发展运动员下肢、骨盆、躯干和上肢的跳跃和转体动作速度及爆发力。

训练要求:练习时,要求运动员身体环节协调配合,迅猛、连贯地完成动作。

图 7-11

12. 弓箭步快速传接实心球

训练方法:与同伴保持 3~4 步的距离相对站立。一人双手持实心球,一条腿屈膝、屈髋前迈并缓缓落地。前面腿的大腿与地面平行,膝关节弯曲 90°,并且不超过脚尖的垂线。在脚落地前把实心球传给同伴,接球时前面的脚蹬地恢复开始姿势(图 7-12)。此方法可以发展运动员上、下肢速度力量和爆发力。

训练要求:练习时,要求运动员保持弓箭步姿势,维持好身体平衡。

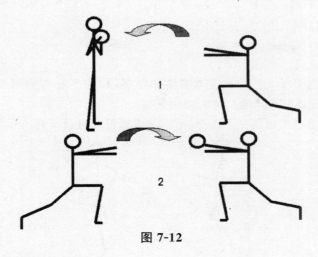

图 7-12

13. 持实心球弓箭步转体

训练方法:站立双手持球于胸前,右腿屈膝、屈髋前迈落地。右腿的大腿与地面平行,膝关节弯曲 90°,并且不超过脚尖的垂线。右脚落地时,身体和持球伸直的双臂快速转向右侧。行进间左右腿交替练习(图 7-13)。此方法可以发展运动员腿、髋和躯干部位的全身速度力量。

训练要求:练习时,要求运动员躯干保持竖直。加大难度可以持重球,或加快动作节奏。

图 7-13

14. 持实心球侧蹲

训练方法:双脚以肩宽左右开立,向左侧分步进入侧蹲姿势,重心移到左腿上。同时充分快速前伸双臂前送实心球,保持这个姿势 2 秒钟。右腿蹬离地面形成开始姿势,左右腿交换重复练习(图 7-14)。此方法可以发展运动员腿、髋和背部的全身速度力量。

训练要求:练习时,要求运动员躯干不得扭转。加大难度可以持重球,或加快动作节奏。

图 7-14

(二)下肢速度素质的训练方法

1. 后踢腿

训练方法：从慢跑开始，使摆动腿脚跟拍击臀部，膝关节在弯曲过程中向前上摆动（图7-15）。此方法可以有效提高运动员脚的动作速度。

训练要求：练习时要求运动员上体保持正直，可以根据运动员的实际能力适当加快步频。

图 7-15

2. 脚回环

训练方法：单腿支撑，手扶固定物维持平衡。一只脚以短跑动作进行回环练习（图7-16）。此方法主要是用来发展运动员摆动腿的快速折叠和前摆能力。

训练要求：要求运动员在动作过程中回环拍击臀部，以扒地动作结束。脚的回环动作路线在身体前面完成。

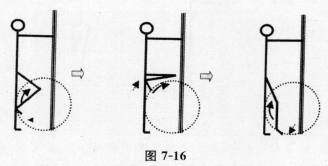

图 7-16

3. 跑步动作平衡

训练方法：采用最高速度时的单腿支撑姿势，左脚用脚掌支撑，肘关节弯曲约90°。左手在肩部高度，右手在髋部高度，右腿高抬，右脚踝靠近臀部（图7-17）。此方法主要是为了提高运动员踝关节肌肉群的紧张度和稳定支撑能力。

训练要求：练习时，要求运动员保持这个姿势20～60秒。还可以采用负重背心，或站在不稳定的海绵垫上来加大动作的难度。

图 7-17

4. 踝关节小步跑

训练方法：采用很小的步长快跑，强调脚底肌群的蹬地和踝关节屈伸动作。以脚掌蹬离地面（图 7-18）。此方法主要是用来发展运动员脚的动作速度和踝关节肌群弹性力量。

训练要求：练习时，运动员要做到脚部动作快速而安静，尽量减少脚掌与地面的接触时间。

图 7-18

5. 折叠腿大步走

训练方法：以短跑的身体姿势和摆臂动作大步走。摆动腿高抬并充分屈膝，脚靠近臀部，并且翘脚尖（图 7-19）。此方法可以提高运动员脚的动作速度。

训练要求：在练习时，要求运动员当摆动腿抬至最高位置，后蹬腿支撑脚底部肌群用力屈踝快速蹬地。

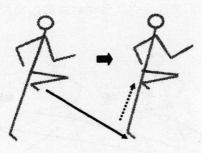

图 7-19

6. 踮步折叠腿大步走

训练方法:与折叠腿大步走相同,但后蹬腿需加上踮步。身体腾空时摆动腿充分折叠(图7-20)。此方法主要是用来发展运动员快速屈髋和伸髋的能力,提高踝关节紧张度。

训练要求:练习时,要求运动员脚部快速落地,但不要发出声音,强调踝关节的紧张度。

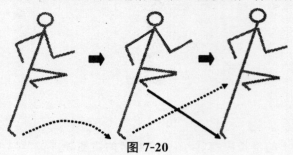

图 7-20

7. 踮步高抬腿伸膝走

训练方法:与折叠腿大步走相同,但在高抬摆动腿后需在身体前充分伸膝,同时还要加上踮步(图7-21)。此方法可以有效提高运动员快速伸髋和大腿后部肌群的快速发力能力。

训练要求:练习时,要求运动员摆动腿的脚下落时扒地,推动髋部向前。

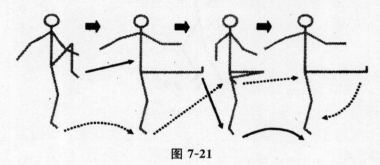

图 7-21

8. 踮步折叠腿大步走拉胶带

训练方法:在两个踝关节上系胶带,胶带的另一端固定于地面。与踮步折叠腿大步走动作相同,完成快速练习(图7-22)。此方法可以提高运动员的步频,提高快速伸髋和折叠膝关节能力。

训练要求:运动员在练习时,要注意它所强调的腿部爆发式伸髋和下落扒地动作,迅速推动髋部向前。

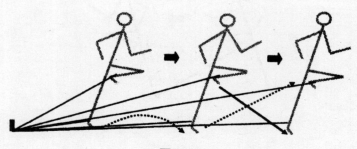

图 7-22

9. 踮步高抬腿伸膝走拉胶带

训练方法:在两个踝关节上系胶带,胶带的另一端固定于地面。与踮步高抬腿伸膝走相同,完成快速练习(图 7-23)。此方法可以有效增加运动员的步长和步频,提高快速伸髋能力和固定踝关节肌群的紧张度。

训练要求:在练习时,它强调腿的爆发式伸髋和下落扒地动作,迅速推动髋部向前。

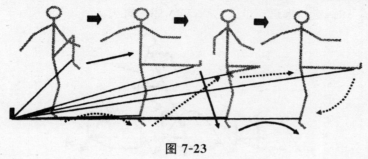

图 7-23

10. 高抬腿跑绳梯

训练方法:双脚在同一格内落地,尽快跑过每格约 50 厘米间距的绳梯或小棍(图 7-24)。此方法可以提高运动员的步频和快速高抬折叠腿的能力。

训练要求:练习时,它强调先进入小格的摆动腿高抬。

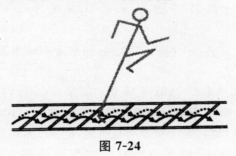

图 7-24

11. 单腿过栏架跑

训练方法:以约 1 米间距摆放 8~10 个约 30~40 厘米高的栏架。在栏架一端支撑腿直膝跑进,摆动腿从栏架上越过(图 7-25)。此方法可以提高运动员的步频、快速屈髋能力和下肢灵活性。

图 7-25

训练要求:练习时,它要求运动员栏架外侧支撑腿伸直,摆动腿栏架上的快速高抬和折叠。

12. 双腿过栏架跑

训练方法:以约 1 米间距摆放 8～10 个约 30～40 厘米高的栏架。在栏架上做高抬腿跑,在每一个栏间距内双脚落地,采用同一条攻栏摆动腿(图 7-26)。此方法可以提高运动员的步频、快速屈髋能力和下肢灵活性。

训练要求:练习时,它要求运动员摆动腿高抬,翘起脚尖。

图 7-26

13. 简易走跑训练方法

(1)越野跑:越野跑 1 小时,跑的速度可以适当变化,心率控制在 150～170 次/分钟左右。

(2)下坡走:下坡走 60 米练习 15 组;蛇形走 60 米练习 20 组;标志高频走 100 米练习 10 组。

(3)前交叉步走:前交叉步走 80 米练习 10 组;间歇走 200 米练习 10 组;重复走 800 米练习 3 组,10 米跑练习 3 组。

(4)小步高频走:小步高频走 60 米练习 10 组;"8"字走 15 分钟(直径约 6 米);上下坡走 20 组;弯道走 20 组;"S"形走 10 组(每隔 3～5 米做一个标志物);100 米×3 组;变频变速走 20 圈;每隔 50 米放一个标志物,练习者变换频率与速度,走 400 米练习 6 组。

(5)体前屈走:体前屈走 15 分钟,沿直线走 60 米练习 10 组。

(6)沙衣负重走:沙衣负重走 5 000 米;走 1 200 米练习 5 组。

(7)仰卧交叉摆腿:仰卧交叉摆腿送髋 20 分钟;行进间转髋交叉走 20 分钟;100 米练习 6 组。

(8)胫骨前肌练习:胫骨前肌练习 100 次练习 10 组。

(9)正反向圆周走:正反向圆周走,直径为 10 米的圆,走时随着身体重心的变化,调整动作的幅度和转髋方向。

(10)走专项训练:走 4 000 米练习 3 组,间歇 3 分钟;1 200 米练习 2 组;2 000 米练习 3 组,间歇 5 分钟;匀增速走 5 000 米,再慢跑 400 米,然后走 400 米练习 6～10 组,间歇 3 分钟。

(11)走动中的加速跑 30～60 米,要求每次做 4～5 组。反复进行训练。

(12)走动中的下坡加速跑 30～60 米,要求每次做 4～5 组。反复进行训练。

(13)反复跑 40～60 米,要求每次做 5～8 组。反复进行训练。

(14)顺风反复跑 40～60 米,要求每次做 6～8 组。反复进行训练。

(15)逆风反复跑 40～60 米,要求每次做 6～8 组。反复进行训练。

(16)行进间 30～50 米计时跑,要求每次做 6～8 组。反复进行训练。

(17)上坡行进间 30～50 米计时跑,要求每次做 6～8 组。反复进行训练。

(18)下坡行进间 30～50 米计时跑,要求每次做 6～8 组。反复进行训练。

(19)放松大步跑 60～80 米,要求每次做 6～8 组。反复进行训练。

(20)踏标志点跑 40～60 米,要求每次做 6～8 组。反复进行训练。

(21)大步幅弹性垫步跑 40～60 米,要求每次做 6～8 组。反复进行训练。

(22)跨低栏跑(3～5 栏、栏间跑 5～7 步),要求每次做 8～10 次。反复进行训练。

(23)追逐跑 40～60 米,要求每次做 6～8 组。反复进行训练。

(24)并列同步跑 40～60 米,要求每次做 6～8 组。反复进行训练。

(25)并列同步加速跑 40～60 米,要求每次做 6～8 组。反复进行训练。

(26)高抬腿跑 20～30 米＋20～30 米加速跑,要求每次做 4～5 组。反复进行训练。

(27)加速跑 20～30 米＋高抬腿跑 20～30 米,要求每次做 4～5 组。反复进行训练。

(28)高抬腿跑 20～30 米＋后蹬跑 30～50 米,要求每次做 4～5 组。反复进行训练。

(29)站立式起跑＋起跑后的加速跑 30～60 米,要求每次做 4～5 组。反复进行训练。

(30)放松大步跑 20～30 米＋20～30 米加速跑,要求每次做 4～5 组。反复进行训练。

(31)下坡放松大步跑 20～30 米＋20～30 米的下坡加速跑,要求每次做 4～5 组。反复进行训练。

(32)上坡高抬腿跑 20～30 米＋20～30 米的上坡加速跑,要求每次做 4～5 组。反复进行训练。

(33)下坡高抬腿跑 20～30 米＋20～30 米的下坡加速跑,要求每次做 4～5 组。反复进行训练。

(34)上坡加速跑 20～30 米＋上坡高抬腿跑 20～30 米,要求每次做 4～5 组。反复进行训练。

(35)变速跑 80～120 米(20 米快＋20 米慢＋20 米快……),要求每次做 6～8 组。反复进行训练。

二、速度素质训练的要求

(一)保证训练安全

在第一节的速度素质训练注意事项中提到过关于速度训练中的安全问题。因此,这一安全问题也就成为速度素质训练中的一项要求来严格执行。速度素质训练必须保证训练环境的安全,它包括训练场所周边的外部环境的安全以及运动员自身身体机能调配的安全,即做好充分的准备活动和训练完成后的恢复休息环节。

速度训练通常需要使运动员接受较大负荷的训练项目,以期使身体获得较强刺激而提高速度素质。不过由动作频率或动作幅度等带来的较大刺激会大大超越运动员所适应的限度,这将给运动员带来巨大的受伤危险性。速度练习中的负荷对运动员的肌肉、肌腱和韧带提出了很高的要求,因此,运动损伤发生的潜在危险性很高。除此之外,还有如训练手段缺乏变化、负荷过大、在气温较低或运动员疲劳的情况下运动负荷的安排不当,或是速度训练所要求的直接准备(准备活动)不充分而引起的肌肉放松能力下降等情况也会导致运动员身体出现运动伤病情况。通常情况下,如果肌肉出现疼痛或痉挛等迹象,训练的原有负荷就应该停止。在气温较低的天气里,应当选择恰当的服装(径赛服)。最后,还需要在保障场地设施安全的条件下进行速度训练,注意穿透气良好、宽大的运动服和适宜的鞋袜。

(二)从练习者的实际情况出发

从练习者的实际情况出发,也就是训练内容的安排要充分考虑练习者训练水平和身体状态的可接受程度,在速度练习之间要保证练习者身体疲劳完全恢复,而且高校大学生并非专业的运动员,他们的身体机能能力与从小参加运动训练的运动员仍旧有很多不同,这是体质上的差距,也是运动专业性的差距。因此,在对大学生进行速度素质训练的过程中要以大学生的普遍性身体机能出发,并需要在训练过程中时刻留意大学生的身体状态,注意指导其正确地使用技术动作,练习内容之间的安排要循序渐进,先易后难、先慢后快。

(三)速度能力与其他身体能力协同发展

运动员整个身体或某些关节的运动速度,是实现理想运动成绩的决定性因素。而运动项目所要求的最佳运动速度经常是由于关节协同发力的结果,但是速度和力量并不同步发展。在一些速度能力起决定性作用的运动项目训练中,较早地进行技术动作的速度训练是很重要的,但是这些训练不一定必须遵照基本的技术模式。在一些项目中,速度与体能训练有密切联系,因为速度可能与耐力、力量和灵活性紧密相关。而且,速度训练还可能与复杂的技术训练有关,因为速度训练需要针对项目的专门要求来安排,此外,根据项目中所参与的有关力量、耐力和灵活性,以及项目所要求的最佳/最大速度和关节运动速度变化之间的协同配合程度的不同,这些专门要求也有所不同。

(四)注意预防和正确消除"速度障碍"

通过长期对人体速度素质的研究和训练实践中可以认识到,速度素质的发展并不是无限的,当运动员的速度水平达到一定程度时,不论再怎样训练,其速度素质水平的增加只会非常缓慢,甚至停滞,这就是一种被称为"速度障碍"的现象。

然而由于"速度障碍"给训练带来的影响只是素质增加的缓慢,并非绝对的停止,因此,为了将"速度障碍"带来的影响降到最低,就需要做好以下几个方面。

(1)要掌握好基本技术,全面提高身体素质水平。

(2)注意训练手段多样化,让练习者尝试以不同的节奏和频率完成动作。

(3)施加助力或克服更小的阻力完成技术动作,突破和加快已经习惯的动作用力和速度结构。

第三节 相关运动专项速度素质训练的方法

速度素质的训练方法较多,通常使用的一般性速度素质训练方法适用于大多数运动项目的普遍性速度要求,但对于各单项运动的速度需要来说还远远不够。为此,就需要对相关运动的专项速度素质训练进行研究。本节则选取了其中较有代表性的足球、篮球、排球、乒乓球、羽毛球和网球的专项速度素质的训练方法,以期通过使大学生运动员接受这些训练后获得更具专项性特点的速度素质。

一、足球专项速度素质训练

(一)常规速度训练方法

(1)位移速度训练:利用各种跑步练习提高足球位移速度,提高步频。

(2)反应速度训练:利用在各种不同身体姿态状况下的起动练习,发展反应速度和起动快跑能力。

(3)动作速度训练:利用下坡跑、顺风跑、牵引跑等提高动作频率,运用短距离、方向不规则的绕(或不绕)障碍的变向、变速跑提高运动员重心转换速度和快速变向跑能力。

(二)综合速度训练方法

(1)做全速、变速、变向运球跑练习。

(2)做 60~80~100 米的全速跑、加速跑、提高位移速度的练习。

(3)在静止情况下,利用既定手势做各种姿势的起跑练习:采用蹲踞式、站立式、侧身式、坐地、坐地转身、俯卧、仰卧、滚翻后、原地跳跃等姿势做起跑练习,起跑 10~30 米即可。

(4)快速跑练习:反复练习小步跑、全速跑、加速跑、顺风跑、下坡跑、牵引跑、高抬腿跑等,促使运动员突破"速度障碍",提高位移速度。

(5)采用后蹬跑、单腿侧蹬跑、短距离转身跑、各种追逐球跑等,发展爆发力。

(6)在约 20 米的距离内,设置不同距离间隔和有方向变化的标杆或锥体,让队员以尽可能快的速度做绕杆跑,发展队员绕过对手的快跑能力。

(7)在活动情况下,利用既定手势做突然起动练习:在颠球、顶球、传接球、慢跑、侧身跑、小步跑、高抬腿跑等情况下做快速起动跑,跑 5~10 米即可。

(8)在教师限定的时间内快速完成传—接—传,运—传—接—射门等动作,以建立快速动力定型,提高动作速度。

二、篮球专项速度素质训练

(一)跑的训练

1. 各种基本步法练习

原地快频率移动、小步跑、后踢腿跑、直线交叉步、高抬腿跑、左右侧交叉步跑、跨步跑结合加速跑,各种方向的抢滑步练习。

(1)小步跑练习

运动员双膝稍弯,身体呈一条直线(即肩、髋、膝和踝关节呈一条直线),尽可能提踵。跑动时,前脚掌着地,尽可能蹬伸,双膝微屈,双脚交替。着地时注意用前脚掌,而不是整个脚底。当右脚蹬离地面时,左脚要划过地面。

(2)高抬腿跑练习

运动员高抬腿跑时,要求前脚掌落地,抬膝时保持身体伸展。当一条腿伸直时,另一条腿的大腿要与地面保持平行。当膝盖抬到最高点时(大腿与地面平行),脚踝向后勾,脚置于膝盖的下方。另外,还应注意运用正确的手臂动作。

2. 各种起动跑练习

(1)原地或移动中,根据教师的信号突然起动快跑。

(2)不同姿势与方向的起动。

(3)5 米折回抢滑步。

(4)不同距离折回跑。

(5)起跳落地,立即起动侧身加速快跑。

(6)用各种姿势起动,全速跑 10～30 米。

(7)四步加速跑。在球场上标出四步加速跑的位置:离起跑线 66～76 厘米为第一步;第一步和第二步之间距离 92～230 厘米;第二步和第三步之间距离 117～127 厘米;第三步和第四步之间距离 142～152 厘米。运动员用 1/4 的速度跑完 4 步,各步之间不要停顿。跑时要用力摆动手臂(手臂摆动力量越大,腿部的蹬地力量越大)。注意摆臂动作和膝盖上顶动作。在熟练掌握了 1/4 速度的技巧之后,再用 1/2 速度,然后 3/4 速度,最后是全速进行加速跑训练。

3. 各种姿势、各种距离跑练习

用各种姿势起跑,全速跑 30 米、60 米或 100 米,改进和提高跑的技术和速度。两罚球线、两端线及各种距离的往返接力跑等。

4. 篮球移动中各种跑练习

(1)折线起动侧身变方向跑。

(2)快速跑变中场后退跑。

(3)沿边线侧身快速跑。

(4)半场侧身快跑。

(5)抢篮板球后第一传起动跑。

(6)沿 3 分线急停、起动、滑步、变向跑、侧身跑。

(7)各种折线跑与抢滑步练习。

5. 跑台阶练习

快速斜线、直线向上跑台阶,直线上下台阶计时跑,上、下坡快速跑等。

6. 结合球进行各种跑练习

(1)直线或折线自抛自接球快速跑练习。

(2)全场只允传 3 次球然后上篮的各种方式跑练习。

(3)加速快跑接长传球、地滚球上篮练习。

(4)单手全场直线(或一次变向)快速运球上篮(或直线运球不换手)。

(5)全场 3 人"8"字传球快速跑。

(6)全场传球快速起动跑。

(二)手臂摆动训练

在篮球速度素质的训练中,速度不仅源于运动员腿部的摆动,还取决于手臂与腿部摆动时的协调配合。因此,要想提高跑动速度,必须充分发挥运动员手臂的作用。为此,篮球运动员要深刻地认识摆臂的作用,有意识地放松肩部周围的肌肉群。同向上端肩相比,双肩自然下垂时会更放松。在整个手臂摆动训练中,要尽量保持肩部的放松状态。特别是采取绕环动作有助于球员体会、理解双肩的运动功能,然后再进行其他的手臂练习。

1. 前后甩臂练习

(1)运动员向前甩臂,然后贴身向后甩臂。保持双肩放松,手臂伸直。手和手指放松。握拳会使前臂和双肩紧张,从而制约双臂的自由摆动。

(2)屈肘呈 90°,放松摆动肘部,手臂前后移动,但手的位置不要高过胸部或肩;向后摆动时,手的位置不应超出臀部。

(3)随着练习的进行,摆臂动作加快。手臂摆动速度也有助于腿的摆动速度。

2. 坐姿摆臂练习

要求运功动员坐在地板上或板凳上,双腿伸直。摆动手臂,肘部呈 90°弯曲,仿佛在敲鼓。

三、排球专项速度素质训练

(一)有球速度素质训练方法

(1)运动员站立姿势准备,教师以手势为起动信号,运动员根据教师的手势移动 3 米、6 米、9 米或做教师规定的动作。

(2)运动员面向教师准备。看手势后做一个前滚翻(后滚翻、侧滚翻或鱼跃)动作后,再冲刺 9 米。

(3)运动员正向、背向,以站、坐、卧、躺、小步跑、跳、收腹举腿等各种动作,看教师手势后冲刺。

(4)运动员距教师9～12米外向教师冲刺,距教师4米左右时教师伸出一侧的手臂,运动员从教师的另一侧冲过。

(5)甲队员移动拦网,乙队员跟随其拦网。

(6)甲队员做传、垫、扣、发、拦、倒地、滚翻等动作,乙队员跟随其做动作。

(7)甲队员做各方向的移动练习,乙队员跟随其后,争取不被其"逃脱"。

(8)扣球(拦网)落地后转身冲出端线

(二)无球速度素质训练方法

(1)在网前3米快速移动接起跳拦网练习。

(2)排球半场对角线冲刺跑。

(3)移动拦网后,后退垫球,再助跑做起跳扣球的组合练习。

(4)前后、左右连续移动做垫球、传球练习。

(5)扣球、拦网、调整传球、防守、扣球的组合练习。

(6)移动截球。教师在网前,队员在中场准备,教师向各位置抛出各种变化球,要求队员判断移动,在球未出半场或落地之前将球截获。

(7)一名队员任意抛球,另一队员迅速移动接球后抛回。或一名队员抛球,两个队员轮流接球,也可由一名队员抛球,其他队员绕过若干障碍物将抛出的球接住。

(8)转身接球练习。队员面对墙站立,教师向队员后方掷出各种变换球的同时发出信号,让队员转身将球接住后再抛给教师。

(9)垫墙上反弹球。队员面对墙2～3米站立做好准备,教师从队员身后突然将球扔到墙上,要求队员将反弹回的球垫起。教师扔球的角度要根据运动员的反应能力而决定,并掌握好练习的难度。

四、乒乓球专项速度素质训练

乒乓球的专项速度主要体现在击球时的挥臂速度和步伐移动速度。乒乓球运动的特点为球体小、球速快、动作快、移动快、变化快等的特点。所以,运动员只有具备较高的专项速度素质,才能在瞬间万变的比赛中,争取积极主动,抢先上手,才能赢得比赛的胜利。具体来看,乒乓球专项速度素质发展的训练方法通常有以下几种。

(1)做单一技术或者组合技术的徒手挥拍练习30秒至1分钟或规定练习次数。

(2)"摸两边"练习。采用并步或跳步左右移动摸同侧端线两侧边线,练习时间为30秒至1分钟。

(3)"摸两角"练习。采用并步或交叉步移动摸同侧球台两端线两角,练习时间为30秒至1分钟。

(4)"推、侧、扑"练习。进行推挡、侧身、扑右(左)角的手步法练习30秒至1分钟。

(5)进行多球练习。由教师发出各种不定点和不同旋转节奏性质的球,迫使练习者在回击时迅速提高判断反应速度、步法的移动速度和击球的挥拍速度。

(6)用多球做接发球练习。根据对方发球动作,迅速判断旋转性质和落点,然后做出反应和动作。

（7）两个人用多球在同一方位交替发球，另一人在对面球台练习接发球（图 7-27）。

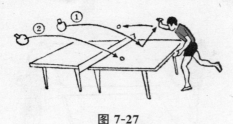

图 7-27

（8）要求运动员对墙距 1.5 米左右站立，教师在其背后用多球对墙供球，运动员连续还击从墙上反弹回来的球（图 7-28）。

图 7-28

（9）目视教师向上击球，要求运动员按旋转球落台反弹的方向，原地转一周后，沿球台跑一圈（图 7-29）。

图 7-29

（10）沿球台变向跑一周，在跑的过程中运动员保持面向同一方向，具体环绕球台的方向如图 7-30 所示，完成后可再沿相反方向进行。

图 7-30

(11)沿球台侧滑步接力赛(图 7-31)。

图 7-31

五、羽毛球专项速度素质训练

(一)反应速度训练方法

(1)听口令转身起跑。背向起跑线,可以采用蹲踞式、坐式或站立式等各种起跑姿势,当听到口令后立即转身起动向前冲刺跑。

(2)看手势起跑。以手势代替起跑口令,看到手势后立即起动向前冲刺跑。

(3)起动步法练习。听或看信号做起动步法练习,提高判断反应速度。

(4)场地步法。听或看手势信号进行快速全场移动步法练习,以及前场、中场和后场各种分解和连贯步法练习。

(5)视听信号变速冲跑。慢跑中听到或看到信号后立即向规定的方向冲刺跑,再次得到信号后恢复慢跑,第三次得到信号后又开始冲刺跑,反复进行练习。

(6)击球挥拍动作练习。听教师喊1、2、3、4数字口令,练习者按照预先约定姿势做击球挥拍动作练习。

(二)动作速度训练方法

1. 快速跳绳练习

(1)单足快速变速跳:采用1分钟快、1分钟慢的小密频步、高抬腿、前后大小交叉步等专项步法动作,做快速变速跳绳练习。

(2)1分钟快速双摇跳:1分钟内以最快速度完成双足双摇跳,注意突出速度,以次数多者为佳。

2. 快速挥臂练习

(1)前臂屈伸快速挥拍:持拍手臂贴耳置于肩上,上臂不动,以肘为轴,仅以前臂后倒前伸击球的动作做快速持续的挥拍练习。

(2)前臂体侧前后摆动挥拍:持拍手置于与肩齐平的高度,手肘微屈而前后摆动,用类似抽打陀螺的动作做快速摆臂练习。

(3)肩上手腕前屈后伸快速持续挥拍:持拍手臂贴耳置于肩上,上臂和前臂伸直不动,仅靠手指控制握拍,手腕以前屈后伸动作做快速持续挥拍的练习。

(4)快速抽球动作挥拍:按信号或节拍做各种正、反手快速持续抽球挥拍动作练习。

(5)手腕快速绕"8"字挥拍:持拍手在体前,以肘为轴固定不动,手指放松握拍,仅用手腕沿"8"字形线路快速持续做挥拍练习。

(6)快速连续杀球动作挥拍:上下肢协调配合,用完整杀球动作快速持续做挥拍练习。

3. 下肢快速频步训练

(1)原地快、慢变速体前左右交叉步练习。双臂侧平举,双脚开立,重心在前脚掌,身体快速侧向移动。右脚通过左脚前方向身体左侧移动落地。这一练习要求练习者身体侧对移动方向,而双脚则始终朝向移动方向。骨盆和下肢的快速动作是完成此练习的关键,可根据练习者的情况酌情增加幅度和频率。

(2)原地左右变速转髋练习。双臂侧平举,双脚开立,重心在前脚掌,身体快速侧向移动。右脚通过左脚前方向身体左侧移动落地。右脚通过左脚后方向身体左侧移动落地。这一练习要求练习者的身体朝向同一方向,骨盆和下肢的快速动作是完成此练习的关键,可根据练习者的情况酌情增加幅度和频率,也可以根据专向需要反方向练习。

(3)原地快、慢变速高抬腿。练习者站在原地进行快速高抬腿。大腿摆到与胸部平行的姿势。同时注意以最高频率完成抬腿动作,足尖钩起。每组练习15～30次。

上述练习内容通常按照慢—快—最快—最快—快—慢的动作速度节奏进行练习最为有益,时间控制为在20秒慢转为30秒或是1分钟快,再接30秒最快的速度交替进行练习。

4. 多球练习

(1)多球扑球。练习者在网前位置准备,陪练者站在场地另一侧用多球快速向练习者抛近网小球,练习者做正、反手姿势快速扑球或推球练习。

(2)多球双打快速接近身杀球。练习者站场地中部,陪练者站场地另一侧用拍快速从前场向练习者近身位置拍击球,练习者用正、反手姿势快速进行防守反击练习。

(3)快速封网。站前发球线附近准备,陪练者站场地另一侧快速持续地发平射球,练习者快速持续数次移动在网前封击。

(4)多球前场快速接吊、杀球。练习者于中场位置以防守站位准备,陪练者站在同侧场地前场位置用杀球和吊球线路向练习者抛球,练习者连续做被动接吊杀球练习。

(5)多球双打快速平抽快挡。练习者于中场位置以防守反攻站位准备,陪练者站场地另一侧用拍从中场快速持续向练习者扣球,然后双方连续平抽快挡,球失误后,迅速扣下一个球,不间断地反复练习。

(6)快速击全场球。练习者站在单打场地中心准备,陪练者站在场地另一侧运用多球向练习者发各种位置的球(适当缩小场地移动距离),练习者跟上发球速度,连续快速地回击。

(三)移动速度训练方法

(1)10米冲刺跑练习。通过训练能够提高从静止到迅速加速的能力。

(2)30米加速跑练习。通过训练能够提高起动跑后速度持续加速的能力。

(3)60米途中跑练习。通过训练能够提高将达到的最快速度保持一定距离的能力。

(4)100米冲刺跑练习。通过训练能够提高途中跑获得的速度不仅不能下降,而且还要尽可能地有所加快的能力。

(5)200米、400米中距离跑练习。通过训练能够提高速度耐力。

(6)10米左右侧向并步跑练习。要求练习者右脚在前、左脚在后并步侧向跑至终点。再以左脚在前、右脚在后并步侧向跑回起点。练习时可用直立姿势和半蹲姿势两种动作姿势跑。无论以何种姿势跑均要求以最快速度完成。

(7)来回跑练习。采用5米、8米、10米或是15米不等的距离进行数次来回冲跑练习。需要注意的是,接近终点时不能降低速度,应保持最快的速度立即转身折返跑。

(8)直线进退跑、左右两侧跑、低重心四角跑练习。

(9)杀球上网步法练习:练习者快速连续完成后场左右移动跳跃步杀球击球动作,然后再迅速接上网步法。

(10)场地四角跑练习:练习者沿半块球场的长方形边线快速冲跑,在转角处变换方向要快。

六、网球专项速度素质训练

在网球比赛中,速度是完成技术和战术的重要条件。网球比赛中的速度包括即时速度、起动速度和各种不规则的直线、斜线跑动速度等。特别是即时速度,是运动员预测到对方来球的方向、速度和落点后,决定怎样还击来球的行动。网球的跑动速度要求起动中变换路线跑动。专项速度训练主要是指动作速度、移动速度和反应速度三种,主要训练方法如下。

（一）速度爆发力训练方法

1. 变方向跑（图 7-32）

要求运动员按逆（顺）时针的 1、2、3、4 顺序进行。

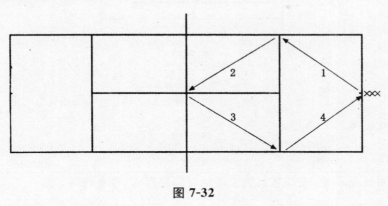

图 7-32

2. 助力冲刺和阻力冲刺训练

（1）助力冲刺训练，如踏车式跑可帮助提高节奏。

（2）阻力冲刺训练包括上坡跑和沙丘跑，它们不仅能提高速度，而且还能增强力量以及有氧耐力和肌肉耐力。

（3）在场地上用带拍套的拍子练习击球动作和移动是提高速度和灵活性的最好的训练手段，同时有助于增强臂力。

3. 加速冲刺训练

要求运动员逐渐加速，从摆动起跑，经过慢跑到大幅步跑，直至达到最大速度。随着速度的提高，这种训练对注重和坚持冲刺动作的技术要领尤其有益。冲刺是每次少于 5 秒的跑，运动员处于像比赛中一样的不同的起跑位置。为了适应变化，力求从躺姿、坐姿或跪姿起跑冲刺。

4. 间隙冲刺训练

采用短暂冲刺，然后用放松跑或慢跑恢复。例如，加速跑 30～50 米，慢跑 30～50 米，再加速跑 30～50 米，然后走 100～150 米恢复；慢跑 30 米，冲刺 10 米，然后重复做 10 次。慢跑 40 米，冲刺 15 米（重复做 10 次），慢跑 60 米，冲刺 20 米（重复做 10 次），慢跑 80 米，冲刺 25 米（重复做 10 次）。随着运动能力的提高，增加慢跑和冲刺的距离。这种训练方式有助于提高一般的身体素质，因为每组训练中安排了不同的速度和节奏。

5. 跑动接球或击球（图 7-33）

将运动员分为两人一组，A 隔网不定向的抛球，B 用单手在移动中接凌空球或落地球；持拍练习时，可回击直线球。

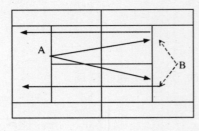

图 7-33

(二)力量速度素质训练方法

1. 双腿屈膝高跳训练

要求运动员尽量高跳,使膝盖触胸。落地时脚跟提起,准备再跳。

2. 蹲跳训练

要求运动员连续蹲跳两个球场。

3. 袋鼠跳跃训练

双腿并拢站立,两臂下垂,尽量高跳,同时两臂上举,脚掌轻轻着地,屈膝弯腰,再用脚掌起跳,连续转圈跳。

(三)速度耐力素质训练方法

1. 不停的拦网练习

要求在球场每边的运动员交互喂球,而由网前球员截击,涵盖单打球场的宽度。打每次截击时,网前球员是在连续压力之下完成动作。

2. 单人梭式跑练习

要求运动员以网球场宽度为距离,以从一边拣球放到另一边为目的,在左右间快速移动。采取计时比赛,并逐渐增加拣放球个数。

3. 曲径移动练习(图 7-34)

运动员手持球拍在端线外双打边线处等待,开始后运动员手持球拍沿着双打边线快速跑动至网前,用球拍触及球网后,沿着单打边线用后退步回到端线。向前跑至发球线时,变成垫步跑至发球线中央,再沿着发球线向前跑,用球拍碰网,然后用后退步跑至发球线。侧垫步到另一单打边线,向前跑用球拍碰网,沿着单打边线后退至端线,沿着双打边线向前跑至网前。在整个练习过程中记录一下每次跑动的时间,争取创造最好的成绩。此练习的目的是让运动员掌握短距离、快速的停—起步移动来适应场上的变向移动的能力。

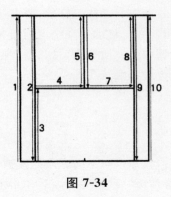

图 7-34

4. 碰线移动练习（图 7-35）

　　要求运动员从双打边线外开始向前跑，用手碰最远端的线，然后用后退步至开始时的位置，再向前跑动用手碰场上所有的线：双打边线→单打边线→发球中线→另一单打边线→另一双打边线→单打边线→发球中线→单打边线→双打边线。此练习可两人分别站在半场内同时练习，两人也可比赛，也可通过计时来看谁的成绩好一些。此外，还应注意快速移动步法，同时改变前后移动方向。

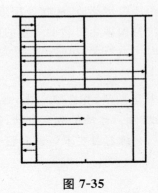

图 7-35

5. 蛇形环绕

　　准备 6 只塑料锥体，并沿底线放置 6 只锥体，锥体间相隔 90~120 厘米。要求运动员从一端开始，用侧垫步环绕锥体。重复 3 次，并计时。

6. 侧垫步

　　准备 4 只塑料锥体，其中沿底线放置 3 只锥体。第 4 只锥体置于发球线前面 1.2 米处。练习开始，要求运动员从左侧或右侧开始环绕锥体。环绕结束后，向前冲刺并向前面的锥体横跨步。然后向起点区的锥体的相反一侧回跑。重复这一练习直至完成 6 趟横跨步。

7. 侧向绕

　　准备 3 只塑料锥体，并放置在底线上。其中，中间的一只锥体放在底线中点。另外两只锥体放在第一只锥体的两侧 90～120 厘米处。练习开始,要求运动员从锥体的一端开始侧垫步,从左侧或右侧环绕锥体,然后朝相反方向移动。环绕所有锥体 3 趟后,做交叉步向边线冲刺,触边线。然后沿底线垫步返回并朝相反方向环绕,总共做 3 趟。然后做交叉步,向另一侧的边线冲刺。重复这一练习直至左右边线各触 3 次。

(四)反应速度素质训练方法

1. 反应训练

(1)运动员做好准备姿势以后,教师以向不同方向的挥拍,让运动员向不同方向冲跑。

(2)第一截击的连续练习。这种练习模拟能提高运动员上网后横跨步做出截击反应的爆发力。运动员跳越第一个障碍物后落地时,在地面停留极短的时间,紧接着用最大的力量跳越第二个障碍物。当运动员跳越第二个障碍物后用横跨步落地时,加大第一跨步的爆发落地的同时将球抛出。此练习要求运动员应努力封住球路,侧向移动接球,其目的是帮助运动员确保截击更有效。

(3)教师和运动员面对面相隔大约 1 米。教师每只手上各持一球,然后将任何一只手上的球抛出。要求运动员必须做出反应并在球落地前用球拍"触"球。

(4)侧向连续横跨步和直线冲刺练习。这种练习模拟底线侧向移动和第一跨步的爆发力动作,当运动员回击正手或反手斜线球时出现这种情况。运动员跳越第一障碍物后,用横跨步落地。运动员跳越第二障碍物后,用横跨步落地,从此处朝障碍球方向(锥体模拟斜线球的方向)做爆发的第一跨步。障碍球的位置稍靠侧向移动线路的前方。这样的移动线路使运动员的某些动量作用于地面,从而击球时用力不大,却能产生更大的爆发力。

2. 反应和向前加速练习

要求运动员站在底线,教师面对运动员,相距 2.5 米,教师将一只球滚向运动员任一侧。运动员侧向垫步,抓住球后回抛给教师。运动员改变方向,抓住滚向另一侧的球并回抛给教师。这一动作重复 6～10 次。注意,在练习时要求运动员整个髋部十分放松,并抬起下颏,背部挺直。

第八章 高校耐力素质训练的方法

耐力素质是重要的体能素质之一,有着非常重要的作用和意义。对于高校学生来说,不管从事什么样的体育运动,都要具备一定的耐力素质,因为耐力素质是高校学生参与运动锻炼并且长久保持运动状态的重要保证。本章主要对耐力素质基本理论,耐力素质训练方法与要求,以及比较常见的运动项目专项耐力素质的训练方法进行详细的分析和阐述,从而为高校学生发展和提升耐力素质起到科学的指导作用。

第一节 耐力素质基本理论

一、耐力素质的概念与分类

(一)耐力素质的概念

耐力素质是指人体在长时间工作或运动中克服疲劳的能力,它是反映人体健康水平或体质强弱的重要标志之一,在人体体能素质中发挥着极为重要的作用。在各项体能素质中,各个素质之间并不是独立存在的,耐力素质可以与其他素质,如力量、速度、柔韧等素质相结合,形成机体的力量耐力和速度耐力。

长时间运动出现的疲劳是导致机体工作能力暂时性下降的主要因素。疲劳是一种生理现象,有机体经过长时间的工作,必然会产生疲劳。长时间的工作或运动后,体内能量物质被大量消耗,又得不到及时补充,于是产生疲劳。但是,疲劳又是提高有机体工作能力所必需的,它是有机体机能恢复与提高的刺激物,没有疲劳的刺激,机体机能就不会得到提高。因此,提高耐力素质对体能的发展和人体克服疲劳能力非常重要。

以不同的工作特征为主要依据,可以将疲劳分为不同的类型:智力上的疲劳、感觉方面的疲劳、感情上的疲劳及体力上的疲劳等。在运动训练过程中较有意义的是由于身体活动和肌肉活动而引起的体力上的疲劳。疲劳是训练所得到的必然结果,没有疲劳的训练,就不是真正意义上的训练。而当产生运动疲劳后,机体的运动能力会随之下降,运动的时间长短也会受到影响,所以疲劳又阻碍了锻炼者运动训练的发展,因此必须在运动训练过程中克服自身的疲劳。而这种克服疲劳的过程,也恰好反应出他们所具备的耐力水平的高低。

（二）耐力素质的分类

耐力素质内容丰富，根据不同的分类标准，可以将个体的耐力素质分为不同的种类，先对其简单分类如下。

1. 以氧代谢的特征为依据进行划分

以氧代谢的特征为依据进行划分，可以将耐力素质分为有氧耐力和无氧耐力。

（1）有氧耐力

有氧耐力是指个体在氧气供应充足的情况下能坚持长时间运动的能力。针对运动者的有氧耐力训练，应重点提高运动员机体输送氧气的能力，促进其机体的新陈代谢，为提高其运动负荷奠定良好的基础。

（2）无氧耐力

无氧耐力是指个体在氧气供应不足的情况下能坚持较长时间运动的能力。一般的，无氧耐力又可以分为非乳酸供能无氧耐力和乳酸供能无氧耐力。针对运动者的无氧耐力训练，应重点提高运动员机体承受氧债的能力。

2. 以肌肉工作的性质为依据进行划分

以肌肉工作的性质为依据进行划分，可以将耐力素质分为静力性耐力和动力性耐力。

（1）静力性耐力

静力性耐力主要是指有机体在较长时间的静力性肌肉工作中克服疲劳的能力。例如，田径运动中的举重运动员在静力预蹲、静力半蹲表现出来的耐力以及体操运动员在十字支撑、慢起手倒立中表现出来的耐力都属于静力性耐力。

（2）动力性耐力

动力性耐力主要是指有机体在动力性肌肉工作中克服疲劳的能力。

3. 以耐力表现形式和用力特征为依据进行划分

以耐力表现形式和用力特征为依据进行划分，可以将耐力素质分为三大类，即心血管耐力、肌肉耐力和速度耐力。

（1）心血管耐力

个体的心血管耐力是其有机体在运动中循环系统保证氧气到达细胞以支持身体的氧化能量过程和运走物质代谢废物的能力。个体的心血管耐力实际上还可以分为有氧耐力和无氧耐力。

（2）肌肉耐力

肌肉耐力是指有机体在一定外部负荷或对抗一定阻力（来自外部或人体内部的阻力）时，能坚持较长时间或重复较多次数的能力。

（3）速度耐力

速度耐力是指有机体将获得的较高或最高速度一直保持到运动结束的能力。以田径运动为例，运动员的短跑运动成绩在很大程度上取决于速度耐力水平。速度耐力的生理机制与机体内无氧代谢过程的改善和机体适应缺氧能力的提高有着非常密切的关系。针对有机体速度耐力的训练主要应在提高运动者速度素质的基础上，提高和改善其放松跑的能力，这样不仅可以提高运动者中枢神经系统和运动器官机能的灵活性,还可以提高运动者神经系统对缺氧和酸性代谢产物积累的适应能力,从而帮助有机体有效克服疲劳。

4. 以专项活动的关系为依据进行划分

以专项活动的关系为依据进行划分,可以将耐力素质分为一般耐力和专项耐力。

(1)一般耐力

一般耐力是指一种多肌群、多系统长时间工作的能力。一般耐力是专项耐力的基础,是有机体各器官系统机能克服疲劳的综合能力。对于运动员而言,无论专项特点如何,良好的一般耐力都是其进行各种形式的训练获得成功的重要保证。苏联学者奥佐林(1971)指出,个体的一般性耐力是一种多肌群、多机体系统长时间工作的能力,良好的一般性耐力有助于运动者完成大负荷训练,在长时间的运动、竞争中更好地克服运动疲劳,并在大强度的训练和激烈的竞赛后更快地恢复。但因个体的一般耐力是不同形式耐力的综合表现,不同的运动项目对个体的一般耐力素质要求是不同的。

(2)专项耐力

专项耐力是指运动员在其专项比赛中或训练中所要求的时间内,坚持高强度工作的能力。是个体为了获取良好的专项成绩而最大限度地调动有机体整体,以克服有机体在较长时间内进行专项负荷所产生的疲劳的能力。运动员的专项耐力水平也取决于有氧代谢状况、能源物质储存及支撑运动器官对长时间大强度工作的承受能力。一般来说,运动者从事的运动项目不同,其所表现的专项耐力也不同。

5. 以持续时间的长短为依据进行划分

以持续时间的长短为依据进行划分,可以将耐力素质分为短时间耐力、中等时间耐力以及长时间耐力三种类型。

(1)短时间耐力

短时间耐力是指有机体持续短时间运动(45秒至2分钟)项目所要求的耐力。运动中,主要是通过无氧过程提供完成运动所需要的能量。因在运动过程中氧债很高,所以个体良好的运动成绩的取得与其力量素质和速度素质水平关系密切。

(2)中等时间耐力

中等时间耐力是指有机体持续运动时间为2~8分钟所需要的耐力,其强度高于长时间耐力项目。实践证明,在运动过程中,个体对氧的吸收和利用对其运动成绩起决定性作用。

(3)长时间耐力

长时间耐力是指个体持续运动较长时间(超过8分钟的运动)时所需要的耐力。运动者在的运动过程中,机体的能量主要由有氧系统供能,需要心血管和呼吸系统高度参与。

6. 以身体活动的部位为依据进行划分

以身体活动的部位为依据进行划分,可以将耐力素质分为局部耐力和全身耐力。

(1)局部耐力

局部耐力主要指有机体的局部身体部位在长时间的身体活动中克服机体疲劳的能力。运动者的局部耐力取决于其一般耐力素质的发展水平。例如,运动者在长时间内反复进行上肢力量训练,上肢用力部位很快就会出现肌肉酸胀的现象和继续用力工作困难的情况。由此也说明，人体局部身体部位的耐力可以通过有针对性的局部训练来提高。

（2）全身耐力

全身耐力主要指有机体的整个身体机能在训练和竞赛中克服疲劳的综合能力。个体的全身耐力是其综合耐力水平的表现。锻炼者的耐力素质训练应该重视全身综合耐力的提高。

二、耐力素质的影响因素

耐力素质与人体其他身体素质有着非常密切的关系，是多种因素共同作用的结果。因此可以说，耐力素质水平受到很多种因素的影响，具体来说，主要有以下几个方面。

（一）体　重

体重是影响个体耐力素质发展的重要因素之一。一般来说，运动者的脂肪过多，就会增大肌肉内阻力，摄氧量的相对值也会因体重的增加而下降。而体重过重必然会造成机体消耗能量的增加，这都会对耐力素质的发展产生一定的影响。

（二）中枢神经系统的功能

中枢神经系统也是影响有机体耐力素质的最重要的因素之一。在耐力素质训练中，机体对中枢神经系统机能的要求较高，因此耐力素质训练能促使中枢神经系统的工作能力增加，并能改善器官与系统之间密切合作所必需的神经联系。具体表现如下。

首先，人体的中枢神经系统可通过交感神经对肌肉、内部器官和各神经中枢起到适应与协调作用，如神经中枢与运动系统，各神经中枢之间，运动系统之间等，此外，良好的中枢神经系统功能还有助于肌肉活动的耐力水平的提高。

其次，人体的中枢神经系统可通过神经体液，调节和提高有机体的耐力素质水平。例如，加强有机体肾上腺素和肾上腺皮素激素的分泌，提高有机体的心血管系统和肌肉工作能力，提高有机体的耐力素质水平。因此，中枢神经系统功能可对个体的耐力素质起到一定的制约作用。

（三）机体的能量储备与供能能力

机体活动时的能量供应和能量交换的程度，在某种意义上取决于各种能量储备的大小和能量交换过程的动员水平。能量储备越大，耐力发展的潜力也就越大。例如，肌肉中磷酸肌酸（CP）、糖原的含量增多，就有利于无氧、有氧耐力水平的提高。肌肉中的 CP 储备能保证速度耐力活动中的能量供应；而肌肉中的糖原储备则是耐力活动中能量供应的主要方面。能量供应的速度主要在于能量交换的速度，耐力水平高的运动员，其体内能量交换的速度也快，从而保证了能量供应在人体活动中不间断。能量交换的速度主要和各种酶系的活性有关，耐力训练能有效地提高各种酶的活性（如肌酸激酶、氧化酶等），加快 ATP 的分解与合成速度。

（四）个性心理特征

心理因素可直接影响个体在运动中的耐力素质表现，个性心理特征（如运动动机、运动兴趣、意志品质、忍耐力等)是一种主观的影响运动者身体耐力素质的重要因素,尤其是忍耐力在锻炼者的耐力素质训练中的作用尤其重要。

忍耐力,是指有机体忍受身体发生变化后的能力。锻炼者的忍耐力的强弱和其机体变化程度、机体忍受运动的时间长短有关。一般来说,锻炼者的忍耐力与其忍受机体发生剧烈变化的时间成正比例关系。例如,在以强度为主的长时间耐力训练过程中,有机体就会发生很大的变化(如缺氧、酸性物质堆积),当锻炼者的忍耐力不能忍受这种变化时就会停止该训练,从而导致个体的耐力素质不会得到发展而是停留在一定的水平基础之上。

因此,要想促进耐力素质最大程度的发展,就必须在科学训练的基础上,充分动员自身的忍耐力去克服耐力发展过程中机体承受极限,进而不断提高机体的承受能力,从而提高自身的耐力素质。

(五)机体代谢的能力

1. 有氧代谢的能力

有氧能力是指机体在氧参与下产生能量的能力,并决定着练习者的耐力素质水平。在运动中,有氧能力受练习者体内供氧能力的影响。研究表明,运动时,能量的来源主要与物质的有氧代谢有关。这是因为有氧能力不仅对运动本身极为重要,而且对练习期间和练习结束后的快速恢复也十分重要。通常有氧能力的提高在很大程度上取决于心血管和呼吸系统的机能能力的发展。练习者的有氧能力得到提高,也会促进其他无氧能力不断地提高。因为有氧能力强了,氧债出现得就晚,出现氧债后也能更快地得到恢复。较强的有氧能力还可以积极地转换为无氧能力,以保证速度的稳定。因而,各种耐力练习也都包括改善和提高供氧能力的练习,使得有机体各系统在疲劳或内环境产生变化时,机能仍然能保持良好的状态。

2. 无氧代谢的能力

无氧能力对耐力素质水平也产生着一定的影响。运动强度越大,需氧量越大,无氧代谢供能的比例也就越大。机体的无氧能力的变化受中枢神经系统活动过程的影响。这种活动过程有助于练习者保持大强度负荷,或在疲劳的状态下继续进行工作。不同项目的专项练习是改善无氧能力的一种好方法,如 100 米跑的运动强度大,运动能量主要来自无氧系统的提供,但随着距离的增加和强度的下降,有氧的比例开始逐渐增加。因此,在练习中无氧练习也需要与有氧练习交替进行。通常持续时间超过 60 秒的运动项目可采用有氧练习为主,无氧练习的作用一般只体现在运动的前半程,而不是全过程。

(六)最大吸氧量水平

最大吸氧量,具体是指个体在运动或比赛中呼吸系统和循环系统发挥最大机能水平时每分钟吸取氧的最大值。它受到遗传因素的影响非常大,此外,影响最大吸氧量的因素还有肺的通气机能、氧从肺泡向血液弥散的能力、氧由血液向组织弥散的能力、心脏的泵血功能、血液结合氧的能力、组织的代谢能力等。其中,血液结合氧的能力是具有明显可控量化的指标,血液结合氧的能力受到血红蛋白含量的影响非常大。血液中血红蛋白含量越高,血液结合氧的能力越大。

最大吸氧量本身就是反映有机体有氧耐力水平的重要指标,因此,个体的耐力素质受最大吸氧量的影响非常明显,通常情况下,运动者的最大吸氧量越大,其有氧耐力水平就会越高,运动者的耐力性运动成绩也会表现得越好。运动实践也充分表明,在以有氧过程为主的运动项目中,从事该类项目的运动者的最大吸氧量比从事其他项目的运动员以及不经常运动者都要大许多。

(七)机体机能的节省化

耐力素质的水平还取决于机体的机能节省化程度。机能节省化和机体能量储备的利用率有很大关系。耐力活动过程中,各种协调性的完善、体力的合理分配都能有效地提高能量储备的利用率。例如,协调性的完善可以减少不必要的能量消耗;体力的合理分配则可以提高能量的合理利用程度(匀速能量消耗少,变速能量消耗大)。总之,高度的机能节省化,能使人体在活动时单位时间内能量消耗减少到一个最小的程度,从而保证人体长时间的活动。

(八)机体机能的稳定性

所谓机体机能的稳定性,是指机体系统在逐渐疲劳、内环境产生变化时,机能仍能保持在一个必要的水平上的现象。具体来说,机体机能的稳定性取决于有机体的抗酸能力,一般的,机体抗酸能力与有机体的稳定程度成正比,同时还与运动持续时间成正比。实验表明,碱储备是机体内部缓冲酸性的主要物质,习惯上以血浆中与碳酸结合的碱含量来表示。通常来讲,有机体抗酸能力受多种因素的影响,其中,最主要的影响因素就是血液中的碱储备。运动员的碱储备比一般人高出 10% 左右,碱储备越高,运动者的抗酸能力越强,机能的稳定性越强。

(九)红肌纤维数量

人体肌肉纤维的类型及数量对耐力素质也有影响。据研究,肌肉中红肌纤维因含血红蛋白多,线粒体多,氧化酸化供氧能力强,收缩速度虽慢但能持久,适宜有氧耐力训练。据测定,耐力性项目运动员肌肉中红肌纤维占的比重极大。优秀的长距离游泳运动员的三角肌中,红肌纤维可达 90% 左右。所以红肌纤维占优势的人,给发展耐力素质提供了物质条件。

(十)速度储备能力

速度储备,具体是指个体在运动过程中以较少的能量消耗来保持一定速度的能力,实验证实,有机体的速度储备可影响个体的耐力素质,尤其会影响个体的专项耐力。

不同运动项目对有机体的速度储备能力要求不同,通常,在周期性运动项目中,个体的速度储备能的重要作用更加突出。例如,一名 100 米的田径运动员的成绩是 10.5 秒,如果参加 400 米跑,运动成绩达到 50 秒非常容易,其速度储备指数为 50 秒÷4-10.5 秒=2 秒;但是当一名 100 米田径运动员的 100 米跑运动成绩为 12 秒时,其 400 米成绩要达到 50 秒是非常困难的,其速度储备指数为 50 秒÷4-12 秒=0.5 秒。根据上述实验和数据可以认识到,如果运动员能以极快的速度跑完短距离,也能更容易地以较低的速度跑完较长的距离。

因此,一般的,速度储备较高者能以较少的能量消耗保持一定的速度,且在运动过程中能轻松且持久地保持。

三、耐力素质发展的敏感期

一般来说,耐力素质发展的敏感期为:男子 10—20 岁,女子 9—18 岁。下面就分别对有氧耐力和无氧耐力发展的敏感期进行分析。

(一)有氧耐力发展的敏感期

女孩在 9—12 岁期间,有氧耐力指标出现较大幅度的增长,而当进入性成熟期后 2 年(即14 岁以后),有氧耐力水平呈逐步下降的趋势,16 岁以后下降速度减慢。男孩在 10—13 岁期间,耐力指标呈现出大幅度的提高,出现第一个增长高峰;16—17 岁时有更大幅度的提高,出现第二个增长高峰。特别是 16 岁时,60%强度的有氧耐力指标增长幅度超过 40%。

(二)无氧耐力发展的敏感期

男子在 10—20 岁期间,无氧耐力水平呈逐年增加的趋势,并在 10 岁、13 岁、17 岁分别出现三次增长高峰。尤其是在 16—20 岁期间增长幅度最大,说明此时无氧耐力正处在良好发展时期。女子无氧耐力从 9—13 岁均逐年递增,14—17 岁有所下降。出现下降的主要原因是女子在此阶段体重增加较快,与最大吸氧量有关的指标在 14 岁时已接近完成,15—17 岁时仍停留在已有水平上。所以在 15—18 岁期间应加强无氧耐力训练。

总之,发展耐力素质应从培养有氧耐力入手,从而为一般耐力的发展打下良好的基础。从15—16 岁开始进行无氧耐力训练,并逐步加大无氧耐力训练的比例。由于耐力项目出成绩较晚,有其特有的训练规律和成绩增长规律,因此在耐力训练中不能拔苗助长,操之过急,要按部就班地进行。

第二节　耐力素质训练的方法及要求

一、耐力素质训练方法

能够有效发展耐力素质的基本训练方法主要有以下几种,具体要根据实际情况和需要进行选用,以取得理想的训练效果。

(一)持续训练法

持续训练法是一种低强度、长时间、无间断地连续训练的方法。可运用此方法进行一般耐力素质的训练,可以有效地提高有氧代谢系统供能能力以及该供能状态下有氧运动的强度。并且可以为锻炼者的无氧代谢能力和无氧工作强度的提高奠定坚实的基础。

持续训练方法的特点:技术动作可以单一亦可多元,平均强度不大,负荷时间相对较长,以有氧代谢系统供能为主。一组练习的持续负荷时间至少应为 10 分钟以上。负荷强度心率指标平均为每分 160 次左右。练习过程不中断。可有效地提高运动员以有氧代谢系统供能状态下所表现出来的专项耐力,有效地提高技术应用的稳定性和抵御疲劳的耐久性。

持续训练法能发展一般耐力,提高摄氧、输氧等能力,还可发展专项的力量耐力。练习的目的不同,刺激的强度和负荷量也不相同(表 8-1)。

表 8-1　练习目的与刺激负荷的关系

训练目的	刺激强度		持续时间
	心　率	强　度	
调整、休整、恢复体力	120～150 次/分钟	小强度	30～50 分钟
提高有氧耐力	150～180 次/分钟	中强度	50～90 分钟
提高承受大负荷的能力	120～150～180 次/分钟	小、中强度	90～120 分钟
提高力量耐力	120～150～180 次/分钟	小、中强度	不能再做为止

(二)间歇训练法

间歇训练法是指对多次练习时的间歇时间做出严格规定,使机体处于不完全恢复状态下,反复进行练习的方法。合理应用间歇练习法,可使心脏功能得到明显的增强,使机体各机能产生适应性变化;使糖酵解代谢供能能力、磷酸盐与糖酵解混合代谢的供能能力、糖酵解与有氧代谢混合供能能力和有氧代谢供能能力得以有效的发展和提高;使机体抗乳酸能力得到提高,以确保在保持较高强度的情况下具有持续运动的能力。

间歇训练法可以显著提高短距离跑和中长距离跑项目的速度耐力和耐力水平。间歇的方法都是采用积极性休息方式,如采用慢跑或走,也采用一些放松性的练习。当心率恢复到120～130 次/分时就开始下一次的练习。

由于锻炼者在采用间歇训练法训练时,其机体在未能完全恢复的情况下就进行下一次练习,因此会对机体产生以下几方面的影响。

(1)可以提高锻炼者每分钟的血液输出量,提高心肌收缩力水平和心脏输出量水平。

(2)可以提高锻炼者的呼吸系统功能,特别是其最大吸氧量水平。

(3)可以有效提高锻炼者在负荷时间较长,负荷强度相对较低的长距离跑或部分距离相对较长的中距离跑项目中的糖原有氧分解能力和有氧耐力水平。

(4)可以有效提高锻炼者在负荷时间较短,负荷强度相对较高的中距离跑及部分距离相对较长的短跑项目中的有氧无氧混合供能的能力和无氧耐力水平。

训练的时间、距离、练习的强度、间歇的时间与训练的目的构成不同类型的间歇训练法(表8-2)。

表 8-2　不同类型的间歇训练法参数

训练目的	训练时间	训练强度	间歇时间	重复次数
提高有氧耐力	8～15 分钟	小强度	长	较少
提高无氧耐力	8 秒～2 分钟	最大强度或大强度	短	多
提高混合耐力	2～8 分钟	中等强度	中	中
提高专项耐力	8 秒～15 分钟	大强度	短、中、长	少、中、多
提高力量耐力	8 秒～15 分钟	中等强度	短、中、长	多

（三）重复训练法

重复训练法是指多次重复同一练习，两次（组）练习之间安排相对充分休息的训练方法。通过多次重复训练，不断强化运动条件反射的过程，有利于掌握和巩固技术动作；可使机体尽快产生较高的适应性机制，有利于发展和提高身体素质。构成重复训练法的主要因素有：单次（组）练习的负荷量、负荷强度及每两次（组）练习之间的休息时间。休息的方式通常采用静止、肌肉按摩或散步。

（1）短距离跑中的较长距离跑（200 米、400 米），该项目对锻炼者的速度耐力要求较高，可以通过较长距离（300～500 米）段落的重复跑来有效地发展锻炼者乳酸能供能系统的水平和提高机体负氧债能力。

（2）中距离中的较短距离项目（800 米），此项目以无氧代谢为主，运动中会产生较大氧债，且乳酸的堆积量也较大。因此锻炼者通过重复跑 500～1 500 米的练习，不仅可以提高人体对氧债和大量乳酸堆积耐受力，还可以提高无氧耐力和速度耐力。

（3）长距离跑项目的运动负荷较大，每分吸氧量以及循环系统要全力动员，又因跑的时间较长，使循环系统和呼吸系统有时间克服惰性逐步提高其工作水平。因此锻炼者在训练时可以通过较长距离的反复跑，对循环、呼吸系统的机能水平进行有效发展，努力提高专项耐力水平。

重复训练法的特点是在心率恢复至 100～120 次/分时，再进行下一次练习。其练习的时间、练习距离、练习重量及动作等有着明显的专项特点，练习的强度较大，练习的次数较少。

训练的时间、距离、练习的强度、间歇的时间与训练的目的构成不同类型的重复训练法（表8-3）。

表 8-3　重复训练法的训练参照指标

训练目的	训练时间	训练强度	间歇时间	重复次数
提高有氧耐力	8～15 分钟	最大强度、大强度	中、长	少
提高无氧耐力	2～100 秒	极限强度、最大强度	短	少
提高混合耐力	2～10 分钟	最大强度、大强度	中	少
提高专项耐力	15～60 秒	大强度	长	少
提高专项速度	15～30 秒	最大强度、大强度	短、中、长	少

（四）循环训练法

循环训练法是指根据训练的具体任务，将训练手段设置为若干个训练站，训练者按照既定顺序和路线，依次完成每站训练任务的训练方法。运用循环训练法可有效地激发训练情绪、累积负荷"痕迹"、交替刺激不同体位。循环训练法的结构因素有：每站的训练内容、每站的运动负荷、训练站的安排顺序、训练站之间的间歇、每遍循环之间的间歇、训练的站数与循环训练的组数。运用循环训练法可有效地提高训练情绪和积极性；可以合理地增大运动训练过程的练习密度；可以随时根据具体情况因人制宜地加以调整，做到区别对待；可以防止局部负担过重，延缓疲劳的产生，并有利于全面身体训练。

循环训练方法特点鲜明，它的各训练站之间是有机联系的，各个训练站的平均负荷强度相对较低，各组循环内各站之间无明显中断，一次循环的持续负荷时间较长。负荷强度高低交替搭配进行。循环组数相对较多。上下肢练习、前后部练习顺序的配置或集中安排或交替进行。其常用的训练组织方式可以采用流水式或轮换式。锻炼者运用此方法可以提高自己在疲劳状态下连续运动的能力以及有氧运动强度，并且在提高有氧代谢系统供能能力的同时，还可以提高机体在有氧代谢供能状态下的力量耐力。

（五）高原训练法

高原训练法是指在海拔高度较高，空气中氧含量较少的高原地带进行训练的方法。如我国在青海多巴、云南昆明等地都设有高原圳练基地。通过在海拔高度 2 000 米左右的地带进行高原训练，可以发展运动员的有氧代谢能力，以提高运动员到平原后承担大负荷圳练和参加大强度比赛的能力。

高原训练时，由于高原空气的氧含量比平原少，这对机体的心血管系统和呼吸系统提出了更高的要求，通过一段时间的训练和适应过程，运动员肺通气量和呼吸效率有所提高，促使呼吸、循环系统的机能更加改善。

通过高原训练后，运动员血液中的红细胞数量和血色素量会得到增加，这就提高了机体血液输氧能力。同时还使肌肉毛细血管增生变粗，从而使肌细胞的新陈代谢有氧供能能力显著提高。

（六）变换训练法

变换训练法是通过对运动负荷、训练内容、训练形式以及条件的变化，来促进练习者积极性、趣味性、适应性及应变能力提高的训练方法。在运动训练过程中，对运动负荷进行变换，可以使机体产生一定的适应性变化，帮助机体提高自身承受运动负荷的能力。而对训练内容的变换，则可以促进机体不同运动素质、运动技术和运动战术得到系统的训练和协调地发展。

以所变换内容为主要依据，可以将变换训练法分为三种类型，即负荷变换训练法、内容变换训练法和形式变换训练法。每一种类型的变换训练法都有其各自的特点和功能。

（1）负荷变换训练法：负荷变换训练法在降低训练负荷强度时，能够对机体学习和掌握运动技术提供一定的帮助；在提高训练负荷强度及密度时，能够使机体的适应能力得到有效提高，使机体能够在较大运动强度的情况继续运动。另外，可通过变换训练动作的负荷强度、训练次数、训练时间、训练质量、间歇时间、间歇方式及训练组数等变量方式,促使运动素质、能量代谢系统的发展与提高。

(2)内容变换训练法:内容变换训练法可以对训练内容的动作结构进行固定组合和变异组合,使训练的负荷性质符合专项特点,训练内容的变换符合体能发展的需要,训练动作的用力程度符合专项的要求。

(3)形式变换训练方法:形式变换训练方法的运用,主要是通过对场地、线路、落点和方位等条件或环境的变换上进行反映的。训练者在进行耐力素质训练时,通过此方法对训练环境、训练气氛、训练路径、训练时间和训练形式的变换,将各种技术更好地串联和衔接起来,对训练者产生新的刺激,使训练者拥有更高的训练情绪,由此也帮助训练者的神经系统处于良好的准备状态,提高训练者的表现欲,使耐力训练的质量大大提高。

(七)比赛训练法

比赛训练法是借助比赛或模拟比赛的形式发展运动员比赛能力和提高专项耐力的一种训练方法。

比赛训练法是在竞赛期主要采用的训练方法,多用于竞赛期的各个时期,在进行比赛法训练时,应充分考虑以下几点。

(1)训练的时间、训练的距离、训练的重量及次数、强度等应近似于专项比赛的形式和特点。

(2)在比赛训练时,提高比赛能力,应把比赛技术贯穿于比赛的专项耐力训练之中。

(3)以实战出发,按照予先确定和设计的比赛战术进行训练,培养比赛能力,积累比赛经验。

不同运动专项的比赛方式和特点,比赛训练法的应用也有所不同(表8-4)。

表8-4 比赛训练法参数对照表

训练目的	训练量	训练强度	间歇时间	重复次数
专项比赛以及模拟	长于比赛时间	与比赛强度相同或高于比赛	与比赛相同	与比赛相同
专项比赛能力模拟	与比赛相同	与比赛强度相同或高于比赛	较 短	无
专项技术模拟	与比赛相同	设计的比赛强度	与比赛相同	与比赛相同
专项战术模拟	与比赛相同	设计的比赛强度	与比赛相同	与比赛相同
比赛能力检查	短于比赛时间	与比赛强度相同或略高于比赛强度	与比赛相同	与比赛相同

二、耐力素质训练要求

耐力素质训练不仅要采用科学的训练方法,还要做到相应的一些要求,这样才有可能取得理想的训练效果。具体来说,应做到的要求有以下几个方面。

(一)训练要与人体基本规律相符

耐力素质的训练应符合人体生长发育的基本规律。一般来说,对正处于有氧耐力敏感期的少年儿童,应以有氧耐力的训练为重点;男14—16岁,女13—14岁以后进入无氧耐力的敏感期,这时就可适当进行无氧耐力的训练。训练者的耐力素质训练应重视有氧素质训练无氧耐力素质训练结合进行。

(二)选择适宜的训练方式与方法

1. 合理安排训练方式

采用持续负荷训练,应在保持最大吸氧量的基础之上,提高人体的有氧代谢水平。持续负荷训练一般将心率控制在150次/分钟左右,常用的方法有变速跑、匀速跑和超越跑等。还可结合一些趣味性的活动进行。

选用间歇负荷训练,应在上一次的训练没有恢复的情况下进行的训练刺激,如进行直线快攻,3次往返为1组,进行5~10组训练。

进行重复负荷训练,应将最大心率保持在28次/10秒以上,每组之间休息5分钟左右,或心率降至15次/10秒左右时再进行下一次训练。

在耐力素质训练中,耐力素质训练要长时间进行,并且训练的方式要尽可能丰富多样,保证对锻炼者机体的刺激,使其在心理上和生理上都能够保持较好的状态。

2. 科学选择训练方法

任何一种身体素质的训练都需要选择正确的方式方法,耐力素质的训练也不例外,如果在耐力素质训练中,训练方法选择不当,容易导致运动者在耐力素质训练中产生厌恶感和抵触心理,因此在耐力素质训练过程中,应根据不同对象的生理、心理特点,科学选择训练方法,如一系列重复训练(次数、时间或距离),提高每次重复的强度,缩短间歇时间。

(三)合理安排运动负荷

有氧耐力是耐力素质的基础,提高有氧耐力的主要手段是发展心肺功能水平。一般的,有氧耐力锻炼的负荷强度安排,心率控制在140~170次/分钟,大约为锻炼者所能承受最大强度的75%~85%。锻炼者耐力负荷的要求应稍大一些。

(四)在有氧耐力的基础上进行无氧耐力训练

从发展的角度来讲,机体的有氧耐力的提高能为其无氧耐力的发展奠定良好的基础。训练者通过科学有效的有氧耐力训练能增大心腔、提高每搏输出量,为有机体无氧耐力的发展奠定基础。

实践证明,如果训练者先进行一定量的系统的无氧耐力训练,那么心肌壁就会增厚,这样虽然心脏收缩能力强而有力,但每搏输出量难以提高,从而会影响到全身血液的供给,对今后发展不利。因此,在发展无氧耐力之前或同时应进行有氧耐力训练。在训练过程中,具体应根据训练者身心发展各方面的情况合理安排有氧耐力训练和无氧耐力训练的内容和比例。

（五）对专项特点引起重视

不同运动项目对锻炼者的耐力素质的要求也不同（表 8-5），在训练时必须根据运动项目的特点和需要，选择适合的训练内容、方法和手段，以达理想的训练效果。

表 8-5　不同训练内容对各种能量系统供能要求

训练方法	ATP-CP 系统和乳酸能系统	乳酸能系统和有氧系统	有氧氧化系统
加速疾跑	92	5	5
持续快跑	2	8	90
持续慢跑	2	5	93
间歇疾跑	20	10	70
间歇训练	0～80	0～8	0～80
慢　跑			100
重复跑	10	50	40
速度游戏	20	40	40
疾跑训练	90	6	4

（六）要将耐力训练与意志品质培养有机结合起来

和其他体能素质训练不同，个体的耐力素质训练不仅是身体方面的训练，也是意志品质的培养过程。因此，在耐力训练和培养过程中，除了应注意提高训练者的训练和练习兴趣外，还应注意培养训练者吃苦耐劳、坚忍不拔的意志品质。

（七）要对女子进行区别训练

正如前面所说，性别是个体耐力素质培养的重要因素之一，男女生理结构和特性不同，耐力素质训练也应有所区别。女子体脂为体重的 20%～25%，男子体脂为体重的 10%～14%。脂肪不仅具有填充和固定内脏器官的作用，而且可以储备能量在必要时供运动消耗。女子的皮下肌肉和一些内脏器官中的脂肪含量较多，并且具有动用体内储存脂肪作为能源的能力，因而从事耐力项目的能力很强。由于女子机体能有效地利用储存的脂肪提供运动所需能源，故有利于从事较长距离的耐力训练。

此外，女训练者在月经期间不宜从事大强度、长时间的耐力训练，同时应避免剧烈运动及其他外部刺激。

总之，在训练者耐力素质训练中，一定要做到训练的科学、系统、全面、有针对性。训练过程中，训练负荷的增加要循序渐进，不能突然加大，防治训练过程中运动伤害事故的发生。同时，有条件的训练者还应请专业的教练员作训练指导，并加强训练期间的医务监督。

第三节 相关运动专项耐力素质训练的方法

一、田径专项耐力训练方法

(一)有氧耐力训练

1. 匀速连续跑

通过匀速连续跑能够使有氧耐力得到有效的发展和提高。跑的负荷尽量多,运动时间在一小时以上。要匀速连续地跑进。主要适合项目是马拉松、1 000 米、5 000 米、公路竞走等。

2. 变速跑

训练时,负荷强度由低到高,心率控制在 130～150 次/分钟、170～180 次/分钟左右。练习持续时间在半小时以上。训练时要求根据运动者情况来控制速度和距离。主要适合项目是 1 500 米、3 000 米障碍、2 000 米障碍、5 000 米。

3. 间歇跑

间歇跑训练负荷量较小,训练中每一次练习的持续时间很短。待到负荷强度较大时,心率达到 170～180 次/分钟之间。下一次的练习要在身体尚未完全恢复的情况下进行,心率在 120～140 次/分钟之间。要求整个训练的持续时间尽可能延长,至少半小时以上。而且练习之间采用积极性休息方式,如放松走和慢跑。主要适合的项目是 800 米、1 500 米、3 000 米障碍、2 000 米障碍。

4. 越野跑

在训练中,跑的速度可以适当变化,心率控制在 150～170 次/分钟左右。运动时间 1.5～2 小时。要求要在空气清新、相对松软、有弹性的地面练习。主要适合项目是所有中长跑和竞走项目。

5. 法特莱克速度游戏

训练要在野外、丘陵、山坡、平原的地形条件下进行,由练习者自己控制距离不等的快跑、慢跑、匀速跑、加速跑交替进行的连续练习。多用于调整训练课或过渡训练期。主要适合中长跑和竞走项目。

(二)无氧耐力训练

1. 固定间歇时间跑

通过固定间歇时间跑,能够使锻炼者乳酸供能无氧耐力得到有效的发展和提高。在训练时,采用 80%～90% 的练习强度,心率达到 180～190 次/分钟。一次练习的持续时间和距离稍长,练习的重复次数不宜过多。过程中间歇时间固定不变,可采用段落相等或不等的练习。

如果段落不等,练习顺序由短到长,在最后一组练习时基本保持规定的强度。主要适合 100 米、200 米、400 米、400 米栏等项目。

2. 短段落间歇跑

通过短段落间歇跑,能够使锻炼者非乳酸供能无氧耐力得到发展。可采用 30~60 米距离,95%以上的大强度练习,间歇时间 1 分钟左右,持续时间 10 秒左右。训练时要保持高强度,较多的练习重复次数,组数根据练习者情况而定。主要适合 100 米、200 米、110 米栏、100 米栏等项目。

3. 长段落间歇跑

通过长段落间歇跑,能使锻炼者的非乳酸供能无氧耐力得到提高。采用 100~150 米距离,间歇时间 2 分钟以上。采用 95%以上的大强度练习,持续时间 10 秒以上。训练过程中要保持较高的训练强度,重复组数和次数按照运动者情况而定。主要适合项目是 100 米、110 米栏、100 米栏、200 米等。

4. 逐渐缩短间歇时间跑

通过逐渐缩短间歇时间跑,能够使锻炼者的乳酸供能无氧耐力得到发展。训练中采用 80%~90%的练习强度,心率达到 180~190 次/分钟。一次练习的持续时间和距离稍长,练习的重复次数不宜过多。要求间歇时间逐渐缩短,可采用段落相等或不等的练习。如果段落不等,练习顺序由短到长,在最后一组练习时基本保持规定的强度。主要适合 100 米、200 米、400 米、400 米栏等项目的练习。

(三)有氧和无氧混合耐力训练

1. 反复跑

通过反复跑,能够使锻炼者有氧和无氧混合耐力得到发展和提高。采用 80%以上的强度,每组反复跑 150 米、250 米、500 米之间距离 4~5 次。每组练习之间休息约 20 分钟,以预定的时间跑完全程。也可以采用专项的 3/4 距离进行练习。主要适合 400 米、400 米栏、800 米、1 500 米等项目。

2. 短距离重复跑

短距离重复跑训练采用 300~600 米距离,每次练习强度为 80%~90%,进行反复跑。过程中要注意速度分配的准确性,可以采用全程或半程的速度分配计划。主要适合的田径项目有 200 米、400 米、400 米栏、800 米。

3. 力竭重复跑

力竭重复跑是采用专项比赛距离,或稍长距离,以 100%强度全力跑若干次,每次之间充分休息。距离根据运动者的具体情况而定,短跑运动者可以采用 30 米,中跑运动者可以采用 800 米或 1 500 米距离。主要适合项目有 400 米、400 米栏、800 米、1 500 米。

4. 间歇快跑

以接近 100%强度跑完 100 米后,接着慢跑 1 分钟,间歇练习。快慢方式对照组成一组,反复训练 10~30 组。训练时要根据练习者实际情况增减和调整训练负荷。主要适合的田径项目是 400 米、400 米栏、800 米、1 500 米。

5. 俄式间歇跑

俄式间歇跑是采用固定练习中间休息时间,随训练水平提高逐渐缩短中间休息时间的方式进行训练的。例如,在跑 400 米练习中,用规定速度跑完 100 米后,休息 20~30 秒,如此循环反复训练。当运动者的能力可以缩短练习中间休息时间时,调整休息时间为 15~25 秒。主要适合的田径项目有 400 米、400 米栏、800 米、1 500 米。

6. 持续接力

此训练是以 100~200 米的全力跑,每组 4~5 人轮流接力的形式进行的。如果练习者人数充足也可以分成若干组进行训练比赛。主要适合的田径项目有 100 米、200 米、400 米、400 米栏。

二、足球专项耐力训练方法

(一)有氧耐力训练

(1)12 分钟跑。

(2)100~200 米间歇跑,400~800 米的变速跑。

(3)进行 3 000 米、5 000 米、8 000 米、10 000 米等不同距离的定时跑或越野跑。

(4)进行半场 7 对 7 控球对抗训练。要求每队传控好本方球,并全力破坏对方的传控。练习时可限制触球次数;可视情况调整场区或人数。

(二)无氧耐力训练

(1)进行 5 米、10 米、15 米、20 米、25 米折返跑练习。

(2)进行 100~400 米高强度的反复跑和做 1~2 分钟的极限动作练习。

(3)做原地快速跳绳练习。30 秒钟×10,60 秒钟×5(每次间歇 30~60 秒钟)。

(4)进行重复多次的 39~60 米冲刺跑练习。

(5)有持续时间的往返带球练习。

(6)1 分钟内一对一追拍或一对一过人。

(7)短距离追逐跑练习。

(8)往返冲刺传球练习。甲往返冲刺在限制线之间,在限制线附近回传乙、丙分别传来的球,乙、丙离限制线约 5 米。

(9)做折线快跑 20 米—仰卧屈体 5 次—冲刺 10 米—突停转身铲球—向左右做旋风腿各 1 次—快跑中跳起头顶球 3 次—冲刺射门两次—三级蛙跳的组合练习。

(10)不同人数传抢球练习。规定时间,1/4 场地 4 对 4 传抢,1/2 场地 6 对 6 传抢,全场 9 对 9 传抢。

(11)进行争球射门训练。12 人分为 2 组,每组占用半个足球场地,每组 1 名守门员,2 人一组,争教练发出的球,得球者攻,无球者防,交替进行。练习时间为 15 分钟。

(12)进行追逐游戏训练。每队各 10 人面对站立,教练向其中 2 人抛球。红方得球,红追蓝;蓝方得球,蓝追红,阻止对方跑进标志线。练习时间为 10 分钟。

三、篮球专项耐力训练方法

(一)弹跳耐力训练

(1)用本人绝对弹跳 80％的高度连续跳 20～30 次为一组,跳若干组(组间休息 2～3 分钟)。

(2)5 分钟跳绳练习:双脚双摇跳 30 秒,左脚单跳 1 分钟,右脚单跳 1 分钟,完成两个循环正好 5 分钟(可根据训练水平调整运动负荷的量与强度)。

(3)连续原地或助跑单手摸高,连续助跑起跳摸篮板。

(4)双脚连续跳阶梯,跳 8～10 个高栏架。

(5)原地或沙地连续直膝跳、蹲腿跳、跳起抱膝。

(二)速度耐力训练

(1)多组 200 或 400 米全速跑,每组间歇时间为 1.5～2 分钟。

(2)1 500 米变速跑,直道时全速跑,弯道时慢跑。

(3)30 米冲刺:10 次,每次间歇 15～20 秒。

(4)60 米冲刺:10 次,每次间歇 30 秒。

(5)长距离定时跑。3 000 米、5 000 米或越野跑。

(三)移动耐力训练

(1)看教练员手势向各个方向移动,2～3 分钟为 1 组。

(2)单人全场防守滑步。

(3)30 秒 3 米左右移动 5～8 组。

(4)全场、半场篮球赛,或小场地足球赛,要求人盯人防守。

四、排球专项耐力训练方法

(一)弹跳耐力素质训练

(1)连续收腹跳 8～10 个栏架。

(2)连续跳上跳下台阶或高台。

(3)连续小负荷多次数的力量训练。

(4)连续原地跳起单或双手摸篮板或篮圈。

(5)30 米冲刺跑 10 次,每次间歇 15～20 秒。

(6)3～5 人一组,连续滚翻救球,每人 30～50 次。

(7)两人轮流连续扣抛球 30～50 次为一组,组间休息 2～3 分钟。

(8)个人连续扣抛球 10～20 次为一组,扣若干组,组间休息 3 分钟。

(9)用本人弹跳 80% 的高度连续跳 20～30 次为一组,跳若干组,组间休息 2～3 分钟。

(10)扣防结合练习,队员扣一个球退到进攻线防守一个球,连续进行 10～15 次为一组。

(二)移动耐力素质训练

(1)连续地跑动滚翻或鱼跃救球。

(2)单人全场防守,要求防起 15 个好球为一组。

(3)队员连续移动接教练员抛出的不同方向、不同弧度的球。

(4)队员连续移动接教练员掷出的不同方向、不同距离的地滚球。

(5)看教练员的手势连续向右前、前、左前方进退移动,2～3 分钟为一组。

(三)综合耐力素质训练

(1)身体训练以后再进行排球比赛或比赛以后再进行身体训练。

(2)连续打 5～7 局或 9～11 局的教学比赛,可训练比赛耐力。

(3)象征性排球比赛模仿练习。队员从 1 号位防起一个扣球之后,前移防起一个吊球,再移动到 6 号位调整传球一次,移动到 5 号位防一个扣球,再移动到 4 号位扣一个球,移动到 3 号位做一次拦网动作,后撤上步扣球,再移到 2 号位。一次单脚起跳扣球为一组,连续做若干组。

五、羽毛球专项耐力训练方法

(一)单打持续全场进攻防守训练

运用 5～6 个球,一人专门负责捡球,失误出现时,不间断地立即再次发球,使练习者没有间歇,在规定时间内保持较高速度反复移动击球。

(1)二一式 20 或 30 分钟不间断持续全场进攻练习。

(2)三一式 30 分钟不间断持续全场接四角球和接吊杀球练习。

(3)三一式、四一式单打全场或是双打半场、全场防守练习。

(二)多球速度耐力训练

运用多球,进行全场各种位置的连续击球练习。

(1)多球后场定点连续击高吊杀练习。

(2)多球双打后场左右连续杀球练习。

(3)多球连续被动接吊杀练习。

(4)多球连续全场杀球上网练习。

(5)多球全场跑动练习。

(6)多球全场封杀球练习。

六、乒乓球专项耐力训练方法

（1）3分钟推、侧、扑步法训练，徒手或用多球训练。要求反复进行多次练习。

（2）快速移动捡球练习。将20个乒乓球放置不同方位的筐内，距离为1～1.5米，要求练习者将球从有球的筐捡向没有球的筐，反复进行一个来回。要求每次20个球，做4～6组，间歇5分钟。要求反复进行多次练习。

（3）跨步、交叉步移动练习。在乒乓球台前做跨步、交叉步移动练习，每组100～150次，做5～8组，每组间歇2～4分钟，强度为55％～60％，练习时要注意动作的规范性。另外，要求反复进行练习。

（4）双人利用多球在移动中练习扣杀，3～5分钟。要求反复进行多次练习。

（5）拉胶皮带练习。结合专项技术动作练习，如拉胶皮带做正手攻、拉等动作。强度和次数的确定要以练习的用力程度及运动员水平为主要依据。一般强度为55％～60％。要求反复进行多次练习。

七、网球专项耐力训练方法

（一）有氧耐力训练

1. 网球场上法特莱克训练

（1）运动员绕场慢跑5分钟（心率为130次/分钟）。
（2）运动员在场地上按照教练员的口令从一侧移向另一侧，移动3分钟。
（3）慢跑5分钟，结合使用10米距离的后蹬跑。
（4）教练员站在网前偶尔打出一个轻吊截击球。队员在场上移动将球回击给教练员。要求队员即使知道可能够不着球，也必须冲刺救球，重复这一练习3分钟。
（5）要求队员轻跑5分钟。
（6）要求队员在场地上移动对打截击球3分钟。
（7）要求队员慢跑5分钟。
（8）要求队员在场地上移动对打击球1分钟，接着进行30秒的截击高压训练。重复这一组动作总共6分钟。
（9）慢跑结合轻快的竞走5分钟。

2. 跑的练习

（1）楼梯跑
楼梯往返跑训练，跑步登梯，然后用慢速跑回起跑点（或与此相反）。
（2）原地跑
有时慢速并抬腿至腰高，有时尽量快速（双脚刚刚离地）。练习时保持用脚前掌跑。开始时，做原地跑计数50下为一组，然后休息15秒。随着身体素质的提高，增加触地次数，缩短恢复的时间。

（3）踢足球（或骑自行车、游泳、篮球等）

进行 30 分钟以上持续的激烈程度适中的活动。

（4）变速跑

加速跑 30 米，慢跑 70 米；加速跑 50 米，慢跑 50 米；加速跑 100 米，慢跑 50 米；也可根据自己的情况和场地条件，自己组合练习内容，跑 5 组。

（5）爬坡跑

进行 100～200 米（强度有氧耐力训练）、50～60 米（大强度无氧耐力训练）爬坡跑。

（6）长跑

长跑包括 1 000 米跑、1 500 米跑、3 000 米跑和 3 000～5 000 米的越野跑等。这些练习每周至少进行一次。

3. 跳的练习

（1）跳绳：跳绳项目对提高腿部的爆发力是有效的方法之一，也是提高耐力训练的重要手段，并有趣味性。有计时、计数的前后（左右）跨跳、高抬腿跳、交叉开合跳、双摇跳、单足（交换）跳、蹲跳、交叉跳等。

（2）连续跨步跳：在跑道上做连续向前跨步跳，每组 30 次。

（3）左、右跨步跳：两脚开立，左腿蹬地，右腿向右跨步，然后右腿蹬地，左腿向左跨步，依次连续进行。每组两腿各跨 30 次。

（4）台阶交换跳：队员在台阶前站好，按一定的节奏跨上和跨下一级台阶，左脚上后右脚下，左脚下后右脚上，连续练习 5 分钟，然后换成右脚先上或先下，同样练 5 分钟。

（5）抬腿跳：要求队员依次提起左腿和右腿，同时双手在腿下击掌一下，每组练习 1 分钟，每次练习 5～10 组。

（6）连续跳高台：要求队员在楼梯或看台上做双脚连续跳上高台的练习。跳楼梯时每组次数可达到 40 次，跳看台每组次数 20 左右。

4. 场上移动练习

（1）向单打边线右侧移动，急停转向移动至另一侧边线，然后再向另一侧移动，达到连续不断地左、右来回移动。

（2）向对角线方向移动到右场区（像正拍击短球移动），然后，向后移动回来，再向对角线方向移动到左场区（像反拍击短球移动），然后再向后退回出发点。

（3）向前朝向球网方向移动，并迅速地在网前附近停下。然后再向后朝向围栏方向移动，当移动到达围栏附近位置，停止移动，并再反过来朝前方移动，如此反复 5 个来回左右，移动中保持快速向前，急停转向的动作。

（4）全场各点的移动（向前、后、左、右方向移动），像被对方牵制着向全场范围移动，直至出现第一疲劳征兆。

5. 网球场上的间歇性训练

网球场上的间歇性训练能够快速发展运动员的有氧耐力能力，并且已经在训练实践中被证明是成功的。根据上述训练变量，间歇训练方法如下。

（1）教练员站在网前向一名队员连续送出斜线球。该队员开始站在底线中点，每次击球后必须回到中点。要求队员重复这组训练2分钟，运动量约为极限的85%。然后休息2分钟。重新开始这一程序，重复5次。

（2）教练员在网前送球。队员在教练员送到的各个位置上击球，然后绕网球场在各点做训练。

（3）教练员在场上描定5个点用以练习5项基本运动（①底线折返跑，②截击球的移动练习，③单腿或并腿回跳接过顶球，④击低挑高球，⑤上网击短球），2分钟后教练员让活动停止，休息片刻，让队员按顺时针方向轮换。

（二）无氧耐力训练

（1）从场外返回的练习：在底线"T"字上开始。成对角线向后向右移动至单打线的假想延长线后约3米处。用后脚蹬地的同时，模仿一个正确的击落地球动作，用同一只脚先落地。冲刺回至起跑点。向左侧重复这一动作，但是用另一只脚蹬地和落地，然后冲刺返回至起跑点。在10秒内尽可能多地重复这一动作。

（2）滚接球练习：教练员或同伴离练习者约3米处站立送球。教练员将球滚向或扔向运动员的任一侧，练习者必须接住球并回传。教练员继续不定点送球，练习者在10秒内，力求尽可能多地回传。

（3）侧步冲刺：从发球线的"T"开始。向右侧单打线侧跨步（面向球网），用球拍触右侧单打线并快速向左侧单打线侧跨步。在7秒内尽可能多地重复这一动作。

（4）发球区训练：从发球区的一个角开始。面对球网，在10秒内尽可能多地完成发球区训练的连续动作。

（5）正手和反手掷球：要求练习者离墙或同伴约2米处站立。练习者（模仿正手击落地球动作）将一只1～1.2千克的实心球扔向同伴，同伴再将球回掷给练习者，练习者快速将球掷回。此时模仿双手握拍反手击落地球的动作。在10秒内尽可能多地重复这一动作。

（6）格拉芙式侧身正手击球练习：在底线开始，成"C"字形跑向3米开外的一个锥体并模仿一个侧身正手击球动作。快速垫步返回起跑点，面向球网。在7秒内尽可能多地重复这一动作。

（7）随球上网击球的冲刺：要求队员冲刺4米，做一卡里奥卡步，同时模仿一个反手削球上网动作。在4米的尽头，做一稳定的双脚跳（横跨步），然后绕一锥体转一圈回到起跑点，同时模仿正手削球随球上网击球动作，在7秒内尽可能多地重复这一动作。

（8）高压和低截击练习：拿一只海绵网球，从一个发球区的右前角开始。后撤至发球区的左后角，跳起模仿侧身正手打高压球的动作。将球掷出，越远越好，快速向前移动，力求在球两跳前用执拍手将球抓住。在7秒内尽可能多地重复这一动作。

（9）迂回练习：相隔约4米处放置两只实心球（锥体或球拍袋）。要求队员手握拍向右冲刺，用球拍轻触第一只球的背面。然后突然起动，向左冲刺轻触另一只球的背面。在7秒内尽可能多地重复这一动作。

（10）击落地球"V"字形练习：从底线的"T"开始移动，向左侧成对角线向前冲刺3米并做一反手击球动作，反撤至起跑点，向右侧成对角线向前冲刺3米。后撤至起跑点以前，做一正手击球动作。在 7 秒内尽可能多地重复这一动作。

(11)"V"字形移动低空截击：要求队员成对角线向前移动模仿一个正手低空截击动作，然后立即成对角线向左移动，模仿一反手低空截击动作。快速向后垫步至起跑点。在 7 秒内尽可能多地重复这一动作。交替使用正反手截击。

(12)单双打线区的跳跃：这是模仿恢复步动作。要求队员站在单双打线区的一边跳起，次数越多越好。从单双打线区的一条线跳至另一条线。落地时，外侧腿用力弹起落至另一条线。在 7 秒内尽量多地重复这一运作。

八、游泳专项耐力训练方法

发展游泳专项耐力的方法主要有专项耐力训练、乳酸峰值训练和耐乳酸训练三种。

(一)专项耐力训练

耐力训练是以刺激无氧糖原酵解供能系统，提高糖原酵解供能能力和供能效率，属乳酸负荷训练。训练负荷强度、数量、重复次数、间歇时间、组数、距离等练习因素的合理选择和安排是很重要的，直接影响训练效果以及负荷作用方向。总负荷高、心率和血乳酸达到最高水平是专项耐力训练的最大特点。

(二)乳酸峰值训练

乳酸峰值训练是指以提高锻炼者最大乳酸水平和乳酸最高水平速度为目的的一种训练方法。现场测试结果表明，在一些游泳运动员中产生最高乳酸的距离为 100～200 米，如果从重复数次的乳酸积累效应分析，训练距离可扩大到 50～200 米，强度应达到 95% 以上，心率达到本人的最大心率。强度水平若低于这些指标，则达不到乳酸峰值训练的效果。乳酸峰值训练对锻炼者机体的刺激强烈，也存在较大的潜在危险性(导致过度训练)，每增加 100 米的无氧训练量，都会增大锻炼者的生理负荷，从而增加了训练控制的难度。有关研究认为，无氧糖原酵解类的负荷安排每周不宜超过三次，因为机体中乳酸的消除需要 24 小时以上。美国游泳专家认为一次课乳酸峰值训练的最大负荷量不宜超过 1 000 米。

(三)耐乳酸训练

耐乳酸训练是最艰苦训练的负荷等级。耐乳酸训练可以帮助锻炼者在一次负荷中乳酸达到较高水平，并保持一定时间(重复次数)，以提高锻炼者游泳过程中机体的耐受高乳酸，达到最高水平刺激的能力。重复次数、组数与间歇是耐乳酸训练的核心。在耐乳酸训练中，教练员应以锻炼者的个体乳酸水平为准，负荷水平应控制在高于最大吸氧量训练的乳酸值水平。一次课耐乳酸训练量不应超过 2 000 米。训练的分段距离通常为 100～200 米，强度水平应在 90% 以上，心率达本人心率水平的最大值。

第九章 高校柔韧素质训练的方法

柔韧素质是构成体能的要素之一,在人体运动中有着重要的作用。尤其对柔韧性要求较高的运动项目来说,柔韧素质是决定运动成绩的基础性因素。本章主要就高校柔韧素质的训练方法进行研究,内容主要包括柔韧素质的基本理论、柔韧素质训练的方法及要求,以及相关运动专项柔韧素质的训练方法。

第一节 柔韧素质基本理论

一、柔韧素质的概念与含义

柔韧素质指的是人体各个关节的活动幅度以及肌肉、肌腱和韧带等软组织的伸展能力。柔韧素质包括如下两层含义。

(1)关节活动幅度的大小主要受骨骼关节解剖结构限制。

(2)肌肉、肌腱、韧带等软组织的伸展性,主要指的是跨过关节的肌肉、肌腱、韧带等软组织的伸展性。

上述含义中的关节是指骨关节。骨关节是骨杠杆转动的枢纽,是肢体灵活与赖以活动的部位。关节是人体固有的解剖结构,因为通过关节角度的变化来传力、受力,人体才能运动,才能产生复杂多变的运动形式。骨关节结构具有解剖的特点与自然的生理生长规律,但是如果不经常锻炼骨关节,关节活动就无法满足体育运动的需要。同样的道理,跨过关节的肌肉、肌腱、韧带也具有自身的自然生理生长规律,如果不经常训练,也就无法适应体育运动的需要,仅仅是维持自然生长情况下的活动能力。因此,只有通过加强体育锻炼,骨关节及跨过关节的肌肉、肌腱、韧带才可以在中枢神经支配下共同改变其功能,其在运动形式、方向、范围和幅度等方面才可适应体育运动的需要。

含义中关节的活动幅度是指构成关节的骨骼在其关节结构内做屈、伸、旋内、旋外等运动,但无论哪种形式的运动,骨骼旋转的最大可能范围是固定的,它遵循生理解剖规律。一般情况下,如果不从事体育运动,关节的运动就没有必要达到最大范围,但体育运动中大部分动作都需要尽可能地达到关节运动的最大范围,这样才有利于充分发挥运动技术。只有通过高效合理的柔韧训练,才能逐渐加大关节的活动幅度,不断适应体育运动的需要。

中枢神经支配下的肌肉不能因过分增大而影响关节活动幅度,也不能因肌肉、韧带过分伸展而造成关节的松弛无力。肌肉与韧带力量的增长必须与所控制的关节活动范围相适应。

综上所述,体育运动中的"柔"是指肌肉、韧带拉长的范围;"韧"是指肌肉韧带发挥的力量,控制关节不能损伤的最大活动幅度。柔与韧结合便是柔韧,柔韧素质就是柔韧所发挥的能力。

二、柔韧素质的分类

根据不同的划分依据,可以将柔韧素质分为以下几类(图 9-1)。

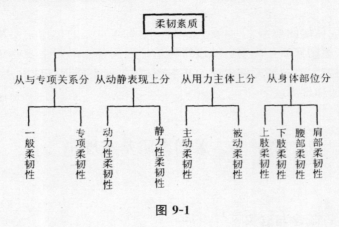

图 9-1

(一)根据柔韧素质与专项的关系分类

1. 一般柔韧性

一般柔韧性指训练者在进行训练时,适应一般身体、技术、战术等训练,保证一般训练顺利进行所需要的柔韧性。例如:田径训练者用杠铃进行深蹲练习时,所需要的大腿后群肌肉表现出来的柔韧性;球类训练者在速度练习时,加大必要的步幅所需要的腿部柔韧性。

2. 专项柔韧性

专项柔韧性指专项运动技术所特殊需要的柔韧性。它建立在一般柔韧性基础上,是掌握和提高专项运动技术不可或缺的重要条件之一。当训练者的柔韧性发展到一定水平时,各关节的运动幅度会超过有效完成动作所要求的程度,这种超出,就是柔韧性"储备"。

(二)根据柔韧性素质外部形态的表现分类

1. 动力性柔韧性

动力性柔韧性是指肌肉、肌腱、韧带根据动力性技术动作需要,拉伸到解剖学允许的最大限度能力,随即利用强有力的弹性回缩力来完成所要完成的动作。所有爆发力前的拉伸均属于动力性柔韧性。

2. 静力性柔韧性

静力性柔韧性是指肌肉、肌腱、韧带根据静力性技术动作的需要,拉伸到动作所需要的位置角度,控制其停留一定时间所表现出来的能力,如体操中的控腿、俯平衡动作、"桥"、劈叉,体育舞蹈中的各种造型,跳水训练者保持体前屈的姿势等就是这种能力的体现。

动力性柔韧性建立在静力性柔韧性的基础上,但必须要有力量素质的表现。静力性柔韧性好,动力性柔韧性不一定好。

（三）根据完成柔韧性练习的表现分类

1. 主动柔韧性

主动柔韧性是人主动运动中表现出来的柔韧素质水平。主动柔韧性不仅反映对抗肌的可伸展程度,而且也可反映主动肌的收缩力量。

2. 被动柔韧性

被动柔韧性则是在一定外力协助下完成或在外力作用下(如教练员协助训练者做压腿练习)表现出来的柔韧水平。一般说主动柔韧性比被动柔韧性要差,这种差距越小,说明柔韧素质的发展水平越均衡。

（四）根据柔韧素质在身体不同部位的表现分类

（1）上肢柔韧性。
（2）下肢柔韧性。
（3）腰部柔韧性。
（4）肩部柔韧性。

三、柔韧素质训练的主要功能

（一）促使动作准确、协调,并提高动作速度

柔韧素质训练对于提高关节的灵活性,加大运动幅度,提高动作速度,使技术动作更加准确和协调,以及增加动作的协调性和优美感,有着十分重要的作用。同时,柔韧素质训练还可以提高动作速度,从而进一步增强肌肉的收缩力。根据肌肉收缩产生力的大小因素来看,肌肉初长度越长其产生的肌力就可能越大。柔韧素质训练对提高肌肉的初长度有着良好的促进作用。

（二）消除运动疲劳,预防运动损伤

发展柔韧素质对于节约能量促使肌肉维持长时间的工作有着十分积极的作用。良好的柔韧素质可以减小肌鞘之间的摩擦,从而减小能量的损耗,延长肌肉的工作时间。目前,柔韧素质训练被国内外的许多体育工作者列为整理活动的重要组成部分,其目的就是为了减小肌肉酸痛,加速疲劳物质的代谢,快速消除运动疲劳。另外,柔韧素质训练对于预防运动损伤也有着十分重要的作用。关节柔韧素质的提高,不仅有利于其周围韧带、肌肉的弹性和活动幅度的改善与提高,预防运动损伤,同时还有利于提高运动成绩,延长运动寿命。

四、影响大学生柔韧素质训练的因素分析

(一)大学生的性别与年龄

从生理学角度来说,男子肌肉纤维长度、横断面积均大于女子,而在关节的灵活性方面,女子的灵活性较男子的灵活性要好。因此,女运动员的柔韧素质较男运动员的柔韧素质要好。

年龄也是影响身体柔韧素质的一个重要因素。随着人的自然生长、年龄的增长,骨的骨化程度增强,肌肉也会逐渐增长,而人体的柔韧素质则会出现逐渐下降的趋势。柔韧素质的获得与发展阶段也会随着发生一定变化。

青少年儿童的柔韧素质会随着肌肉力量的增加而逐渐发生变化。对于少年儿童来说,所有肌肉的肌腱会快速增长,腿膜与筋膜不断增厚,联结组织不断增加。肌肉内的血管通道不断获得改善,出现新的毛细血管,血管网变得很稠密。血管壁上出现许多弹性组织,肌肉和韧带有很高的弹性,在关节里有很多滑液。而对于青少年来说,其肌肉力量也逐渐增长,其他肌肉特性也逐步获得完善,肌纤维的数量与横断面继续增长。同时,随着肌肉收缩机能的分化,联结组织也得到发展。弹性纤维的数量随着年龄的增长而不断增加,但是这些弹性纤维却变得越来越粗糙,伸展性也会逐渐降低。

对于大学生来说,由于其身体发育已趋向成熟,因此进行柔韧素质训练会有一定难度。但加强柔韧素质训练也是很有必要的。而对于作为学校竞技体育后备人才的部分学生来说,需要在已获得的柔韧素质训练的基础上,增加柔韧素质训练的负荷和难度,并进一步加强专项所需要的柔韧素质训练。

(二)身体状态

大学生的身体状态如何也会在一定程度上影响着柔韧素质训练的效果。一般来说,当大学生在身体处于疲劳状态时,肌肉的弹性、伸展性和兴奋性就会降低,收缩与放松也变得迟钝,进而会影响到柔韧素质,导致柔韧素质下降。其主要表现为主动柔韧素质下降,被动柔韧素质提高,此时进行被动柔韧素质训练较为适宜。

(三)心理素质

在大学生参加柔韧素质训练时,心理素质也起着极为重要的作用。如果大学生参加训练时,存在一定的心理问题,其心理紧张焦虑程度会通过中枢神经系统影响到机体各部位的工作状态,如果心理紧张焦虑度过强、时间过长都会使神经过程由兴奋转为抑制。心理上的紧张焦虑会严重影响身体各部位的协调能力,并最终会造成身体柔韧素质降低。

除此之外,柔韧素质的提高离不开大学生的毅力、耐心、意志以及长期坚持不懈地训练。因此,运动员要想提高柔韧素质,需要具备良好的心理素质。

(四)关节类型与结构

关节面是根据自身的形状进行命名的,关节面的形态决定着关节的运动能力。关节的类

型主要有以下几种：球形、椭圆、圆柱形等。由于关节的结合环节的运动往往是围绕一个、两个或多个轴心运动，因此关节又分为单轴、双轴和多轴的关节。关节的类型决定着其自身的灵活性。在以上几种关节类型中，球状关节是灵活性最大的关节，椭圆形关节和圆柱形关节的灵活性属中等，而鞍状关节和滑车关节则是灵活性最小的关节。关节的相适宜的表面结合形态是决定关节灵活程度的主要因素。因此，相适宜的结合面越大，关节的灵活性就会越小。相反，相适宜的结合面越小，关节的灵活性就会越大。

在柔韧素质的影响因素中，关节结构是影响柔韧素质最不容易改变的因素，其基本上是由遗传因素决定的。关节头和关节窝两个关节面的面积之差决定着关节的活动范围，两个关节面的面积之差越大，则关节活动的幅度就会越大。尽管体能训练可在一定程度上改变关节结构，如关节内软骨形态的变化，而这种变化也只能在关节结构允许的范围内出现。关节相适宜的结合面的大小和弯曲程度决定着关节的运动幅度，关节面的差异越大，骨头相对相互渗透的可能性越大；而关节面的弯曲度越大，偏转的角度越大。

（五）连接组织的弹性

对于大学生参加柔韧素质训练来说，肌腱、韧带、腱膜、筋膜、关节囊等连结组织的弹性在其中起着十分重要的作用。肌肉、肌腱、韧带、腱膜、筋膜和关节囊的伸展性，是由于它们的组成成分呈特殊分布，它们的连接组织是纤维束。在每束单独的情况下，纤维束的分布与那些力学原理相符，该器官就能够在该条件下发挥其应有的作用。可以说，发展某一身体部位的柔韧素质时，应使屈、伸肌获得协调发展，从而提高该部位柔韧素质的均衡性。而发展某一关节的柔韧素质则应对限制关节活动幅度的对抗肌进行重点训练，以增强其伸展度，从而提高关节的运动幅度。

（六）关节周围肌肉的厚度与强度

关节周围肌肉的厚度与强度对关节的活动能力与活动范围起着重要的作用。关节周围肌肉的厚度与强度过大，会限制关节的活动范围，对柔韧素质的发展也会起到积极的促进作用。关节周围肌肉的厚度与强度的大小，往往受先天因素的影响较大，同时也与后天的体能训练有一定关系。经过一定时期的体能训练，柔韧素质会随着关节周围肌肉的厚度与强度的逐渐增加而有所降低。

（七）外界温度与神经系统的兴奋和抑制

外界温度对身体柔韧素质也有一定的影响。当外界气温在18℃以上时，机体的新陈代谢就会增强，供血会增多，肌肉的黏滞性会减少，这对于提高肌肉的弹性与伸展性具有积极的促进作用，从而进一步提高身体的柔韧素质。

中枢神经系统调节肌肉随意放松的能力，调节对抗肌放松的能力以及调节肌肉紧张与放松的能力都会影响柔韧素质。神经过程灵活性高，支配肌肉收缩与放松的能力强，则肌肉、肌腱、韧带的弹性和伸展性好。

五、大学生柔韧素质训练的注意事项

(一)做好充分的准备与放松活动

做好充分的准备活动,有助于提高肌肉的温度,并降低肌肉内部的黏滞性。进行准备活动时,参加柔韧素质训练的大学生应当在体温逐渐升高之后,再进行训练,这样可以有效防止肌肉拉伤。进行柔韧素质训练时,大学生应逐步加大动作的速度、力量和幅度,且不可用力过猛。同时还应注意,在每个伸展练习之后,做好与动作呈相反方向的放松练习,以放松和恢复伸展肌群。

除此之外,大学生在进行柔韧素质训练时还应注意训练方法的科学性和有效性,以防止肌肉拉伤的情况发生。为提高柔韧素质训练的最终效果,运动员应当防止在训练时受伤。做好充分的准备活动和放松活动,减少肌肉内部的黏滞性。教师或同伴在施加外力时要遵循循序渐进的原则,同时还要了解学生柔韧素质的发展水平,及时注意学生的训练反应,以便合理地加力与减力,从而保证柔韧素质训练取得良好的效果。

(二)合理控制柔韧性练习

柔韧性练习并不一定要达到最大的限度,只要能充分保证顺利完成必要的动作就可以了,因此,大学生在进行柔韧素质练习时,应使柔韧性的发展水平控制在必要的水平上。如果过分地发展柔韧性就会导致关节和韧带变形,影响关节结构的牢固性。柔韧性的发展应考虑相互关联的部位的表现不仅仅是在一个关节或一个身体部位,而是牵涉到几个相互关联的部位,因此,柔韧性练习时就应对相应的几个部位都进行发展,才能保证完成动作。

(三)保证充分的间歇时间

柔韧性练习要有一定的间歇时间,运动者练习一定时间后,要进行休息并在机体机能完全恢复的情况下进行下一组练习。恢复与否可根据练习者的自我感觉来确定,当其感觉已恢复并准备好做下组练习时便可开始。此外,练习间歇时间还受不同练习的部位的影响,比如,做躯干弯曲动作后就应比作踝关节伸展动作后的休息时间要长。另外,在间歇休息时间可安排一些肌肉放松练习,或进行一些按摩等,使练习部位尽快得到恢复,也加强其恢复的能力,为下次练习加大关节活动幅度创造有利条件,使训练达到更好的效果。

(四)运动负荷安排要合理

1. 运动负荷量

在发展一般柔韧性练习时,每次训练课应安排一次练习。在保持阶段时,一周不超过3～4次,练习量也逐渐减少。

每天用于发展柔韧性能力的练习时间为45～60分钟,一天中可安排不同时间的练习,如早操或训练课的准备活动时,安排总量的30%～40%,其余安排在训练课中。

2. 运动负荷强度

柔韧性训练一方面反映在用力大小上,另一方面也反映在负重多少上。被动练习多是借

助教练员或同伴的帮助,用力逐渐加大,其程度以训练者的自我感觉为依据。如采用负重柔韧练习,负重量一般不能超过拉长肌肉力量所能达到的 50%。负重量的确定也与练习的性质有关,在完成静力拉伸的慢动作时,负重量可相对大些,在完成动力性动作时,负重量则应小些。

增加强度应当逐步进行,练习时不可用力过大、过猛。训练强度过大,会造成练习者肌肉和精神紧张,会影响其伸展能力,导致肌肉、肌腱和韧带等软组织损伤,不利于身体健康以及提高机体柔韧性的能力。实践证明,长时间、中强度拉力练习所产生的柔韧效果是优于其他训练方式的。

（五）柔韧性练习要持之以恒

人的柔韧性素质发展较快,消退也快。因此,柔韧性练习要经常,要持之以恒的进行下去。如果练习的任务是为保持已有柔韧性能力,那么每天的练习可以安排少一些,可以把柔韧性的练习安排在训练课的准备活动,基本部分或结束部分进行。也可以放在其他练习的休息间歇之中,如放在力量练习或速度练习之间的间歇之间进行。放在练习的间歇中进行,既可以调节其他练习对身体产生的影响,同时又由于身体各部位已活动充分,可以收到良好的柔韧性练习效果。

柔韧素质并不是一时一日而成的,因此在进行柔韧性练习时,应逐步提高,不要急于求成。在拉伸肌肉时可能会出现疼痛现象,在同伴帮助下进行被动性拉伸练习时更应谨慎,不能急于求成,以免肌肉、韧带拉伤。由此可见,柔韧性练习要持之以恒、循序渐进地进行。

（六）根据训练需要调整动作

柔韧练习在进行动力拉伸时,一是充分利用肌肉退让工作,使肌肉被渐渐地拉长。二是要求逐渐加大动作幅度,使肌肉、肌腱、韧带等尽量被拉长。柔韧练习在动作的速度上,一是用缓慢的速度拉伸肌肉,二是用较快的速度拉伸肌肉。为满足比赛中大多以急剧的方式拉伸肌肉,要在用缓慢速度拉伸肌肉训练的基础上,加入一些速度较快的练习,这样,在保持柔韧性阶段也可适当提高柔韧性,以适应比赛需要。

（七）柔韧素质与其他素质共同发展

身体能力的发展相互间有转移的现象,运动器官的生长发育也会影响各身体能力之间的关系。因此,柔韧性练习要与发展其他身体能力的练习结合在一起,使之相互促进,共同发展。

第二节　柔韧素质训练的方法及要求

一、柔韧素质训练的方法

（一）柔韧素质的一般训练方法

1. 主动性拉伸训练

主动性拉伸训练是指练习者依靠自己的力量,通过各关节及其相关肌肉的主动收缩,来改善关节灵活性和肌肉伸展性的方法。在训练中,主动性拉伸训练又可以分为主动性动力拉伸和主动性静力拉伸两种训练形式。

(1)主动性动力拉伸训练

主动性动力拉伸训练是指练习者依靠自己的力量,使肌肉、肌腱、韧带等软组织急骤地牵拉长,来提高柔韧的伸展能力。通常根据这种训练动作的特点可以分为以下三种。

①单一和多次的拉伸训练(如两次以上重复的压腿、体前屈等)。

②摆动和固定的拉伸训练(如悬垂吊肩和固定支点的压腿等)。

③负重和不负重的拉伸训练。

(2)主动性静力拉伸训练

主动性静力拉伸训练是指练习者在动作最大幅度时,依靠自身的肌肉力量和采用不同的伸展姿势保持静止姿势慢慢地拉长的训练。这种训练既拉长了肌肉又不会引起伸展肌肉的反射性收缩,是一种安全、有效地提高柔韧性的方法。采用主动性静力拉伸训练法时,当肌肉软组织拉伸到某一程度时,保持静止状态的时间一般约为 8～10 秒,重复次数为 8～10 次。

主动性静力拉伸训练法对发展肌肉、韧带等的伸展性有较好的作用,是作为发展柔韧性的主要方法。主动性静力拉伸的训练强度较小,且动作幅度较大,有助于节省体能,无须专门训练场地和训练器械,简单易行。

2.被动性拉伸训练

(1)被动性动力拉伸练习

被动性动力拉伸练习是指在训练时,借助同伴或使用绳、棍棒、毛巾、橡胶带等的帮助下进行伸展的训练。例如,借助同伴的帮助来增大压肩、举腿的动作幅度等。在被动性拉伸的训练过程中,练习者应重点注意与同伴的不断交流,以确保在训练中肌肉、韧带拉伸的安全性,预防拉伤。

(2)被动性静力拉伸训练

被动性静力拉伸训练是指练习者借助外力来保持固定或静止某一拉伸姿势的练习。例如,借助同伴的帮助来保持体前屈的最大幅度。在采用被动性静力拉伸训练进行柔韧素质训练时,需要注意以下几个方面。

①应逐渐地加大动作的幅度,使动作到位。

②受力应由轻到重,使肌肉、韧带缓慢地被拉长。

③应循序渐进,主动性拉伸练习与被动性拉伸训练要兼顾使用,避免受伤。

3.柔韧素质练习的参数

(1)柔韧素质训练的强度

柔韧素质训练的强度主要反映在动作频率、用力大小和负重等方面。具体如下。

①柔韧素质训练的动作频率一般采用匀速或较慢的频率进行,不宜太快,因为匀速和缓慢的频率能延长力对关节的作用时间,避免肌肉和韧带的拉伤。

②借助外力进行被动性拉伸训练的用力,一般应逐渐地加大,当练习者感到肌肉酸痛或不适时应适当减轻用力,若练习者感到肌肉胀痛、麻木时则要终止用力或停止练习。

③采用负重进行柔韧素质训练时,负重量不能超过被拉长肌肉力量能力所能承受的50%,一般负重量取决于柔韧素质训练的性质和需要来增减,例如,在进行静力性拉伸的慢动

作时,负重量可相对大些;在进行动力性摆动动作时,负重量则相对小些。由此可见,柔韧素质训练应采用适中的强度进行训练,强度过小、过缓,则达不到柔韧练习的目的;强度过大、过激,则易造成拉伤。

(2)柔韧素质训练的密度

柔韧素质训练的密度主要反映在每天或每次训练课都进行柔韧素质训练。重点应注意以下两点。

①在准备活动中,做柔韧素质训练可使肌肉、肌腱、韧带在进行激烈运动和做专项动作前充分活动开,以适应运动的需要,有助于预防和减少受伤率。

②在整理活动中,做柔韧性训练可以放松肌肉和有助于恢复肌肉疲劳,保持柔韧性。

(3)柔韧素质训练的安排

在柔韧素质训练中,应遵照循序渐进的原则。例如,训练的重复次数需要根据练习者的年龄、性别、项目特点以及不同训练阶段(发展柔韧阶段、保持柔韧阶段)的具体任务进行合理的安排。每组动作可安排10~15次训练;每组训练的持续时间可保持6~12秒,静力性伸展姿势的动作训练可保持在15~30秒,进行动力性拉伸的动作训练可控制在10~15秒。柔韧练习间歇时间,取决于训练的性质、动作持续的时间、参与工作的肌肉数量等,一般可控制在10秒至3分钟之间。因为间歇时间太长。会减少关节的活动性,降低肌肉的温度和训练的效果;间歇时间太短,则肌肉不能得到完全恢复,影响训练的质量。一般在间歇期间,可进行一些放松和自我按摩的调整训练,以便从事下一组的训练。

(二)柔韧素质的具体训练方法

1.颈部柔韧素质训练

(1)前拉头

站立或坐立,双手在头后交叉。呼气,向胸部方向拉头部,下颌接触胸部(图9-2)。

训练要求:双肩下压,训练时,要使动作幅度尽可能大,保持10秒左右结束该动作。

(2)后拉头

站立或坐立,小心地向后仰头,把双手放在前额,缓慢后拉颈部(图9-3)。

训练要求:动作轻缓,保持10秒左右结束该动作。

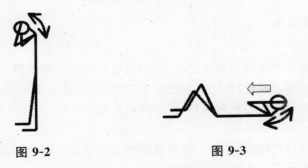

图 9-2　　　　　　　　图 9-3

（3）侧拉头

站立或坐立，左臂在背后屈肘，右臂从背后抓住左臂肘关节。将左臂肘关节向右拉过身体中线。呼气，将右耳贴到右肩上（图9-4）。

训练要求：训练时，要使动作幅度尽可能大，保持10秒左右结束该动作。

（4）持哑铃颈拉伸

双脚并拢站立，右手持哑铃使肩部尽量下沉。左手经过头顶扶在头右侧。呼气，左手向左侧拉头部，使头左侧贴在左肩上。改变方向，做反复练习（图9-5）。

训练要求：动作缓慢进行，保持10秒左右结束该动作。

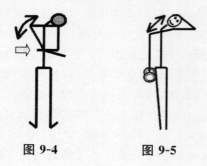

图 9-4 　　　　图 9-5

（5）团身颈拉伸

身体由仰卧姿势开始举腿团身，头后部和肩部支撑体重，双手膝后抱腿。呼气，向胸部拉大腿，双膝和小腿前部接触地面。重复练习（图9-6）。

训练要求：保持10秒左右结束该动作。

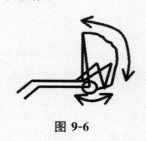

图 9-6

2.腰部柔韧素质训练

（1）俯卧转腰

俯卧在台子上，躯干上部伸出边缘之外悬空，颈后肩上扛一根木棍。双臂体侧展开固定木棍。呼气，尽量大幅度转动躯干，不同方向进行重复练习该动作（图9-7）。

训练要求：该动作结束需要保持数秒，然后再回转躯干。

（2）仰卧团身

在垫上仰卧，屈膝，双脚滑向臀部。双手扶在膝关节下部。呼气，双手向胸部和肩部牵拉双膝，并提起髋部离开垫子。重复练习（图9-8）。

训练要求：训练时，要使动作幅度尽可能大，保持10秒左右结束该动作。同时注意伸展膝部并保持放松。

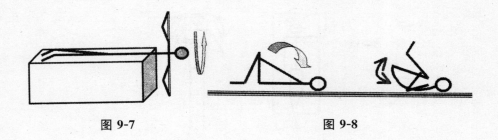

图 9-7　　　　　　　　　　　　　　　图 9-8

（3）站立体侧屈

双脚左右开立，双手交叉举过头顶向上伸臂。呼气，一侧耳朵贴在肩上，体侧屈至最大限度。向身体另一侧重复练习（图 9-9）。

训练要求：训练时，要使动作幅度尽可能大，保持 10 秒左右结束该动作。

（4）倒立屈髋

身体由仰卧姿势开始成垂直倒立，头后部、肩部和上臂支撑体重，双手扶腰。呼气，双腿并拢，直膝，缓慢降低双脚高度直至接触地面。重复练习（图 9-10）。

训练要求：保持 10 秒左右结束该动作。

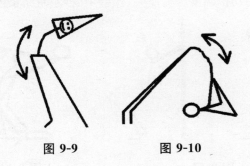

图 9-9　　　　　　图 9-10

3. 肩部和背部柔韧素质训练

（1）单臂开门拉肩

在一扇打开的门框内，双脚前后开立，拉伸臂肘关节外展到肩的高度。拉伸臂前臂向上，掌心对墙。呼气，上体向对侧转动拉伸肩部。反复练习（图 9-11）。

训练要求：训练时，要使动作幅度尽可能大，保持 10 秒左右结束该动作。

（2）向后拉肩

站立或坐立，在背后双手合掌，手指向下吸气，转动手腕使手指向上。吸气，向上移动双手直最大限度，并后拉肘部。反复练习（图 9-12）。

训练要求：训练时，要使动作幅度尽可能大，保持 10 秒左右结束该动作。

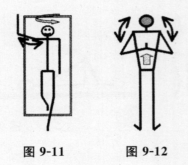

图 9-11   图 9-12

（3）背向压肩

背对墙站立，向后抬起双臂，与肩同高直臂扶墙，手指向上。呼气，屈膝降低肩部高度。重复练习（图 9-13）。

训练要求：训练时，要使动作幅度尽可能大，保持 10 秒左右结束该动作。

（4）助力顶肩

跪立双臂上举，双手在同伴颈后交叉。同伴手扶在髋部与练习者肩胛接触，双脚左右开立站在练习者身后。身体后仰，用髋部向前上顶练习者肩胛部位。重复练习（图 9-14）。

训练要求：训练时，要使动作幅度尽可能大，保持 10 秒左右结束该动作。

图 9-13   图 9-14

（5）握棍直臂绕肩

双腿并拢站立，双手握一木棍或毛巾在髋前部。吸气，直臂从髋前部经头上绕到髋后部。再经原路线绕回，重复练习（图 9-15）。

训练要求：速度不宜过快，双臂始终保持伸直。

图 9-15

（6）站立伸背

双脚并拢站立,上体前倾至与地面平行姿势,双手扶在栏杆上,略高于头。四肢保持伸直,屈髋。呼气,双手抓住栏杆下压上体,使背部下凹形成背弓（图9-16）。

训练要求:训练时,要使动作幅度尽可能大,保持10秒左右结束该动作。

（7）坐立拉背

坐立,双膝微屈,躯干贴在大腿上部,双手抱腿,肘关节在膝关节下面。呼气,上体前倾,双臂从大腿上向前拉背,双脚保持与地面接触（图9-17）。

训练要求:训练时,要使动作幅度尽可能大,保持10秒左右结束该动作。

图 9-16　　　　　图 9-17

4. 腹部和胸部柔韧素质训练

（1）俯卧背弓

俯卧在垫上,屈膝,脚跟向髋部移动。吸气,双手抓住踝。臀部肌肉收缩,提起胸部和双膝离开垫子。重复练习（图9-18）。

训练要求:训练时,要使动作幅度尽可能大,保持10秒左右结束该动作。

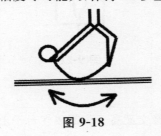

图 9-18

（2）跪立背弓

在垫上跪立,脚尖向后。双手扶在臀上部,形成背弓,臀部肌肉收缩送髋。呼气,加大背弓,头后仰、张口,逐渐把双手滑向脚跟。重复练习（图9-19）。

训练要求:训练时,要使动作幅度尽可能大,保持10秒左右结束该动作。

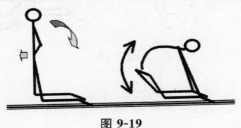

图 9-19

（3）上体俯卧撑起

俯卧。双手掌心向下、手指向前放在髋两侧。呼气，用双臂撑起上体，头后仰，形成背弓。重复练习（图9-20）。

训练要求：训练时，要使动作幅度尽可能大，保持10秒左右结束该动作。

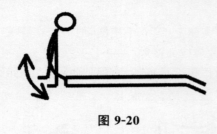

图 9-20

（4）开门拉胸

在一扇打开的门框内，双脚前后开立，双臂肘关节外展到肩的高度。双臂前臂向上，掌心对墙。呼气，身体前倾拉伸胸部。重复练习（图9-21）。

训练要求：训练时，要使动作幅度尽可能大，保持10秒左右结束该动作。也可以将双臂继续提高，拉伸胸下部。

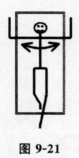

图 9-21

（5）跪拉胸

跪在地面，身体前倾，双臂前臂交叉高于头部放在台子上。呼气，下沉头部和胸部，一直到接触地面。重复练习（图9-22）。

训练要求：训练时，要使动作幅度尽可能大，保持10秒左右结束该动作。

图 9-22

5. 髋部和臀部柔韧素质训练

(1)弓箭步压髋

弓箭步站立,前面腿膝关节成90°,后面腿脚背触地,脚尖向后。双手叉腰。屈膝降低重心,后面腿的膝触地。呼气,下压后面腿髋部。换腿重复练习(图9-23)。

训练要求:训练时,动作幅度要做到尽可能大,保持10秒左右结束该动作。

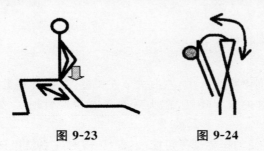

图 9-23　　　　　图 9-24

(2)身体扭转侧屈

直立,左腿伸展、内收,在右腿前尽量与其交叉。呼气,躯干向右侧屈,双手力图接触左脚跟。身体两侧轮换练习(图9-24)。

训练要求:训练时,要使动作幅度尽可能大,保持10秒左右结束该动作。

(3)坐立反向转体

坐在地面,双腿体前伸展,双手在髋后部地面支撑。一条腿与另一条腿交叉,屈膝使脚跟向臀部方向滑动。呼气,转体,头转向身体后方继续转体,使身体对侧的肘关节顶在屈膝腿的外侧,并缓慢推动屈膝腿(图9-25)。

训练要求:训练时,要使动作幅度尽可能大,保持10秒左右结束该动作。

图 9-25

(4)仰卧髋臀拉伸

平卧躺在台子边缘,从台子上移下外侧腿悬垂空中。吸气,台子上的内侧腿屈膝,用双手抱膝缓慢拉向胸部(图9-26)。

训练要求:训练时,要使动作幅度尽可能大,保持10秒左右结束该动作。

(5)仰卧交叉腿屈髋

仰卧左腿在右腿上交叉,双手交叉在头后部。呼气,右腿屈膝,并提起右脚离地。缓慢向头部方向推动左腿。双腿交替(图9-27)。

训练要求:保持头、双肩和背部接触地面。训练时,要使动作幅度尽可能大,保持10秒左右结束该动作。

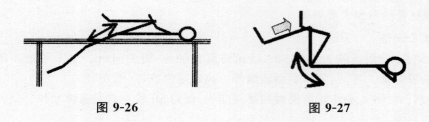

图 9-26   图 9-27

6. 臂部和腕部柔韧素质训练

(1)臂颈后拉

站立或坐立,左臂屈肘上举至头后,左肘关节在头侧,左手下垂至肩胛处。右臂屈肘上举,右手在头后部抓住左臂肘关节。呼气,在头后部向右拉左臂肘关节。换臂重复练习(图 9-28)。

训练要求:训练时,要使动作幅度尽可能大,保持 10 秒左右结束该动作。

(2)背后拉毛巾

站立或坐立,一只臂肘关节在头侧,另一只臂肘关节在腰背部。吸气,双手握一条毛巾逐渐互相靠近。换臂重复练习(图 9-29)。

训练要求:训练时,要使动作幅度尽可能大,保持 10 秒左右结束该动作。

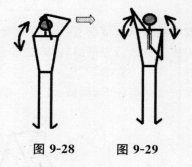

图 9-28   图 9-29

(3)压　腕

站立,双臂胸前屈肘,一只手的手掌根部顶在另一只手的四指末端。用一只手的手掌根部用力压另一只手的四指末端。换手重复练习(图 9-30)。

训练要求:训练时,要使动作幅度尽可能大,保持 10 秒左右结束该动作。

(4)跪撑正压腕

双膝和双臂直臂撑地,双手间距约与肩同宽,手指向前。呼气,身体重心前移。恢复开始姿势重复练习(图 9-31)。

训练要求:训练时,要使动作幅度尽可能大,保持 10 秒左右结束该动作。

图 9-30　　　　　　　　图 9-31

（5）跪撑侧压腕

双膝和双臂直臂撑地，双手腕部靠拢，手指指向体侧。呼气，身体重心缓慢前、后移动。重复练习（图 9-32）。

训练要求：训练时，要使动作幅度尽可能大，保持 10 秒左右结束该动作。

（6）跪撑反压腕

双膝和双臂直臂撑地，双手间距约与肩同宽，手指向后。呼气，身体重心后移。恢复开始姿势重复练习（图 9-33）。

训练要求：训练时，要使动作幅度尽可能大，保持 10 秒左右结束该动作。

图 9-32　　　　　　　　图 9-33

7. 大腿内侧柔韧素质训练

（1）体侧屈压腿

侧对一个约与髋同高的台子站立，两脚与台子平行。将一只脚放在台子上。双手在头上交叉，呼气，向台子方向体侧屈（图 9-34）。

训练要求：训练时，要使动作幅度尽可能大，保持 10 秒左右结束该动作。双腿交替练习。

（2）直膝分腿坐压腿

双腿尽量分开坐在地面，呼气，转体，上体前倾贴在一条腿上部。交换腿拉伸，重复练习（图 9-35）。

训练要求：充分伸展双腿和腰部。训练时，要使动作幅度尽可能大，保持 10 秒左右结束该动作。

图 9-34　　　　　　　　　　　　　　图 9-35

（3）顶墙坐拉引

臀部顶墙坐在地面，双腿体前屈膝展开，脚跟和脚掌相对。双手握住双脚脚掌尽量向腹股沟方向拉。呼气，上体缓慢直背前倾（图 9-36）。

训练要求：训练时，要使动作幅度尽可能大，试图将胸部贴在地面，保持 10 秒左右结束该动作。

（4）扶墙侧提腿

双手扶墙站立，吸气，一条腿屈膝，向体侧分腿提起。同伴抓住踝关节和膝关节，帮助继续向上分腿提膝，同时呼气（图 9-37）。

训练要求：训练时，要使动作幅度尽可能大，保持 10 秒左右结束该动作。

图 9-36　　　　　　　　　　　　　　图 9-37

（5）跪撑侧分腿

双腿跪立，脚趾指向后方，直臂双手撑地。一条腿侧伸，呼气，双臂屈肘，降下跪撑腿的髋部至地面，并向外侧转髋（图 9-38）。

训练要求：训练时，要使动作幅度尽可能大，保持 10 秒左右结束该动作。双腿交替练习。

图 9-38

（6）青蛙伏地

分腿跪地，脚趾指向身体两侧，前臂向前以肘关节支撑地面。呼气，继续向身体两侧分腿，同时向前伸双臂，胸和上臂完全贴在地上（图9-39）。

训练要求：训练时，要使动作幅度尽可能大，保持10秒左右结束该动作。

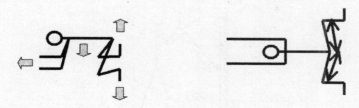

图 9-39

8. 大腿前、后部柔韧素质训练

（1）坐压脚

跪在地面，脚趾向后。呼气，坐在双脚的脚跟上（图9-40）。

训练要求：保持10秒左右，放松后重复练习。膝关节受伤者，不要采用此练习。

（2）垫上仰卧拉引

臀部坐在垫上跪立，后倒身体到躺在垫上，脚跟在大腿两侧，脚尖向后。身体后倒过程中呼气，直到背部平躺在垫上。重复练习（图9-41）。

训练要求：训练时，要使动作幅度尽可能大，保持10秒左右结束该动作。

图 9-40　　　　　　　　图 9-41

（3）坐立后仰腿折叠

坐立，一条腿屈膝折叠，大腿和膝内侧接触地面，脚尖向后。呼气，身体后仰，先由双臂的前臂和肘关节支撑上体，最后平躺地面（图9-42）。

训练要求：训练时，要使动作幅度尽可能大，保持10秒左右结束该动作。双腿交替练习。

图 9-42

（4）站立拉伸

背贴墙站立，吸气，直膝抬起一条腿。同伴用双手抓住踝关节上部，帮助腿上举（图9-43）。

训练要求：帮助腿上举腿时呼气，训练时，要使动作幅度尽可能大，保持10秒左右结束该动作。

图 9-43

（5）坐拉引

坐在地面，双腿体前伸展，双手在髋后部地面支撑。一条腿屈膝，用一只手抓住脚跟内侧。呼气，屈膝腿伸展，直到与地面垂直（图9-44）。

训练要求：训练时，要使动作幅度尽可能大，动作保持10秒左右。

图 9-44

（6）仰卧拉伸

仰卧，直膝抬起一条腿，固定骨盆成水平姿势。同伴帮助固定地面腿保持直膝，并且帮助继续提腿（图9-45）。

训练要求：在同伴帮助继续提腿时呼气，训练时，要使动作幅度尽可能大，动作保持10秒左右结束。

图 9-45

9. 小腿柔韧素质训练

(1)坐拉脚掌

双腿分开坐在地面上,一条腿屈膝,脚跟接触伸展腿的腹股沟。呼气,上体前倾,一只手抓住伸展腿的脚掌向躯干方向牵拉。重复练习(图 9-46)。

训练要求:伸展腿膝部始终伸直。训练时,要使动作幅度尽可能大,保持 10 秒左右结束该动作。

(2)扶墙拉伸

面对墙壁站力,双手扶墙支撑身体,双脚始终贴在地面,脚趾指向墙。呼气,屈肘前移重心,两前臂贴墙,身体斜靠在墙上。重复练习(图 9-47)。

训练要求:训练时,要使动作幅度尽可能大,保持 10 秒左右结束该动作。保持头、颈、躯干、骨盆、腿和踝成一直线。

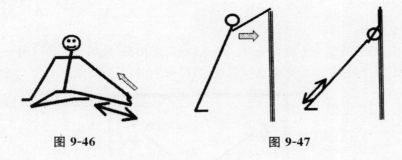

图 9-46　　　　　　　　　　图 9-47

(3)扶柱屈髋

在柱子前,双手握住柱子,双脚左右开立并尽量内旋。呼气,屈髋并后移髋关节,双腿与躯干形成约 45°夹角(图 9-48)。

训练要求:训练时,要使动作幅度尽可能大,保持 10 秒左右结束该动作。

(4)靠墙滑动踝内翻

背靠墙站立,双手叉腰,双脚向前滑动,踝关节和脚掌内翻。呼气,髋关节前屈。重复练习(图 9-49)。

训练要求:训练时,要使动作幅度尽可能大,保持 10 秒左右结束该动作。

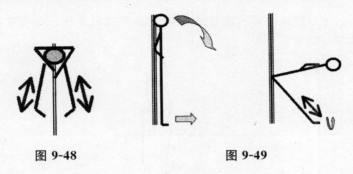

图 9-48　　　　　　　　　　图 9-49

（5）体前屈足背屈

两脚相距约 30 厘米前后开立,前脚背屈,脚跟支撑地面。呼气,体前屈,力图双手触摸前脚,胸部贴在腿上。换腿重复练习(图 9-50)。

训练要求:双腿膝关节保持伸直,训练时,要使动作幅度尽可能大,保持 10 秒左右结束该动作。

图 9-50

（6）仰卧足内翻

仰卧,臀部顶墙,双腿向上伸展分开。呼气,将双脚内翻(外踝向上翻)(图 9-51)。

训练要求:训练时,要使动作幅度尽可能大,保持 10 秒左右结束该动作。

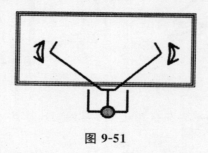

图 9-51

10. 脚部和踝部柔韧素质训练

（1）脚趾上部拉伸

两脚前后开立,前面腿微屈膝,脚趾上部支撑在地面,双手放在其大腿上。双脚轮流练习(图 9-52)。

训练要求:吸气,逐渐把体重移到前面腿的脚趾上,并缓慢下压。训练时,要使动作幅度尽可能大,保持 10 秒左右结束该动作。

图 9-52

图 9-53

（2）踝关节向内拉伸

坐下将一条腿的小腿放另一条腿的大腿上。一只手抓住踝关节上部小腿，另一只手抓住脚的外侧。呼气，并向内（足弓方向）拉引踝关节外侧。双脚轮流练习（图 9-53）。

训练要求：训练时，要使动作幅度尽可能大，保持 10 秒左右结束该动作。

（3）脚趾下部和小腿后部拉伸

面对墙双脚相距约 50 厘米前后开立，前脚距墙约 50 厘米。双手扶墙，身体向墙倾斜。后脚正对墙，脚跟贴在地面。呼气，提起后脚脚跟，将体重移到后脚的脚掌上，下压。双腿轮流练习（图 9-54）。

图 9-54

训练要求：训练时，要使动作幅度尽可能大，保持 10 秒左右结束该动作。

（4）上拉脚趾

坐下将一条腿的小腿放另一条腿的大腿上。一手抓住踝关节，另一手抓住脚趾和脚掌。双脚轮流练习（图 9-55）。

训练要求：呼气，并向脚背方向拉引脚趾。

图 9-55

（5）下拉脚趾

坐下将一条腿的小腿放另一条腿的大腿上。一只手抓住踝关节,另一只手抓住脚趾和脚掌。双脚轮流练习（图 9-56）。

训练要求:呼气,并向脚掌方向拉引脚趾。

（6）跪撑后坐

跪在地面,双手撑地,双脚并拢以脚掌支撑。呼气,向后下方移动臀部（图 9-57）。

训练要求:训练时,要使动作幅度尽可能大,保持 10 秒左右结束该动作。

图 9-56　　　　　　　　图 9-57

二、柔韧素质训练的要求

（一）要控制好柔韧发展水平

在运动训练中,虽然专项对柔韧性往往有较高要求,但一般来说,没有必要使其发展水平达到最大限度,只要控制在保证顺利地完成必要的动作,并有一定的柔韧性"储备"（即柔韧水平稍许超过完成动作时的最大限度）即可。超过关节的解剖学结构限度的灵活性（即过分发展柔韧性）,会导致关节和韧带变形,影响关节结构的牢固性。某些部位柔韧性的过分发展,甚至会影响到运动员的体态。

（二）要兼顾有关联的部位

在有些动作中,柔韧性的表现不仅仅是在一个关节或一个身体部位,而是牵涉到几个相互有关联的部位。例如,体操中的"桥",就是由肩、脊柱、髋等部位的关节所决定的。因此,应该对这几个部位都进行发展。如果其中某一个部位稍差,就应立即采取措施使其得到改善。另外,也可通过其他部位的有效发展使其得到补偿。这样做可以使各部位的柔韧性得到发展,保证专项运动需要。

（三）要循序渐进,持之以恒

由于肌肉、韧带等的伸展性并不是一时一刻就能得到提高的,所以练习应逐步提高要求,做到循序渐进,不能急于求成。在拉长肌肉时可能会出现疼痛现象,对此要进行具体分析,只能从原有水平作为衡量标准,不能盲目地急于求成。在同伴帮助下进行被动性练习时更应谨慎,以避免肌肉、韧带拉伤。柔韧性发展较快,但停止训练后,肌肉、肌腱、韧带已获得的伸展能力消退也快。因此,柔韧训练要做到系统化、经常化。

(四)要因项因人而异

柔韧性训练必须根据项目特点和运动员具体情况安排。例如,跳跃项目的运动员主要要求腿部和髋部的柔韧性;游泳运动员主要要求踝关节和躯干的柔韧性;体操运动员主要要求肩、髋、腰、腿部的柔韧性。所以,训练时必须根据项目特点确定重点。此外,每个运动员的具体情况不一样,因此训练过程中要区别对待,才能收到良好的训练效果。

(五)要从小培养

从小发展的柔韧性,由于是在有机体自然生长发育过程中实现的,因此能得到巩固和保持,不易消退。此外,柔韧素质发展的敏感期是5—12岁,所以,在此期间要抓紧训练,并在12岁以前使柔韧素质得到较好发展。

第三节　相关运动专项柔韧素质训练的方法

柔韧素质是人体进行体育运动所必不可少的素质之一。尤其是对柔韧性要求较高的运动项目,如健美操、游泳以及球类等。本节重点对健美操、游泳以及常见球类项目的专项柔韧素质进行研究。

一、健美操专项柔韧素质训练方法

(一)发展上肢柔韧性训练

(1)各种徒手体操中活动肩、肘、髋关节的动作。
(2)双手握肋木直臂压肩韧带。
(3)双手体后握肋木向前探肩。
(4)与同伴互扶俯身正侧压肩。

(二)发展下肢柔韧性训练

1. 正压腿
支撑腿脚尖朝正前方,膝关节伸直,髋关节摆正,被伸拉腿伸直,脚面外开,抬头、挺胸、屈上体。

2. 后压腿
髋关节摆正,屈支撑腿,被伸拉腿伸直,膝、脚面稍外开,抬头、挺胸,上体后仰压胯。

3. 侧压腿
支撑腿脚尖膝盖所朝方向与被压腿方向成90°,膝关节伸直,髋关节充分展开,被伸拉腿膝伸直,脚面向上,抬头、挺胸,侧屈上体。

4. 劈叉控腿

可将前后、左右腿垫高下压,尽量把"胯"部拉开,或把腿按正、侧、后三个部位举起,控制在一定高度上。

5. 搬　腿

以躺在垫上、靠墙或利用肋木,上体固定不动,由教练做正、侧、后等三个方向的搬腿练习,逐渐用力。

6. 耗　腿

由正、侧、后三个基本方向,把腿置于一定高度物体上,停留一定的时间。

(三)发展躯干柔韧性训练

1. 体侧屈

两脚并拢或开立、与肩同宽,双手举起于头顶上互握,由手带动躯干侧屈直到极限,保持该拉伸状态 10 秒。

2. 体侧转

两脚并拢或开立、与肩同宽,两臂侧平举,向左转动时以左肩带动躯干左转到最大限度控制 10 秒,向右转动时以右肩带动躯干向右转到最大限度保持 10 秒。

3. 体后屈

两手正握肋木,两腿并拢或开立、与肩同宽,抬头、挺胸,上体后仰到最大限度保持 10 秒。

进行柔韧性素质训练要注意柔韧练习要与放松交替进行,柔韧练习前要做好充分准备活动。在身体疼痛及疲劳时,最好不做柔韧训练,以防出现伤害事故。柔韧素质难获取而易消退,要坚持长年练习,还应注意循序渐进。练习要由浅入深,速度由慢到快,力量由轻到重,用力要适度。在增加动作幅度的主动或被动的动作重复练习,对发展柔韧性效果较好。练习时要使被拉伸的肌肉有轻微的不适感,然后完全放松,重复做几次。

二、游泳专项柔韧素质训练方法

在游泳运动中,关节柔韧性的好坏,直接影响划臂和打腿的效果。高校学生进行游泳运动,其肩关节和踝关节的灵活性最为重要,应着重发展肩关节和踝关节的柔韧性。

(1)肩部压拉:两脚开立,上体前倾,双手扶肋木做压肩动作。两脚开立,两手在身后抓肋木,身体下蹲,做拉肩动作(图 9-58)。

图 9-58

(2)反臂体前屈:原地站立,两腿并拢伸直,两臂伸直,双手在背后拉握。身体前屈,胸部尽量贴近大腿,两臂随身体前屈而后伸下振。可由同伴加力拉肩。

(3)后拉肩:跪于垫上,两臂伸直侧举,由同伴抓住两手腕水平向后拉,向内压,轻轻振动(图 9-59)。

图 9-59

(4)跪撑翻脚压踝和跪压踝(图 9-60):跪撑翻脚压踝是跪在垫上,两脚外翻,脚充分背屈,以小腿和脚的内侧贴地,两手在体后撑地,身体上下振动压踝。跪压踝的方式是跪垫上,脚尖绷直,臀部坐在足跟上压踝;两手撑地,两臂伸直提双膝压踝;身体后倒躺于垫上压踝。

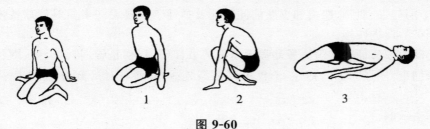

图 9-60

(5)俯卧后拉:俯卧垫上,上体后仰,两臂后伸。同伴坐在小腿上,握其双手缓慢并有弹性地向后拉(图 9-61)。

图 9-61

(6)俯卧挺身：俯卧垫上，勾小腿，两手握踝。然后，上体和腿尽量上提，身体成弓形（图9-62）。

图 9-62

(7)仰卧成"桥"：仰卧垫上，臂、腿弯曲，手、脚撑垫。然后，臂、腿撑起，腰腹上挺成桥（图9-63）。

图 9-63

三、常见球类专项柔韧素质训练方法

(一)篮球柔韧素质训练方法

柔韧是指运动员关节韧带屈伸旋转的活动范围和肌肉拉长的幅度。它取决于关节的骨结构，跨过关节的韧带、肌腱、肌肉和皮肤的伸展性及弹性。发展柔韧素质对篮球技术的掌握和发挥有着积极的促进作用。

篮球运动的素质训练必须注意加强运动员关节韧带，特别是腰、胯、肩、腿、踝关节韧带的锻炼。拉长韧带，加强韧带的弹性，不仅可以提高灵活性，而且对提高力量、速度都有积极的影响。

训练方法示例：

(1)两手手指交叉相握，手心向外做压指、压腕动作，手臂向下、向前、向上充分伸展。

(2)两手手指交叉相握向上伸直，身体向左或右侧充分伸展。

(3)两臂做不对称大绕环转肩动作，在背后一手从上往下，另一手从下往上，两手在背后做拉伸练习。

(4)并腿直立，上体前屈，手摸脚或地面；或身体侧转用手摸异侧脚脚跟。

(5)两腿交叉直立，上体前屈手摸脚或地面。

(6)两腿开立，髋关节向前送，手摸脚跟。

(7)两腿前后开立，两脚跟着地做弓箭步向下压腿。

(8)在地板上做"跨栏步"拉压腿、胯。

(9)左右弓箭步练习,手放在脚上,连续左、右弓箭步练习。

(10)两人背对背站立转体击掌练习。

(11)利用器材或同伴相互间做压肩、拉肩、转肩背和各种压腿拉腰、背及全身伸展练习。

(二)排球柔韧素质训练方法

柔韧性是指人体的各个关节的活动幅度,肌肉、肌腱和韧带的弹性和伸展能力。柔韧性是由一定的关节或关节联合的活动范围来体现的。因此,连接关节的韧带、肌腱、肌肉乃至皮肤的伸展长度和弹性对柔韧性影响极大。

排球比赛中,要求运动员身体各部分肌肉韧带和关节有良好的柔韧性,特别是肩、腰、髋的柔韧性要好。柔韧性对于排球运动员也是非常重要的素质之一。

训练方法示例:

1. 柔韧素质练习

(1)各种肩绕环(徒手或持哑铃)。

(2)手扶固定物做压肩;两人面对站立手臂互握,上体屈,压肩练习;跪地双臂前伸,肩下压。

(3)单双手肩后握肋木或低单杠,以身体前移或下移做拉肩。

(4)肋木、低杠或高台直膝压腿,肋木、低单杠、高台挂腿体前压或体下压,弓步压腿或弓步压胯走。

(5)手扶墙、肋木或低单杠腿后摆。

(6)两人背向站立,双手上举互握,一人向前拉肩,或屈肘互勾做大幅度体转,互相背起。

(7)仰卧,两臂侧平举掌心向下,一腿抬起交叉于另一腿,幅度尽可能大,上肢、背部贴地。

(8)屈腿坐下,两脚掌心相对,双手将膝关节弹压。

(9)一人并腿或分腿坐地,另一人推其背向前压上体。

(10)面对肋木,两脚放在最低格,两手握住与肩同高的肋木,然后身体前屈,两手逐格地下降到最大限度,要求臂、腿伸直。

2. 柔韧游戏练习

(1)弓身过障碍比赛。弓身穿越跳高架的下缘,手不能触地,集体通过后下降一个高度,将杆碰掉者淘汰出局,最后过杆或碰杆者为胜。

(2)"卓别林脚"接力比赛。分2～3个组,在端线以脚尖外展使脚内侧朝前的方法行走,至本场进攻线折回。

(3)头上胯下传球比赛。两列纵队,前后一臂间隔,用头上胯下传球方法,从前面往后传,最后一个接到球后迅速跑到前面再向后传,全队每人轮一次为止,比赛哪个队快。

(4)圆圈传递球。全队坐成一个大圈,面朝外,两人之间两臂间隔,用体转双手传递球。用两个球从圆圈直径的两端开始,尽快使一个球追上或接近另一个球。

(5)圆圈弓箭步传递球。两组,每组同上站成一个圈,间隔加大,两腿分开,用向侧屈膝弓箭步的方法传递球,比赛哪组快。

（三）足球柔韧素质训练方法

足球运动员的柔韧素质，突出表现在足球运动所特殊需要的髋、腰、膝、踝关节活动幅度及下肢肌肉和韧带的伸展能力上。对于大学生足球运动员来说，掌握和提高技术动作（尤其是高难度技术动作）、避免运动创伤和发展其他身体素质，柔韧性都起着十分重要的作用。

训练方法示例：

（1）颈前屈、侧屈、后屈并绕环，体前屈、侧屈、后屈并振动。

（2）前弓步和侧弓步压腿，纵劈腿和横劈腿。

（3）前踢腿、后踢腿、侧踢腿和腿绕环。

（4）站立体前屈下压，或靠墙站立体前屈下压，背伸、展腹屈体练习及腿肌伸展练习。

（5）模仿内、外侧颠球动作，单、双腿连续做内翻和外翻练习。模仿内扣、外扣动作，单腿连续做内转、外转动作。

（6）两腿交叉的各种跨步、转身动作。

（7）踢球、顶球和抢截球等各种技术动作的模仿练习。

（8）跪压正脚背（上体后仰、轻轻振压）及全脚背着地的俯卧撑练习（主要拉长脚背韧带和小腿前肌群）。

（9）模仿和结合球的大幅度振摆腿、铲球、侧身踢凌空球及倒勾射门等练习。

（四）网球柔韧素质训练方法

通过伸展练习来增加柔韧性能够帮助运动员避免受伤，享受网球运动并能够增加比赛过程中所需要的运动幅度。

瑞典学者伦斯特伦指出，灵活性（这里所说的灵活性实际上说的是柔韧性）是指关节周围的软组织——肌肉、肌腱及周围软组织等的伸展程度。提高灵活性的训练步骤与安全如下所述。

1. 训练步骤

（1）在伸展训练之前，热身 3～5 分钟，直到略微出汗，使身体温度提高。

（2）在伸展的时候，做慢速的、平滑的运动，同时深呼吸。深深地吸一口气，当伸展到感觉有点疼的位置时呼气；然后慢慢回到放松状态。维持正常呼吸 10 秒，然后在进一步伸展的同时呼气，再一次到达感觉有点疼的位置。保持 10～20 秒，重复 3 次。

（3）如果伸展时受伤或者有一种滚烫的感觉，那么就是伸展得太过了。

（4）伸展到个人的极限位置。

（5）首先拉伸两侧的肌肉。

（6）不要固定关节。

（7）不要反弹。

（8）先伸展大的肌群（如大腿、腘窝或小腿肌肉），每天以相同的顺序重复。

（9）伸展身体最不灵活的地方。相反，不要只伸展最灵活的地方，因为这样可能降低关节的稳定性，加剧肌肉间的不平衡。

（10）每天坚持，并且保持每天的时间一致。避免在早上伸展，因为这是灵活性最差的时候,理想的伸展练习时间是在有氧运动以后。

2. 安全措施

在网球比赛中大多数下肢受伤实际上是慢性的,发生在反复快速起动、急停与变向的情况下。伸展下肢末端的肌肉对避免急性与慢性的损伤的发生以及关节处于极限位置时的保护是很关键的。

(1)膝关节—高抬腿运动:身体直立单腿弯曲,抱住膝关节上面大腿内侧。慢慢抬起膝关节至胸前保持一定时间。

(2)跟腱伸展包括以下两种方式:身体平卧,单腿伸直,抬起贴着躯干,用手逐渐增加拉伸程度,使脚趾背屈以拉伸小腿;身体成坐姿,一腿盘曲,另一腿伸直,通过向前屈体使胸部靠近大腿,同时保持背部伸展,脚趾充分背屈。

(3)股四头肌伸展:单腿站立,一手扶墙。另一只手抓住另一只脚的脚踝拉向臀部使膝关节弯曲。保持背部平直,臀部收缩,尽可能地使膝关节朝下正对着地面,不要指向外面或使膝关节扭曲。

(4)腹股沟拉伸:将一只手放在膝关节以上,另一只手放在另一侧臀部。脚趾指向前方,慢慢地使膝关节弯曲,直到腹股沟区感到伸展,使身体重心移到脚的内侧。

(5)臀部伸展:右手扶墙站立,中心集中在右腿,左腿交叉于右腿前。慢慢地朝墙壁送髋。离墙越远越能增加拉伸程度。

(6)小腿伸展:一侧膝关节伸直后蹬地,脚后跟着地,脚趾指向前方,另一侧膝关节向前弯曲。身体前倾,背部挺直。然后慢慢弯曲后腿,脚后跟离地5厘米,向墙的方向倾斜,此时感觉到脚后跟附近得到拉伸;后腿也可保持伸直状态,前腿膝关节慢慢向前弯曲,后腿脚后跟不离开地面,此时感觉到后腿小腿肌肉得到拉伸。

(7)肩关节柔韧训练练习:扶杠压肩、双人压肩、扩胸振臂、上肢前后绕环等。

(8)站立体前屈练习:两脚分立,两手抓住踝关节,上体下压保持静止。

(9)弓步压腿练习:两脚前后分开,成前弓步姿势,身体下振,两腿交换进行。

(10)跪立体后屈练习:跪在地上,向后屈体。

(11)各方向的踢腿练习:侧踢腿,后踢腿。踢腿时要求腿伸直,支撑腿脚跟不能离开地面。

(五)羽毛球柔韧素质训练方法

柔韧素质指人体活动时各关节肌肉和韧带的弹性和伸展度。柔韧素质与速度素质密切相关,关节肌肉柔韧性能好,上下肢和躯干动作协调能力强,完成运动技术动作合理,运动速度快。

柔韧素质训练包括上肢、下肢和躯干等部位,下面简单介绍专项柔韧素质训练的内容和方法。

1. 拉长身体各部位韧带练习

(1)屈体练习

两脚左右分开,与肩同宽站立,两臂以稍比肩宽的距离斜上举,上身尽量前屈,两手先在左膝后面击掌,再换在右膝后击掌,如此反复进行。

（2）伸展练习

两脚左右分开，与肩同宽站立，两臂在胸前掌心向下做水平屈肘动作，上体再向左转，两臂同时向两侧伸开，振臂拉长韧带，再向右侧做同样的动作，反复进行。

（3）振臂练习

直立，上体挺直，两臂前平举，然后尽力向后振，恢复准备姿势后再开始第二次后振，反复进行。

（4）触摸脚尖练习

两足左右开立，距离比肩稍宽，两臂自然下垂。上体前屈，以左手指尖触摸右脚尖处，再以右手指尖触摸左脚尖处，反复进行。

（5）体侧屈伸练习

两足左右开立，距离与肩同宽，左手叉腰，右臂向上伸直，上体向左侧屈，做侧屈伸练习。再以右手叉腰，左臂向上伸直，向右侧做右侧屈伸练习。

（6）转腰练习

两脚左右开立，距离与肩同宽，两脚固定不动，两手扶后脑，上体反复向左、右两侧做转体动作，先向右转，再向左转，如此反复进行。

（7）跳跃练习

两脚左右开立，距离与肩同宽，两臂侧平举，跳跃两次，然后两脚并拢，两手在头顶上拍两下，同时再跳跃两次，以一定频率反复进行跳跃练习。

（8）弓箭步练习

前跨弓箭步姿势，最大限度地拉压腿部肌肉韧带，左右腿交换进行。

2. 拉（压）韧带练习

手扶肋木，将身体练习部位搭靠在肋木上，借助肋木，进行以下各部分肌肉韧带的柔韧性练习。

（1）正面压腿练习。

（2）侧面压腿练习。

（3）后压腿练习。

（4）劈叉练习。

（5）拉压肩练习。

（6）下腰练习。

（六）乒乓球柔韧素质训练方法

（1）单人徒手练习：采用前屈、身后屈、体侧屈、体转、持棒转肩，腕、肘、肩、膝、踝关节绕环、蹲撑侧压腿等练习。

（2）双人徒手练习：采用两人背对背的形式进行体前屈、体后屈、侧向弓箭步等练习；亦可采用两人面对面的形式进行屈体压肩，坐姿（分腿互顶）交替前后屈等练习。

（3）采用肋木、棍棒、小哑铃等器械进行压腿，摆腿，踢腿、压肩、转肩、向前弓箭步及腕、肘、肩、髋、膝、踝等关节的绕环练习，提高身体各部位肌肉韧带及关节的灵活性。

第十章　高校灵敏素质训练的方法

灵敏素质是体能素质中其他各项素质的综合体现,良好的灵敏素质能够推动其他素质的发展。本章着重对高校灵敏素质训练的方法进行分析与阐述,主要内容有灵敏素质基本理论、灵敏素质训练的方法及要求以及相关运动专项灵敏素质训练的方法等,以对一般与专项灵敏素质的科学化训练提供有效的指导。

第一节　灵敏素质基本理论

一、灵敏素质的概念及分类

(一)灵敏素质的概念

灵敏素质是指运动员在各种突然变换的条件下,协调、快速、准确地完成动作的能力。它是运动员的运动技能和各种运动素质在运动过程中的综合表现。灵敏素质建立在力量、速度(反应速度、动作速度)、柔韧、耐力、节奏感、协调性等多种素质和技能之上,这些素质和技能取决于神经系统的灵活性和可塑性以及已建立的动作的储备数量。如果运动员的身体素质在某一方面(或更多方面)得到了发展,并熟练掌握了运动技能,灵敏素质就能得到充分发展和提高。

以下是衡量灵敏素质发展水平高低的几个方面。

(1)是否具有快速的反应、判断、躲闪、转身、翻转、维持平衡和随机应变能力。

(2)是否能把力量(爆发力)、速度(反应速度)、耐力、柔韧、协调性、节奏感等素质和技能,通过熟练的动作表现出来。

(3)在完成动作时,是否能自如地操纵自己的身体,在任何不同的条件下是否都能准确熟练地完成动作。

不同的运动项目对灵敏素质的要求则不同。例如,跳水、体操等需要身体位置迅速改变及空中翻转方面所表现的灵敏素质;球类和其他一些对抗性项目要求反应、躲闪、判断、随机应变方面的灵敏素质;滑雪、滑冰要求迅速调整身体位置平衡、迅速改变运动方向等方面的灵敏素质。灵敏素质的作用主要在于准确、优美、熟练地完成动作以取得优异成绩,战胜对手,取得比赛胜利。

(二)灵敏素质的分类

根据与专项运动的关系,灵敏素质可以分为一般灵敏素质与专项灵敏素质两类。

1. 一般灵敏素质

一般灵敏素质是指运动者在各种运动训练中,在各种突然变换条件的情况下,能迅速、准确地完成各种动作的能力,它是专项灵敏素质发展的基础。

2. 专项灵敏素质

专项灵敏素质是指在各种专项运动中,运动者能够迅速、准确、协调地完成专项运动各种动作的能力。它是在一般灵敏素质的基础上,不断重复专项技术和技能环节训练的结果。

二、灵敏素质训练的机制与影响因素

(一)灵敏素质训练的机制

1. 神经过程的灵活性

灵敏素质是在运动技能极其巩固的情况下表现出来的,也就是在大脑皮质分析综合能力高度发展的情况下才能体现。大脑皮质的分析、综合能力,是在时间和空间上紧密结合进行的。因此,学习每一个动作都必须按一定顺序进行,这样大脑皮质根据动作难易程度所给予的刺激也按一定顺序正确地反映出来。经过多次重复,最后形成熟练动作。所以,反复练习,使技术动作熟练化、自动化,使大脑神经过程兴奋和抑制的转换能力加强,就能提高大脑神经过程灵活性,从而在任何环境中都能把技术动作熟练地表现出来。实践证明,掌握基本技术越多、越熟练,则不仅学习新的运动技能快,而且技术运用也显得越灵活,越富有创造力,表现的灵敏素质也就越高。

2. 前庭分析器机能

对于体能训练而言,前庭分析器对于提高空翻、转体、平衡等类动作的灵敏性起着重要的作用。前庭分析器包括耳石装置和三个半规管。三个半规管在耳内互相垂直,当身体向任何方向旋转时,都能接受刺激。在做横轴向前或向后翻转时,纵面内的半规管(上半规管)起主要作用;围绕纵轴转体时,水平面的半规管(外半规管)起主要作用;做矢状轴翻转时,横面内的半规管(后半规管)起主要作用。做空翻转体时,要求三个半规管的转换能力都要强。在翻转时,由于前庭分析器的作用,才能感觉身体在空间位置的变化,协助各种反射来调节肌紧张以完成翻转动作。运动员可通过加强体操、跳水、蹦床等运动项目的训练来改进前庭分析器的机能,从而通过利用这些项目的一些特定动作改进前庭分析器机能,促进灵敏素质的进一步发展。

3. 条件反射的动力定型

运动员在掌握一定的技术动作的基础上,要注意反复地练习,不断强化这些技术动作,使之形成动力定型。因为条件反射形成后,如果不及时进行强化练习,暂时神经联系就会中断,条件反射就会消退,灵活性也会降低。

（二）灵敏素质训练的影响因素

灵敏素质训练的影响因素有多种，主要包括性别、年龄、体型、体重、情绪、疲劳程度、运动技术熟练程度以及运动经验、气温以及运动分析器的功能等。

1. 性　别

青春期以后，男子的灵敏素质要高于女子。女子进入青春期后，灵敏素质会一度出现明显的生理性下降趋势，这是因为女子此时的体重增加，有氧能力下降，内分泌系统变化。根据这一变化规律，在青春期以前就应加强女子的灵敏素质练习，以便更好地发展女子的灵敏素质。

2. 年　龄

人类从幼儿开始学走路到6—7岁，平衡器官得到充分的发展。灵敏素质在7—12岁稳定提高，该年龄段有利于提高动作频率、反应速度以及单个动作速度。13—15岁为青春期，身高增长较快，灵敏素质会出现相对下降的趋势，以后随着年龄增长又稳定提高直到成人。

3. 体　型

专项运动技能与身体形态相一致。例如，排球由于网高的限定，要求身材高大的运动员。这种体型必须有利于本专项技术的发挥，能在本专项中表现出高度的灵敏素质来。不好说哪一种体型的人灵敏素质好，哪一种体型的人灵敏素质差，但就一般人而言，"O"型腿、"X"型腿的人缺乏灵活性；过高而瘦长的，过胖的或者梨形体型的人缺乏灵敏性；肌肉发达的中等或者中等以下身高的人，往往有高度的控制力而表现得非常灵活。

4. 体　重

体重等于脂肪、肌细胞、水和矿物质的总和。其中，以脂肪和肌细胞的增长最为显著，肌细胞增长是通过锻炼，锻炼促进肌细胞增长，而脂肪的增长是每日进食超过一天所需的能量，其多余部分转变为脂肪。脂肪过多影响肌肉的收缩效率，增加了不必要的体重等于增加了运动时的阻力，从而影响了身体的灵活性，因此必须进行合理的训练增加肌肉的比重，再配以低卡进食逐渐减少脂肪的含量。

5. 情　绪

情绪高涨时，人就会显得特别灵敏，而情绪低落时，灵敏性也会相应地降低。由于练习比赛环境的变化及其他生理、心理原因会导致情绪的变化，可能过度抑制，精神不振，造成动作无力不协调；也可能会过度兴奋，使兴奋扩散不能集中，造成身体失控。因此，一个优秀的运动员应学会自我情绪的调节，使自己在竞技状态中具有相适宜的情绪。当处于这种状态时，运动员头脑清楚，身体充满力量，身体觉得轻快灵活，对完成动作充满信心。但是，这种状态有时不是人的意识所能预计的，应加强对运动员的心理训练，以提高其对环境的适应能力和学会调节自然情绪。

6. 疲劳程度

在发展灵敏素质练习中和练习后都要注意恢复，及时消除疲劳。在兴奋性比较高，体力充沛的时候发展灵敏素质效果最好。疲劳将导致中枢神经系统灵活性和机体活动能力降低。由于大脑皮质的能源供应不足（缺乏ATP），从而产生保护性抑制，使肌肉力量不能发挥，发应迟钝,速度下降,动作不协调等,灵敏性显著降低。

7. 其他身体素质的发展水平

灵敏素质是人体的速度、力量、耐力、柔韧以及协调性等能力的综合表现。在神经中枢调控下的肌肉活动能力与灵敏素质有密切关系,其中任何一种身体素质较差,都会对灵敏素质的提高造成不利的影响。

8. 运动技术的熟练程度与运动经验

长期学习、不断运用各种技术动作和提高运动技能,可以丰富人的运动实践经验,增加身体素质和技术动作"储备",从而促进灵敏素质水平的不断提高。实践证明,掌握基本技术越多、越熟练,学习新的运动技能就越快,而且技术运用也就显得更灵活,更富有创造力,表现出的灵敏素质也就越高。

9. 气　温

天冷温度太低,气候阴雨潮湿,也会使关节的灵活性与肌肉韧带的伸展性降低,导致灵敏性下降。

10. 运动分析器的功能

运动分析得越完善,则运动员对肌肉活动用力大小、快慢的分析能力越高,完成动作时间的判断越精确。有些运动员即使闭上眼睛也能够完成某些动作,这就是运动分析的作用。人体在完成动作时,肌肉产生收缩,通过腱梭(感知牵张变化)和肌肉肌梭(感知肌纤维长度、张力变化)产生的兴奋传入神经中枢进行分析综合活动而感知身体在空间的位置、姿势以及身体各部位的运动情况,并与视觉、位觉、触觉以及内感受器相互作用,实现空间方位感觉。在肌肉感觉及空间方位感觉的基础上,大脑皮层才能随环境的变化调节肌紧张,以保证实现各种协调精确的动作。

三、灵敏素质训练的注意事项

(一)训练手段多样化

灵敏素质的提高发展与身体各器官的机能改善有着很大的关系。而且一旦某个动作达到自动化程度,灵敏度提高的效果就不会十分明显了。因此,就要通过变换训练手段的方式来发展灵敏素质,促进运动员各种分析器和运动器官的机能的提高。在具体训练过程中,可以采用以下几种手段进行训练。

(1)通过不同信号反应练习和各种变换方向的追逐性游戏。

(2)可以采用快速变向跑、躲闪、突然起跑等训练,各种快速急停和迅速转体的练习,让运动者在跑跳的过程中迅速、准确、协调地完成各种动作。

(3)采用各种调整身体方位的练习和专门设计的复杂多变的练习。如用利用体操器械练习各种较复杂的动作,以及采用穿梭跑、躲闪跑和立卧撑等相互结合进行训练。

（二）合理安排训练时间

在整个训练过程中，要系统化地安排灵敏素质训练，训练的时间不宜过长，重复次数也不宜过多。因为训练时间过长会导致机体疲劳，影响运动者的力量水平，速度也会减慢，节奏感被破坏，平衡能力会降低，这些情况都不利于灵敏素质的发展。此外，在具体训练过程中，一般会在训练课开始的部分安排灵敏素质的训练，因为此时运动者处在精神饱满、体力充沛、运动欲望强的状态下，能使运动疲劳得到有效减缓。

另外，在合理安排训练时间的情况下，要保证充足的训练间歇时间，偿还氧债和肌肉内ATP能量物质的合成。这也是减缓运动疲劳提高灵敏素质的另一种方式。但休息时间又不可过长，休息时间过长会使中枢神经系统的兴奋性大幅度下降；在下次训练中就会减弱对运动器官的指挥能力，使动作协调性下降、速度减慢、反应迟钝，这必然影响练习的效果。通常而言，练习时间和休息时间的比例控制在1∶3即可。

（三）结合专项综合训练

灵敏训练是提高运动能力的一个重要方面，在发展灵敏性的过程中，应该注意提高力量、速度、耐力、柔韧性是发展灵敏性的基础，应将它的发展与其他素质的发展结合进行。

灵敏素质具有专项化的特点。例如，一个人在球类专项训练中能表现出良好的灵敏素质和协调性，但是在体操练习中就不一定也能表现出来。因此，在训练时，要因专项要求和项目特点的不同采用不同的训练手段，使训练效果与专项要求相一致，如球类运动项目可多做一些脚步移动的躲闪练习，体操、技巧等可多做一些移动身体方位的练习。

（四）因地制宜，区别对待

因地制宜，合理安排练习内容。由于不同的运动项目和锻炼者对灵敏性都有不同的要求和表现形式，应根据其不同的特点和需求，区别对待。

第二节　灵敏素质训练的方法及要求

一、灵敏素质训练的方法

（一）灵敏素质训练的方法

1. 徒手训练法

徒手练习法主要是通过身体各部位的相互配合运动而进行灵敏性训练的方法。主要包括单人练习法和双人练习法两类。单人练习法是训练者通过运用协调自身的各部位来增强灵敏性的，如快速后退跑、燕式平衡、跳起转体、障碍跑以及快速折回跑等练习。双人练习法是通过两个人之间的配合运动来进行灵敏性训练的,如过人、障碍追逐、躲闪摸肩以及模仿跑等练习。

2. 器械训练法

器械训练法即通过运用一些运动器械来达到提高灵敏性素质的目的的方法。包括单人训练和双人训练两类。下面在具体的练习手段中进行具体阐述。

3. 组合训练法

组合训练包括两个动作组合、三个动作组合和多个动作组合的练习。下面在具体的练习手段中进行具体的阐述。

4. 游戏训练法

灵敏训练的游戏方法很多,如各种应答性游戏、集体游戏、追逐性游戏等。游戏法的主要特点是在娱乐的同时提高灵敏性素质水平,这种训练法主要针对初学者和水平较低的训练者。

(二)灵敏素质训练的具体手段

1. 徒手训练

(1)单人练习

①腾空飞脚

右脚上步,左脚向前摆踢,右脚蹬地跃起身体腾空,右脚向前上方弹踢,脚面绷直,脚尖向下。

训练要求:右腿在空中踢摆时,腾起高度要高,左腿在击响的一瞬间,收控于右腿侧;在空中上体要直,微向前倾。练习20次。

②正踢腿转体

一腿支撑站立不动,另一侧腿从下向前上方踢起至最高点时,以支撑腿为轴向后转体180°,两腿交替进行。

训练要求:踢腿时应两腿伸直,上踢快,下落轻,上踢至前额30厘米以内时方可做转体动作。练习3组,每组20次。

③后扫腿

左脚向前上步,左腿屈膝半蹲,右腿把膝伸直呈弓步。左脚尖内扣,左腿屈膝全蹲,呈右仆步姿势。同时上体右转并前俯,两手随身体右转在右腿内侧撑地,右手在前。随着两手撑地上体向右后拧转的惯性力量以左脚前脚掌为轴,右脚贴地面向后扫转一周。

训练要求:整个动作过程迅速连贯,左右腿交替练习,共练习4组,每组10次。另外,也可做前扫腿练习。

④旋风腿

开步站立,两腿稍微弯曲,两臂向身体右(左)斜下方平行伸出,此时左脚由左侧迅速提起向上高摆,上体左转,两臂上摆,右脚蹬地腾空。上体从左后前方围绕身体的垂直轴旋转一周。右腿上摆后由外侧随旋转大腿内收向里摆动。左手于体前上方拍击右脚底,然后落地。

训练要求:右脚蹬地时要迅速,右腿伸直后腾空。练习5组,每组3次。

⑤快速移动跑

站立两眼注视指挥手势或判断信号。当学生听到信号或看到手势后,按照指挥方向进行前、后、左、右快速变换跑动。一般发出的指令的间隔时间不超过 2 秒。

训练要求：反应迅速、判断准确，变换起跑快；每组 15 秒，共练习 3 组。

⑥越障碍跑

面对跑道站立（在跑道上设立多种障碍）。听到"开始"信号后，学生通过跑、跳、绕各种动作，越过障碍物体，并跑完全程，可采用计时的方式进行练习。

训练要求：快速、灵巧地通过障碍物体。练习 2～3 组。

⑦立卧撑跳转体

由站立或蹲立姿势开始。听到发出"开始"信号后，学生完成一次立卧撑动作，即刻接原地跳转 180°。计算 30 秒内完成动作的次数。

训练要求：动作正确、迅速、衔接连贯；持续练习 30 秒/组，共练习 3 组。

⑧弓箭步转体

由（左）弓箭步姿势开始，两臂自然位于体侧。听到"开始"信号后，学生两脚蹬地跳起，身体向左（右）转 180°成右箭弓步姿势，有节奏地交替进行。采用计时记数均可。

训练要求：转体动作幅度要大而且快。跳起稍腾空，转体到位；连续跳转 10 秒/组，共练习 3 组。

⑨原地团身跳

由站立姿势开始。听到"开始"信号后，学生原地双脚向上跃起，腾空后两腿迅速团身收紧，接着下落还原站立姿势。连续进行团身跳。采用计时记数均可。

训练要求：跳跃连贯，腾空明显、团身紧；下落后稍蹲，缓冲下落速度。持续练习 5 次/组，共练习 3～5 组。

⑩前、后滑跳移动

站立姿势，两脚前后开立，上体稍前倾，两腿微屈，两臂垂于体侧。听到"开始"信号后目视手势而移动身体，前滑跳时，后脚向后蹬地，前脚向前跨出，身体随即向前移动；当前脚落地后迅速蹬地，后脚向后跳，身体随之向后移动。前、后滑跳移动也可以采用左、右滑跳的方式进行练习。

训练要求：前后移动幅度适中，保持水平移动；持续练习 30 秒/组，共练习 2～4 组。

⑪退跑变疾跑

由蹲距式起跑开始。听到"开始"信号后，学生迅速转体 180°快速后退跑 5 米，接着再转体 180°向前疾跑 5 米。

训练要求：变换动作速度快；计时进行练习，重复 3～5 次。

（2）双人练习

①手触膝

2 人一组，面对站立。听到"开始"信号后，双方在移动中伺机手触对方膝盖部位。身体素质良好者可采用一些鱼跃、前扑等动作。以两者中，触膝次数多者为胜。

训练要求：积极主动进攻对方；每组持续练习 20 秒，间歇 20 秒，共练习 4～5 组。

②模仿跑

2 人一组，前后站立，间隔 3 米。听到"开始"信号后，前者在跑动中做出变向、急停、转身、跳跃等不同动作变换的练习，后者则模仿前者在跑。运动中做出相同的动作变换。

训练要求：注意力集中，要时刻随前者的动作变化而变化，动作协调、有节奏；持续练习 15

秒/组,间隔 30 秒,共练习 4 组。

③过　人

画一个直径为 3 米的圆圈,在圆圈内 2 人各站半圈。听到"开始"信号后,一人防守,一人设法利用晃动、躲闪等假动作摆脱防守者进入对方的防区。交替进行。

训练要求:练习中,不准拉人、撞人;持续练习 20 秒/组,共练习 4~6 组。

④躲闪摸肩

两人站在直径为 2.5 米的圆圈内。听到"开始"信号后,学生在规定的圈内跑动做一对一巧妙拍摸对方左肩的练习。

训练要求:记录 30 秒内拍中对方肩的次数,重复 2~3 组。

⑤障碍追逐

两人一组,前后站立。听到"开始"信号后,学生利用障碍物进行一对一追逐游戏,追上对方用手触到身体任何部位,即刻交换进行。

训练要求:充分利用障碍物进行躲闪、转身等动作快速跑动;持续练习 20 秒/组,间歇 20 秒,共练习 5~6 组。

2. 器械训练

(1)单人练习

单人练习包括多种形式。例如,利用球进行传球、运球、顶球、追球、颠球、托球、接球和多球练习、滚翻传接球练习,还可以借助单双杠悬垂摆动,或者借助一些器械进行翻越肋木、钻山羊、钻栏架,以及各种专项球类练习和技巧练习、体操练习等。

(2)双人练习

双人练习包括也有各种球类练习,以及跳跃障碍、顶球接前滚翻等练习。不同于单人练习的是,它是由两个人合作进行练习。下面介绍几个练习动作。

①跳起踢球

2 人面对而立,间隔 15 米。一人抛球至另一人体前或体侧方,对方快速跳起用脚准确踢球。交替进行练习。

训练要求:抛球到位,踢球准确;持续练习 15 次/组,重复练习 2~3 组。

②扑　球

2 人一组,面对站立。一人抛球一人接球,抛球人将球抛向对方体侧,对方可利用侧垫步、交叉垫步或交叉步起跳扑向球,并用手接住球。2 人交替进行练习。

训练要求:逐渐加快抛球速度,判断准确、主动接球。

③接球滚翻

2 人一组,一人坐在垫上(接球),另一人面对站立(传球)。坐在垫上,接不同方向和速度的来球。当接到左、右两侧的球后做接球侧滚动;接到正面的球后做接球后滚翻。交替进行练习。

训练要求:传球到位,接球滚翻协调、迅速;持续练习 30 秒/组,重复练习 2~3 组。

3. 组合训练

(1)两个动作的组合练习

两个动作的组合练习主要有:交叉步接后退步,前踢腿跑接后撩腿跑,立卧撑接原地高频跑,前滚翻接挺身跳转 180°或 360°,侧手翻接前滚翻、后踢腿跑接圆圈跑、俯卧膝触胸接躲闪跑、坐撑举腿接俯撑起跑、转体俯卧接膝触胸、变换跳转髋接交叉步跑、盘腿坐接后滚翻等。

（2）三个动作的组合练习

三个动作的组合练习主要有:立卧撑→原地高频跑→跑圆圈,交叉步→侧跨步→滑步,腾空飞脚→侧手翻→前滚翻,滑跳→交叉步跑→转身滑步跑等,转髋→过肋木→前滚翻,旋风脚→侧手翻→前滚翻等。

（3）多个动作的组合练习

多个动作的组合练习主要有:跨栏架→钻栏架→跳栏架→滚翻,后滚翻转体 180°→前滚翻→头手倒立前滚翻→挺身跳,分腿跳→后退跑→鱼跃前滚翻→立卧撑,倒立前滚翻→单肩滚翻→侧滚→跪跳起、腾空飞脚→旋子→前滚翻→乌龙绞柱、跨栏→钻栏→跳栏→滚翻、悬垂摆动→双杠跳下→钻山羊→走平衡木、摆腿→后退跑→鱼跃前滚翻→立卧撑等。

4. 游戏训练

（1）"一不成二"

学生站成单层圆圈,左右间隔两臂;另设 2 人一追一逃,被追逐者可沿圈外奔跑,与追逐者周旋,当不再想跑时,可从圈外钻进圈内,以背部紧贴任何站立者的身前,被贴人将成为被追逐者;凡在被追逐者已组成 2 人重叠之前未被抓住者,原来的被追者为安全,追逐者须开始追外层的人(即第 2 人)。队伍始终保持单人圆圈。

训练要求:被追逐者必须从圈外跑,不得越过圆圈;贴人时必须以背部贴靠别人身前,保持圆形队伍;凡以手摸到被追者即为追上,此时追者与被追者互换,游戏继续进行;被追者不能一直逗留在圈内而不贴人,必须在跑进圈内就迅速贴人,也不得跑离圆圈队伍 3 米外或向远处跑去。

（2）形影不离

两人一组,标记为甲乙,并肩站立。甲方站在右侧可以自由变换位置和方向,站在左侧的乙方必须紧随其后,跟进仍站到甲方右侧位置。

训练要求:甲方要求随机应变,乙方必须迅速准确地移动。

（3）蛇头吃蛇尾

学生排成单行,用手抓住前面人的腰部;听到"开始"信号后,排头也就是蛇头,要努力地去捉排尾的人,而后半部分人则要努力地帮助排尾的人,不让蛇头捉到。

训练要求:队伍不能被拉断或拉散;排头触到排尾时,即刻更换排头和排尾,重新开始游戏。

（4）跳山羊接力

把学生均分成甲乙两组,分别站在距山羊 5 米的起跑线上;听到"开始"信号后,每组第一人助跑分腿跳过山羊,落地后,转体 180°,再从山羊底下钻出跑回击第二人的手,第二人与第一人动作相同,并以此类推进行。

训练要求:必须以单跳双落的动作起跳、落地,身体钻越山羊时不能碰器械。

（5）照着样子做

2 人一组,其中一人做站立或活动中的各种动作,并不断更换花样,另一人必须重复前者的动作。

训练要求:要求领做者随意发挥,照做者必须模仿逼真。

(6)抓"替身"

成对前后站立围成圈,指定一人抓,另一人逃,逃者通过站到一对人的前面来遮挡自己逃脱被抓,遮挡人必须立即逃开。逃者要另选遮挡人,当抓人者拍打着被抓者时,两人交换继续抓"替身"。

训练要求:要求反应迅速、躲闪灵敏。

(7)互相拍肩

2人一组,相对1米左右站立,脚不能动,要想方设法拍到对方的肩膀,但又要防止对方拍到自己的肩膀。被拍到肩膀者为输。

训练要求:要求伺机而动,身手敏捷。

(8)双脚离地

学生分散在能够悬垂让脚离地的场所任意活动,指定其中几个为抓人者,听到教练的哨音后,谁的双脚离地就不抓他,抓人者勿缠住一人不放。

训练要求:要求快速倒立、悬垂、举腿等。

(9)听号接球

学生围圈报数后顺时针或逆时针跑动,教练持球站在圈中心,将球向空中抛起喊号,被喊号者应声前去接球。

训练要求:要求根据时间和空间采取应急行动。

(10)围圈打猴

把学生均分为两组,指定一组当"猴"在圈中活动,另一组作为"猎人"手持2~3个皮球围在圈外,掷球打圈中的"猴"(只准打腿部),被击中的"猴子"与掷球的"猎人"互换。

训练要求:要求眼观六路,耳听八方,掷球准确,躲闪机灵。

(11)水、火、雷、电

在游戏开始前分别商定好代表水、火、雷、电的四种动作。学生在直径为15米的圆圈内快跑,教师随即喊出水、火、雷、电,所有人必须做出与之相适应的动作。

训练要求:要求想象力丰富,变换动作快。

(12)传球触人

游戏目的:提高学生快速传接球的能力和灵活性。

场地器材:篮球场地、篮球1个。

游戏方法:如图10-1所示,参加游戏者分散在场内任意跑动,指定两人传球,在不准走步、运球的情况下,传球人通过传球去追逐并及时用球去触及场上跑动的人,被触及者参加到传球人的行列,最后看谁没被触及。

游戏规则:徒手队员不准超出规定的场地线,否则算被触及;传球人只能用传球去"触及"徒手队员,否则无效。

注意事项:移动要快,传球迅速。

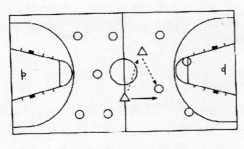

图 10-1

（13）"活动篮圈"

把学生均分成两组，每组设活动篮圈一个（两人双手伸直，互相握手）。教练抛球，两组跳球开始比赛，设法将球投入对方的活动篮圈中去，比哪组投中次数多。

训练要求：要求按篮球规则进行比赛，活动篮圈可以跑动，但不能缩小，防守队员可以在篮圈附近防守。

（14）追逐拍、救人

队员分散站在场内，指定 4 名引导人为追逐者，其他队员进行闪躲逃跑。当有人被拍到时，要"冻结"到原地。两手侧平举。此时，同伴者可去拍肩救他，使之复活逃脱。

训练要求：要求判断准确，闪躲敏捷，救人机智。

（15）"火中取栗"

学生均分成两组，一个小组的人手挽手面向外围成一个圈子，以保护圈子中的几只球，另一个小组的人则设法钻进去把球取出来。

训练要求：要求动作灵巧，合理对抗。

二、灵敏素质训练的要求

（一）消除紧张的心理状态

当训练过程中心理产生紧张情绪时，必然会导致肌肉反应迟钝，动作的协调性下降，影响训练效果。因此，在进行灵敏性训练时，应采用各种有效的方法与手段，使紧张的心理状态和恐惧心理得以有效的消除。另外，张弛有度的心理状态还能促进灵敏性素质训练的水平。

（二）女性生理期要进行特殊训练

要注意女生的生理特点，必要时要进行特殊的训练。女生进入青春期，由于体重的增加，有氧能力下降，以及内分泌系统变化所致，灵敏性会出现明显下降，但这属正常生理性下降。女大学生应正视这一规律，对训练计划适当地进行调整，青春期后，灵敏性仍会恢复和发展。

（三）要抓住灵敏素质发展的最佳时期

灵敏素质是由中枢神经系统进行指挥的，体现了身体活动的各种能力水平。神经系统是人体发育最早、最快的系统,儿童少年时期,神经系统具有很好的反应能力、动作速度、平衡能力、节奏感等方面的潜力,这些都为灵敏素质提供了非常有利的条件,因此要在这个时期加强身体的灵敏素质训练。

(四)保证训练过程中间歇的时间充足

在进行灵敏素质的训练过程中,间歇时间应十分充足,以保证氧债的偿还和肌肉内 ATP 能量物质的合成。但是不能休息太长的时间,休息时间过长会使中枢神经系统的兴奋性大幅度下降;在下次训练中就会减弱对运动器官的指挥能力,使动作协调性下降、速度减慢、反应迟钝,这必然会对练习的效果造成影响。

(五)掌握大量运动技能,培养综合能力

熟练掌握运动技能是表现灵敏素质的基础与前提。建立的动作技能的动力定型数量越多,动作熟练性越强,做出的动作也就越灵活。条件反射是运动技能的本质,这种在大脑皮层中建立的动力定型数量越多,临场时及时变换动作的暂时联系的接通就越迅速准确,在已经掌握的运动技能的基础上,可以快速形成新的应答性的动作来应付突然发生的情况。尽量多掌握一些基本的动作、基本技战术等就有利于提高灵敏素质。所以要求训练中应反复练习,尽快建立条件反射和合理的动力定型,并熟练掌握大量运动技能。

由于灵敏素质是人体综合能力的表现,因此发展灵敏素质就必须对综合能力进行有效的培养。在训练中广泛采用发展其他运动素质的方法来发展灵敏素质,并培养大学生反应能力、掌握动作能力、平衡能力等。

第三节　相关运动专项灵敏素质训练的方法

一、篮球运动专项灵敏素质训练

发展篮球灵敏素质须从专项特点出发,重点综合发展反应、平衡、协调等能力。

(一)提高反应判断的训练

(1)按有效口令做动作。

(2)按口令做相反的动作。

(3)原地、行进间或跑步中听口令做动作。例如,喊数抱团成组;加、减、乘、除简单运算得数抱团组合,看准最快等。

(4)听信号或看手势急跑、急停、转身、变换方向练习。

(5)听信号的各种姿势起跑。如站立式、背向、蹲、坐、俯卧撑等姿势。

(6)一对一追逐模仿。

(7)一对一互看对方背后号码。

（8）一对一脚跳动猜拳、手猜拳、打手心手背、摸五官等练习。

（9）跳绳。例如，两人摇绳，从绳下跑过转身，从绳上跳过等。

（10）各种游戏，如叫号追人、追逃游戏、抢占空位、打野鸭、抢断篮球等。

（二）发展协调能力的训练

（1）模仿动作练习。

（2）各种徒手操练习。

（3）做不习惯方向的动作。

（4）简单动作组合练习。例如，原地跳转 360°接跳远，前滚翻交叉转体接后滚翻，跪跳起接挺身跳等。

（5）一对一背向互挽臂蹲跳进、跳转。

（6）双人头上拉手向同方向连续转。

（7）脚步移动练习。例如，前后、左右、交叉的快速移动，单脚为轴的前后、转体的移动。左右侧滑步、跨跳步的移动。

（8）跳起体前屈摸脚。

（9）做小腿里盘外拐的练习。

（10）选用武术中的"二踢脚""旋风脚"动作进行练习。

（11）双人跳绳。

（12）改变动作的连接方式。

（13）双人一手扶对方肩，一手互握对方脚腕，各用单脚左右跳、前后跳、跳转。

（三）发展平衡能力的训练

（1）在平衡木上做一些简单动作。

（2）在肋木上横跳、上下跳练习。

（3）各种站立平衡，如俯平衡、搬腿平衡、侧平衡等。

（4）一对一面向站立，双手直臂相触，虚实结合相互推，使对方失去平衡。

（5）一对一弓箭步牵手面向站立，虚实结合互推互拉使对方失去平衡。

（6）急跑中听信号完成急停动作。

（7）用手扶住体操棒，然后松手转身击掌再扶住体操棒使其不倒。

（8）向上抛球转体 2～3 周再接住球。

（9）原地跳传 180°、360°、720°落地站稳。

（10）跳转 360°后，保持直线运行。

（11）绕障碍曲线转体跑。

（12）闭目原地连续转 5～8 周，然后闭目沿直线走 10 米，再睁眼看自己走的方向是否准确。

（四）利用跳绳进行训练

（1）跳波浪绳，即教练与一名运动员双手握一根长绳，并把绳子上下抖动成波浪形，运动员必须敏捷地从上跳过,谁碰到绳子,与摇绳者交换。

(2)交叉摇绳。练习者两手交叉摇绳,每摇1~2次,单足或双足跳长绳一次。

(3)集体跳绳,即两名练习者摇长绳子,其他练习者连续不断地跳过绳子,每人应在绳子摇到最高点时迅速跟进,跳过绳子,并快速跑出。

(4)双人跳绳,即同集体跳绳,要求两名练习者手拉手跳3~5次后快速跑出。

(5)跳蛇形绳,即教练与一名运动员双手握一根长绳,并把绳子左右抖动,使绳子像一条蛇在地上爬行,数个运动员在中间跳来跳去,1分钟内触及绳子最少者为胜。

(6)跳粗绳(或竹竿),即教练双手握一根粗绳或竹竿,运动员围成一个圆圈站立,当教练握绳或竿做扫圆动作时,队员立即跳起,触及绳索或竹竿者为败。

(7)"扫地"跳跃。练习者将绳握成多段,从下蹲姿势开始,将绳子做扫地动作,两脚不停顿地做跳跃练习。

(8)后摇两次,双足跳一次,俗称"后双飞"。

(9)走矮子步,即教练与一名运动员将绳拉直,并把高度适当降低,队员在绳子下走矮子步和滑步动作。

(五)选用体操动作进行训练

(1)双人前滚翻,即一人仰卧,另一人分腿站在仰卧人的头两侧,双方互握对方的两脚踝,然后作连续的双人前滚翻或后滚翻。

(2)前滚翻、后滚翻、侧滚翻、连续前滚翻或后滚翻、连续侧手翻、前手翻、头手翻、后手翻、团身后空翻。

(3)鱼跃前滚翻(可越过一定高度的障碍物)。

(4)跳马、跳上、挺身跳下,分腿或屈腿腾越,直接跳越器械,跳起在马上做前滚翻。

(5)在低单杠上做翻上、支撑腹回环、支撑后摆跳下、支撑摆动向前侧跳下等简单动作。

(6)一人仰卧,两人各抓一只脚,同时用力上提,使其翻转站立。

(7)在低双杠上做肩倒立、前滚翻成分腿坐、向前支撑摆动越杠下,向后摆动越杠下等简单动作。

(六)游戏训练

在灵敏性游戏的设计、选择、运用中,要注意把思维判断、快速反应、协调动作、节奏感等内容有机地结合起来。进行游戏时,要严格执行规则,防止投机取巧,注意安全。

1.攻守投篮

游戏目的:提高学生的灵敏性和应变能力。

场地器材:篮球场地、篮球2个。

游戏方法:如图10-2所示,将学生分为人数相等的两队,每队8人,双方各有一名队员手持球站在本方半场的端线外准备发球。游戏开始,当裁判员鸣笛后,各自发球开始比赛,两队同时在场上传球、运球、突破,力求将球投入对方篮内得分;同时又要设法阻截和防止对方将球投进本方篮内,并积极抢断对方的球,组织反攻。在规定时间内,进球多者获胜。

游戏规则:比赛中出现犯规、违例、传球出界等情况时,均判对方在犯规、违例方的半场发界外球。

注意事项:人数较多时,不要碰撞受伤。

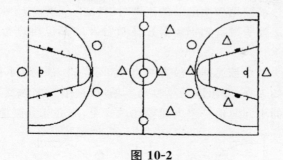

图 10-2

2. 你抓我救

游戏目的:提高学生的跑动速度和灵敏性,以及反应和躲闪能力。

场地器材:篮球场地。

游戏方法:如图 10-3 所示,制定球场的中圈为"禁区",选出参加游戏中的 5 人为追逐者,其余人作为被追逐者将在场内任意跑动。追逐者把抓到的被追逐者送到"禁区"内。没有被抓到的被追逐者可设法避开守在"禁区"旁边的追逐者去营救"禁区"内的同伴。直到所有被追逐者全被抓完送进"禁区",或"禁区"内的被追逐者全被营救完为止。另换一批追逐者和被追逐者继续游戏。

游戏规则:在"禁区"外的被追逐者用手击"禁区"内的人的手掌为营救成功;如果在"禁区"外的人在营救"禁区"内的队员时又被追逐者抓到,同样要到"禁区"内等待营救;被送到"禁区"内的人不得自行离开;追逐者只有抓住被追逐者才有效,仅仅拍到无效。

注意事项:注意安全,小心相互碰撞受伤。

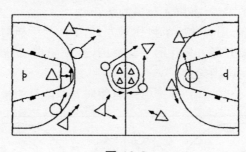

图 10-3

3. 追　捕

游戏目的:提高学生的移动速度和灵活性。

场地器材:篮球场地。

游戏方法:如图 10-4 所示,游戏者全部分散在球场上任意跑动,指定其中两人为追捕手。游戏开始,凡是被追捕手触及的人必须用一手按住被触及的部位继续跑动,避开追捕手的触及。如果第二次被触及,就用另一只手按住第二次被触及的部位继续跑动。在第三次被触及时此人就必须退出场外,等到第二个退出场外的人一起组成新的追捕手(组),再去追捕其他人。在新的追捕手上场时,被原追捕手触及的人即可"解放",跑动时一手或双手可不再按住被触及的部位,但若被新的追捕手触及则仍需要按住被触及的部位再进行跑动。如此循环直至规定游戏时间到为止。

游戏规则:追捕手的手触及被追捕队员方算有效,不得推、抓、拍打人,否则罚其连续再追捕两人后方可替换;以球场为界,跑出球场算自动离场,按被第三次触及处理。

注意事项:当两个追捕手同时追一个人时要注意安全,小心相互碰撞受伤。

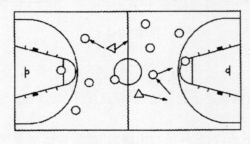

图 10-4

4. 突　围

游戏目的:提高学生的对抗力量、反应能力和灵活性。

场地器材:篮球场地。

游戏方法:如图 10-5 所示,把学生分为人数相等的甲、乙两队。先由甲队队员相互握手腕站成一个圆圈,把乙队全体队员围在圆圈内。游戏开始,乙队队员要设法从圈内挣脱出圈,甲队队员要设法组织防止对方从圈内向外突围。到规定时间为止,双方交换圈内外角色。一个回合后计算双方突围人数的多少,突围人数多的队获胜。

游戏规则:圈外的队员可用握住的手拦住对方,但不能松手抓对方,否则犯规;圈内的队员只能使用巧法而不是用手拉开对方握住的手腕突围,否则犯规;若圈外队员犯规,判对方突围成功;如果圈内队员犯规,则突围无效。

注意事项:圈内队员向外突围时,要突然加速冲向外圈队员的接合部。

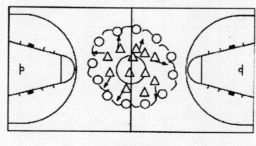

图 10-5

5. 卡位抢球

游戏目的：提高学生的快速反应能力和拼抢卡位能力。

场地器材：篮球场地一块。

游戏方法：学生两人为一组，将全班分成若干组，两人相距约1米间隔站立，每组之间也相距1～2米，每组的两人间前方2米处放一个篮球。开始为基本站立，然后听哨声响后同时去抢球，抢到球者获胜。

游戏规则：只准用手抢球，否则判为负；避免冲撞，如有意冲撞对方则立即判其出局。

注意事项：抢球时先上步抢位再抢球，小心不要发生碰撞，注意安全。

二、足球运动专项灵敏素质训练

(一)足球专项灵敏素质的训练方法

(1)一个人用两个球快速连续对墙踢。

(2)身体各部位(12个部位)颠球及各种挑反弹球的练习。

(3)自己将球踢向身后，迅速向前绕过障碍折回接反弹球。

(4)虚晃摆脱。三人一组，一人传球，一人盯防，一人利用左右虚晃动作突然摆脱盯防者或利用前跑反向要球。传球者与接球者相距5米左右，盯人者紧逼接球者，三人轮换职能。练习中接球者要注重动作的突然性和身体在各种姿势下的控制力。

(5)带球跑。每人一球做带球跑，在运球中做各种虚晃、拨挑、颠耍、起动、回扣等动作。

(二)游戏训练

1. 运球追捕

训练目的：提高学生随意运球的能力和技巧。

场地器材：在足球场内标出一块30米×30米的游戏区域，足球20个。

游戏方法：将学生分成人数相等的两队，每人一球，其中有一个队为追捕方，另一队为逃跑方。游戏开始，追捕方的学生运球并设法用手捕捉逃跑方的同学，逃跑方的学生则尽力躲避。被捕捉到的学生要离开场地，到场外练习颠球，直到本方所有同学都被捉到为止。然后互换角色再进行游戏。

游戏规则：按照捕捉逃跑方全部学生的时间长短来决定胜负，时间短的一方为胜。

2. 守卫足球

训练目的：锻炼学生保护球的能力，发展其灵敏素质。

场地器材：足球场内进行，足球20个。

游戏方法：将学生分为人数相等的两队，分散站立于30米×30米的足球场地内。准备，每人各持一球。开始，在场地内随意运球。每个游戏者要尽力保护自己的球，并伺机将其他同学的球踢走，踢出一球得一分。在规定的时间内，被别人踢出场外最少的一队为胜。

游戏规则：游戏者可踢出任何一人的球．但不准推拉人；失球者应立即出场退出游戏，按逆时针方向绕场慢跑,直至游戏结束方可停止。

3. 猴子运桃子

训练目的:培养学生快速、准确的运球能力。

场地器材:在一个边长为 6 米的等边三角形场地内进行,足球若干。将球平均放在猴子家中。

游戏方法:哨音响后"猴子"迅速跑向其他"猴子"家中,将其他"猴子"家中的"桃子"运回到自己的家中。在一定时间内家中"桃子"多者为胜。家中"桃子"少的"猴子"接受相应的惩罚。

游戏规则:运回的"桃子"必须放稳在家中。

4. 曲线运球接力比赛

训练目的:提高学生变换方向的运球技能和集体配合能力。

场地器材:足球场内进行,足球 2~5 个,标志旗 20 个。

游戏方法:在足球场地上画两条相距 30 米的平行线,分别为起、折点。从起点线开始,每相距 6 米插一个标志旗,将学生分成人数相等的 2~3 个队,听到哨音后,各队的排头向前运球,绕过标志旗回到起点线将球交给第二名同学,依次进行。先完成的队为胜。标志旗可根据学生的水平逐步增加。要求运球人必须绕过每个标志旗。

游戏规则:接力学生必须等运球同学将球运到起点线上才可接球,不可到起点线前接球,少绕一个旗则为失败或记一次犯规,犯规次数少者为胜。

5. 运球通过封锁线

训练目的:提高学生运球、控制球以及变换方向运球的能力。

场地器材:足球场内进行,足球 20 个。

游戏方法:在足球场地上画一个直径为 15 米的圆圈。所有学生持球,围圆圈运球,听到哨声以后,迅速运球穿过圆圈中心。穿过圆圈时注意避免碰撞。

游戏规则:出现碰撞的学生罚做俯卧撑 2 个。

6. 脚踢低球

训练目的:锻炼学生脚下控制球的能力。

场地器材:足球场内进行,标志旗 2 面,绳子 1 根,足球若干。

游戏方法:在足球场地上画一个 20 米×15 米的长方形游戏区,两根木桩立于边线两侧,绳子拉于木桩上。将学生分为两队,每队 10 人(人多时可在多个游戏区内活动),分散立于各自的半场内。准备,发球一方持球。开始,将球从绳下踢向对方场区,踢入对方后场 1 次得 1 分,在规定的时间内,得分多的队为胜。

游戏规则:双方可以在绳下来回踢球,但不准越过中线进入对方场区;球从绳上越过或碰绳均为失误,失误后由对方开球。

7. 球攻四门

训练目的:培养学生短距离传球的能力和攻防意识。

场地器材:足球场内进行,标志旗 8 面,足球若干。

游戏方法:在足球场地上画一个边长为 40 米的正方形游戏区,在游戏区的 4 条边线中间各相距 2 米插 2 面小旗,组成 4 个球门。将学生分为人数相等的两队(人多时分为 4 队,设两个游戏区),分散站立于场地内。准备,各队守卫规定的相邻两个球门。开始,一方发球,利用快跑、短传等技术攻射对手球门。两队互相攻防。得分多的队为胜。

游戏规则:进攻一方可进攻规定的两个球门。一个球门可稍大一些,另一个球门稍小些。进大门得 1 分,进小门得 2 分;双方均不设守门员。

8. 穿裆射门

训练目的:锻炼学生脚下控制球的能力,培养其踢球的准确性。

场地器材:足球场内进行,3 人 1 个足球。

游戏方法:学生两人面对面站成两列横队,间距 8～10 米,一人中间站立,面对的两人进行游戏,中间的一人两腿叉开,另外两人试图将球踢出,并穿裆而过。中间的队员不得挡球。若球未能穿过胯下,传球失误的队员替换中间的队员。

游戏规则:两边踢球的队员不得把球踢高,避免伤害中间的队员。

9. 清场比赛

训练目的:锻炼学生脚下控制球的能力,培养其集体主义精神。

场地器材:足球场内进行,标志旗 2 面,绳子 1 根,足球若干。

游戏方法:在足球场地上画一个 50 米×30 米的长方形的游戏区,在中线上距地 2 米高处设长绳一根。将学生分为人数相等的两队,每人 1 个足球,分别站立于各自的半场内。游戏开始,双方尽力将球从长绳下踢进对方的场区内。在规定的时间内,半场内的足球最少的一队为胜。

游戏规则:双方队员必须在各自半场内活动,不准进入对方的场区;球必须从长绳下钻过,且不准飞向场外。

10. 踢"保龄球"比赛

训练目的:提高学生踢球的准确性。

场地器材:足球场内进行,足球若干,保龄球(或标志桶)若干。

游戏方法:在足球场地上画一条直线,把球放在线上。在距线 15～20 米的地方按"保龄球"的要求摆放 10 个标志桶。把学生分为若干组进行比赛。在规定的踢球次数或组数下,得分多的球队获胜。

游戏规则:根据技术情况提出要求,踢地滚球或者半空球。违反要求者受罚。不能计算成功的次数。

11. 足球打靶

训练目的:提高学生踢空中球的能力。

场地器材:足球场内进行,足球若干,球筐 1 个。

游戏方法:在球场内画一个直径为 1 米的圆圈,作为踢球点。在距踢球点前方 15～30 米处,画 3 个直径分别为 3 米、6 米、9 米的同心圆,圆心上放一个装球的筐,作为足球靶。将学生分成人数相等的两个队,分别站在踢球点的两边。游戏开始,两队的队员轮流将放在踢球点上的足球踢向足球靶,踢进 9 米圈得 1 分,踢进 6 米圈得 2 分,踢进 3 米圈得 3 分,踢进球筐得 10 分。得分多者获胜。

游戏规则：只有从空中落入靶中才算，地滚球滚入靶中不算；球入筐后跳出，仍算进筐；球落地后跳入筐则不算。

12. 跳起顶球

训练目的：提高学生跳起顶球技术的规范性和准确性。

场地器材：在球场内进行，网兜、吊绳、足球若干。

游戏方法：在足球场地上画一条起跑线，线前5～8米处架起一条横绳，高1.8～2米。把球放在网兜里，吊在横绳上，间隔50厘米。将学生分成人数相等的两队，各队排头手持一接力棒，站在起跑线后。发令后，各队排头手持接力棒迅速跑到吊球处，双脚原地起跳，用头顶球，共3次。然后返回，把接力棒交给本队第二人。依次进行，以先完成的队为胜。

游戏规则：要求学生必须顶本队的吊球，否则无效；跳起顶中3次，如只顶中2次，其中一次未顶着，应取消名次。

13. 迎面顶球

训练目的：提高学生迎面顶球技术的准确性，掌握头顶球的基本动作方法。

场地器材：足球场内进行，足球若干。

游戏方法：在足球场地上画两条线相距2～4米的横线。学生分成人数相等的两队，各队排头手持一接力棒，两队分为甲、乙两组分别排成一路纵队，在横线外对面站立，各队排头手拿一个足球。发球后，排头将球抛给对面乙组的排头，球一出手自己马上跑到本队的排尾去，乙组排头用头将球顶到甲组的第二人，球一顶出马上跑回本队的排尾，依次进行；最后先顶完球的一组为胜。

游戏规则：顶球时可以前后左右移动，但不得踏线；必须依次顶球；顶球失误后，要从失误者抛球开始。

14. 拨球绕圈

训练目的：发展学生身体的灵敏性。

场地器材：在足球场地上画一条起跑线，线前15米处画4个相距3米，直径为4米的圆圈；体操棒4根，足球4个。

游戏方法：将学生分成人数相等的4队，成纵队站在起跑线后。每队排头手持一根体操棒，并将一个足球放在起跑线上。游戏开始，听到发令后，各队排头用棒拨球（地滚球）前进，绕过圆圈后返回起点，把棒交给第二人，第二人迅速按同样的方法继续进行，依此类推，最后以先完成的队为胜。

游戏规则：学生在拨球前进时，必须是地滚球，若球离开地面跳动，则应从失误处重新开始；拨球绕圈必须沿圈的外侧；交接体操棒时不得抛、扔；拨球前进时不得对他人有意干扰或阻挡。

15. 多拉快跑

训练目的：提高学生身体的协调性及灵敏性，发展其负重跑的能力。

场地器材：在足球场地上画一条起跑线，线前15～20米处间隔3米并排画4个直径为2米的圆圈；各组起跑线后放3个实心球。

游戏方法：将学生分成人数相等的四组，分别成纵队站在起跑线后。游戏开始，当听到口令后,各组的排头迅速将 3 个实心球抱起,跑到圈前,并将球放在圈内返回起跑线,击第二人的手后站在队尾。第二人再跑向圆圈,并将实心球抱起,返回,把球交给第三人,依此类推,直至全组做完,最后以先完成的组为胜。

游戏规则:要求学生交接实心球时必须传递,不得抛接;球必须放在圈内,若球出圈必须捡回;抱球跑进时;若球落地应捡回抱好,并在原地开始再跑。

16. 爬上顶峰

训练目的:发展学生身体的灵敏性。

场地器材:距肋木 10 米处画一条起跑线;一条体操凳斜放,一端搭在肋木间(体操凳与地面的夹角随学生的年龄及能力而定)。

游戏方法:将学生分成人数相等的 4～6 队,面向体操凳成纵队站在起跑线后。游戏开始,各队的排头迅速向前跑,经斜凳爬上肋木,并越过肋木的顶端,从肋木的另一侧爬下跑回本队,拍第二人的手自己站在队尾;第二人按此方法,继续进行,直至全队每人做一次,以先完成的队为胜。

游戏规则:要求学生越过肋木后必须经肋木的另一侧爬下,严禁从肋木上跳下;必须在两人击掌后方能出发,不得抢跑。

17. "双飞舞"

训练目的:提高学生身体的灵敏性及动作的节奏感;培养协同一致的能力。

场地器材:在足球场地上画一条起跑线,距起跑线 20 米处并排间隔 4～5 米插 4 面小旗,布带 8 条。

游戏方法:将学生分成人数相等的 4 队,各队两人一组,并肩站在起跑线后。每队的第一组用布带把两人的内侧腿膝下至踝关节上的部位分两处用带子绑牢,同时内侧臂相互搭肩或扶腰。听到发令后,每队第一组立即向前跑,绕过小旗返回至起跑线,将布带解下交给第二组,自己站在排尾。依次进行,直至全队跑完,最后以先返回的队为胜。

游戏规则:要求学生必须在起跑线后将带子系好,不得抢跑;若中途带子散开,应在原地绑好后再继续跑进。

18. 巧过"龙门阵"

训练目的:发展学生身体的协调性及快速躲闪的能力;培养学生机动、灵活及准确的判断能力。

场地器材:在室内一小块空地上,学生拉两根相距 40～50 厘米的绳子(或皮筋),每根绳子上系 8～10 个间距为 40～50 厘米的气球。

游戏方法:参赛者站在绳子的一端,当听到开始的口令后,边吹边从气球之间穿过,头部不得触球。顺利通过者为胜;若胜者超过两人,则进行决赛。

游戏规则:气球的下端应略高于参赛者的肩部;穿过气球阵时不得下蹲,但头部可以左右摆动或前后避让;游戏的过程中身体任何部位不得触球。

19. 推铁环直线跑

训练目的:发展学生身体的灵活性、协调性。

场地器材:在平坦的足球场地上画 4 条长 50～60 米,宽 1.25 米的跑道,两端分别为起点线和终点线。铁环 4 套。

游戏方法:将学生分成 4 人一组,分别站在 4 条跑道的起点线后。游戏开始,当听到"预备"的口令时,右手持推钩把,左手拿铁环的上部,使推钩与铁环的下部相套,左腿在前,上体稍前倾站立。听到"跑"的口令后,立即推铁环向前跑进,直至推过终点线,先到达终点的人获胜。

游戏规则:要求学生不得抢跑和抢推;在推进的过程中若铁环脱钩,则应捡回在原地继续推进;推进中不得主动撞人(若出跑道,但未影响他人,可继续比赛)。

三、排球运动专项灵敏素质训练

(一)垫上的训练方法

(1)连续做前(后)滚翻练习。
(2)做鱼跃前滚翻练习和手撑兔跳练习。
(3)做左右侧滚翻练习。
(4)做前滚翻—左(右)横滚动—快速起立—原地鱼跃—跪跳起练习。
(5)双人前滚翻练习。
(6)做直体前扑—手掌胸前击掌—推起穿腿—蹬足练习。
(7)双人鱼跃横滚翻前进。
(8)三人两边鱼跃前滚翻练习。
(9)三人两边交叉鱼跃横滚翻。

(二)控制性的训练方法

(1)两臂同时分别向前、后绕环。按教练员口令,两臂分别做不同顺序、不同起始节拍的动作。左手前平举,右手在体侧不动—左手上举,右手前平举—左手侧平举,右手上举—左手下放体侧,右手侧平举—左手不动,右手还原。
(2)连续交换单足跳跃。前踢腿时,双手触足尖,后踢腿时,双臂上振。反复进行。一条腿前踢落地后换另一条腿后踢。
(3)两足开立和并拢连续跳跃,双手从体侧平举至头上击掌,最后还原。

(三)弹跳板的训练方法

(1)做前屈体摸脚面。
(2)原地或助跑高跳,做收腹展腹练习。
(3)两次转体、落地后接前滚翻或接鱼跃。
(4)做前、后或左、右分腿跳。

(四)橡皮筋垫上的训练方法

(1)做一定高度的侧手翻过练习。
(2)高度 1 米左右(也可根据学生弹跳高度确定),双脚跳起收腹将橡皮筋踩下,再接前滚翻,或接跪跳起,或接鱼跃。

(3)做一定高度的兔跳从下面过,臀部不得碰橡皮筋。

(4)两条橡皮筋,跳过一条后接俯卧撑,跪跳起后再跳过另一条。

(5)双脚跳过橡皮筋接跪跳起后再跳过橡皮筋。

(6)一高一低两条橡皮筋,中间距离尽可能小些,做鱼跃前滚翻,从中间过,要求上下不得碰橡皮筋。

(7)同上,兔跳过,可以来回做,也可以从中间过去,从下面回来。

(8)同上,俯卧式跳高从中间过,再接横滚起。

(9)同上,用向侧前方鱼跃方法从上面过后再接横滚从下面过第二橡皮筋。可以来回做。

(10)同上,两次鱼跃前滚翻过,或先做兔跳过,再做鱼跃前滚翻过。

(五)结合场地和球的训练方法

(1)学生做拦网落地后,接鱼跃或滚翻垫球,再上步扣球。

(2)学生做前扑—向后撤步移动—向前单足蹬地鱼跃—向侧后滚翻的组合练习。

(3)根据不同信号,学生分别做快速起动、制动、变速、变向及跳跃、滚动等动作。

(4)教练员灵活运用扣、吊球手法,将球击到边(端)线附近,学生移动垫球,接界内球,不要接界外球。

(5)将球用力向地面击打,待其反弹后从球下钻过,反弹一次钻一次,力争钻的次数多一些。可以两人比赛。

(6)网前拦网一次,转身退到进攻线救一个球,然后回到网前传一个球。

(7)持球躺在地板上,自己向上抛球后立即起立将球接住。

(8)教练员灵活运用扣、吊或抛球的方法支配球的速度和落点,学生判断翻动取位将球回传(垫)给教练员。

(9)两人一组,一人跳传另一人抛来的球后接着做立卧撑,若干次后交换。

(10)两人一组,一人侧传另一人抛来的低平球后接滚翻,若干次后交换。

(11)三人一组,中间的学生分别接两边队员的平抛球做向后倒地传球。

(六)游戏训练

1. 圆周等距跑

训练目的:提高学生的协调性和灵活性,发展其速度素质和一般耐力素质。

场地器材:排球场内进行,排球 2 个。

游戏方法:让学生手拉手围成一个圆圈,并依次报数并记住自己的数字,在大圆心上画一个直径为 50 厘米的小圆圈,内放两个排球。裁判员任意叫号,被叫到的两人立即起动去抢小圆中的排球,抢到后按顺时针方向从圆外绕大圆绕跑一周,以先从自己原来的位置跑到小圆内并把排球放稳为准,谁先回到自己的位置者为胜,然后继续叫号,游戏依此类推。

游戏规则:抢跑者取消游戏资格;叫号后立即起动,抢到球后必须从自己位置上开始绕圈跑动;跑进大圈后,必须把排球放在小圆内,稳定后方可跑回自己的位置。

2. 搬家游戏

训练目的：提高学生的反应及灵敏性，以及培养学生之间的团结协作精神。

场地器材：排球场内进行，排球若干。

游戏方法：全体同学先围成圆圈，每 3 个学生分一个球。当听到"野兽出没"时，3 个学生迅速并列站在一起，并且排头学生持球站立在所画的小圆圈里，当听到"猎人出动"时，两个无球学生手挽手架起一座桥；另一学生双手持球蹲在圈内；当听到"兔子搬家"时，蹲在圈内的学生必须跑向另一个圈，依此类推，按口令做动作。

游戏规则：蹲下的学生必须持球在圈内，搬家时必须持球；漏球或抢不到圆圈者做练习。

3. 背传接力赛

训练目的：提高学生背传球的控制球能力和传球的准确性。

场地器材：排球场内进行，排球若干。

游戏方法：将学生分成人数相等的若干组，排纵队，前后间距 2 米。听到口令后，排头向后上方做背传球，第二人同样做背传球，依次传到队尾。速度快的队为优胜。

游戏规则：要求学生依次做背传球，如有失误应从该地点重做；不能隔人传球。

4. 半"未"字移动赛

训练目的：提高学生以各种步法移动变换的灵活性。

场地器材：两条长 4.5 米的线，实心球 2 个。

游戏方法：学生听到口令后，由轴心出发，先向右沿端线触及实心球，再回轴心，脚踏及轴点后沿右斜线移动，当触及实心球后再折回轴心，依次再沿垂直的线段、左侧斜线和端线移动。从开始至轴点共移 5 趟，回轴心触及轴点停秒表，以速度快者为胜。

游戏规则：要求学生按规定依次触摸各个实心球，不按规定路线或未触及球应重做；未触摸到实心球须重新返回再做练习。

5. 隔网定点传球

训练目的：培养学生传球的准确性，提高其团队意识。

场地器材：排球场内进行，排球 2 个。

游戏方法：将学生分成两组，在排球网两侧画 4 个圆，传球队员只能在圆中利用传球将球传到对面固定圆中，对面圆中同学用同样的方法将球传到对面指定圆中，依次进行下去，以连续传球为计数方式三局胜两局取得最后胜利。

游戏规则：只准传球，不能采用其他技术完成动作；球不准落地，落地一次，落地后捡起接着传下去重新计数，在同一局中，落地两次为输一局；传球者不准在圈外传球，在圈外传球算犯规一次，此次不计入同级次数之列。

6. 自传打板碰筐

训练目的：提高学生上手传球的准确性。

场地器材：篮球场内进行，排球若干。

游戏方法：将学生分成人数相等的若干组，均列队站于篮球场罚球线后。第一人持球做自传 1～3 次，然后把球传向篮筐，球碰篮板得 1 分，碰篮筐得 2 分，入篮筐得 3 分，没碰任何地方则由下一人继续做,全队依次进行,积分多的队名次列前。

游戏规则:学生必须双手做上手传球;传球时不得踏及罚球线。

7. 鲤鱼跳跃

训练目的:提高学生传球的准确性和控制能力。

场地器材:排球场内进行,排球若干。

游戏方法:将学生分成人数相等的两组,在排球场端线外列队。听到口令后,排头做自传球向前移动的练习,待到网前自传高球过网,人从网下钻过并连续接传球前行,至对区端线,下一人再做同样动作,直至全队依次做完为止。速度快的队为优胜。

游戏规则:自传球、传高球过网及接自传球前进时,球均不得落地,否则从落点重做;传球练习中不能出现错误动作,否则重做;学生必须前行至对区端线处,第二人才能开始练习。

8. 二龙戏珠

训练目的:发展学生的灵活性和协调性。

场地器材:排球场内进行,排球若干。

游戏方法:将学生分成两人一组,各持球相对而立。听到开始口令后,计时开始,甲把球从头上传给乙,乙传反弹球给甲,甲乙均接到对方来球后,立即做一次腰绕球一周的练习,再照开始甲从头上传给乙,乙从下传反弹球给甲,甲乙均接到球后,分别做左、右踢腿,在踢腿时将球从内侧环绕大腿一周,完成时将球举过头顶,此时停表,速度快者为优胜。

游戏规则:要求学生按规定路线传球,球接不住时应重做;环绕时不得失手,否则重做。

9. 穿梭接力

训练目的:让学生熟悉垫球部位,发展其灵敏性和协调性。

场地器材:排球场内进行,排球若干。

游戏方法:将学生分成人数相等的两组,并在排球场端线站好。听到口令后,排头在垫击球的部位将球托起,并且持球跑动前进,穿过球网到对区端线处,球交给下一个人,该人接过球依旧持球跑动前进,全队依次进行。速度快的队为优胜。

游戏规则:球落地后应立即捡回,并在掉球处重新开始做;不允许以双臂夹球的方式前进。

10. 打　靶

训练目的:提高学生发球的准确性及其力量素质。

场地器材:在排球场内画一发球线,距该线 10～12 米处放一靶台,排球若干。

游戏方法:将学生分成人数相等的若干队,听到口令后,排头向靶台发球,击中可得一分,全队依次做同样发球。得分多的队名次列前。

游戏规则:发球方式不限;发球必须按顺序进行。

11. 叫号垫球

训练目的:发展学生的灵敏素质,提高其反应能力。

场地器材:在排球场画一直径 5～8 米的圆圈,排球 1 个。

游戏方法:6～10 个学生站在圆圈上,按顺序报数,记住自己的号码,另两人在圆圈内。游戏开始,圆圈内两人相互垫球,对垫数次后,其中一垫球者突然叫一个号,并将球垫起,这时与其对垫者迅速离开,被叫到号者立即进圈在球落地前将球垫起,原该位置垫球者代替被叫者站到圈上,并顶替原位的号码,依次反复进行。

游戏规则:叫号应在该次垫球同时,不能垫起球再喊号;叫号后垫球高度不应低于 3 米;叫到号而没垫起球者罚做俯卧撑 5 次。

12. 排垒球

训练目的:培养学生的灵敏性与配合能力,提高其发球技术。

场地器材:在排球场地上画一正方形,边长 10 米,并分别确定四角为本垒、一垒、二垒和三垒。每个角再画一个直径 2 米的圆;排球 1 个。

游戏方法:将学生分成人数相等的甲乙两队,确定攻守双方,如甲先攻,乙则防守。进攻队员依次到本垒用发球办法将排球击出,然后依次跑垒,乙队则将人员布满防守场地,待甲队发球后,如直线在空中把球接住,发球队员出局,如球落地待进攻队员跑入一垒前又用球触杀时,该队员也应出局;如未触杀时,进攻队员则为安全上垒。进攻队员经二、三垒跑回本垒时,则得1 分。甲乙各一次攻守为一局,得分者为该局胜,比赛可一局定胜负,也可以三局两胜。当甲队 3 人出局时,则甲乙两队交换攻守。

游戏规则:发球时为自抛发球,击出球后方可再跑动;参照垒球规则执行。

13. 抛球换位

训练目的:发展学生的灵敏素质,提高其动作速度。

场地器材:排球场内进行,排球 3 个,等边三角形场地 1 个。

游戏方法:将学生 5～8 人分为一组,共分 3 组,分别呈纵队面向三角形站在 3 个圆圈外,排头持球站在顶点上。游戏开始,各组排头听口令同时将球垂直向上用力抛起,随后马上按逆时针方向跑动换位去接右方一组排头抛起的球,排头接球后交给身后第二人抛球,之后站到该队排尾。依此类推,每人抛接数次后结束。以失误少的组为胜。

游戏规则:抛出的球必须在三角形的顶点上方,尽量垂直;球要有一定的高度;球左右摆动幅度不得超过 0.5 米。

14. 钻越发球

训练目的:发展学生灵敏协调能力,提高发球的准确性。

场地器材:排球场内进行,排球若干。

游戏方法:将学生分成两人一组隔网站立,一人抛高球,待球落地反弹,人从球下钻过一次,待球第二次反弹钻第二次,待球第三次反弹钻第三次,之后将球捡起,到端线发球给对区同伴,另一人接住球做同样动作。在规定时间内每人完成 10 次发球,速度快者为胜。

游戏规则:钻反弹球 3 次,如钻不过则重做;若发球失误,应重发,全部计入时间。

四、网球运动专项灵敏素质训练

(1)十字交换跳练习。直立,双脚起跳,在地面上做前后左右十字交换跳。交换频率越快越好,15 秒为一组。

(2)跳起空中抱腿练习。原地双脚跳起,腾空后两腿上收,双手抱膝,下落时还原。

(3)单腿摆动协调练习。单腿有节奏地跳跃，异侧腿配合做摆动，两臂在头上前后摆动，手触摆动腿的脚尖。10 次为一组。

(4)顺逆跑练习。一组运动员围成一个圆圈，手拉手顺时针跑(身体半向左转)。听哨声后立即逆时针方向跑(身体半向右转)。反复做，变向要快，每次 20 秒。

(5)蹲撑直腿交换跳练习。从蹲撑开始，左右腿依次做踢直小腿的交换跳动作。20 次为一组。

(6)闪躲跑练习。画两条平行线，距离 30 米，每隔 6 米插一根标枪。练习者站在一线后，听信号后快速跑向另一线，并要闪躲跑过 4 根立柱。可以计时。

(7)对墙传接球练习。二人一组，一人面对墙站立，距墙 3～4 米，身后一人持网球，对墙左、右、前、后传出各种不同方向的球，前面人接球。30 秒为一组，两人交换进行。

(8)急跑急停练习。从篮球场端线快跑至中线急停，原地转身接滑步跑至篮下急停，跳起摸篮板。

五、羽毛球运动专项灵敏素质训练

(一)上肢灵敏素质的训练方法

1. 手腕前臂灵敏性训练

(1)快速、变向用手接各种前半场小球练习。

(2)快速左右前后一步腾空接球练习。

(3)快速用手接上下左右和前后位置来球的练习。

(4)球拍操练习。手持球拍做一些肩、肘、腕部的练习。这种球拍操，对于发展手臂及手腕的灵活性、协调性都很有好处。徒手做球拍操同样可以达到一定的效果。练习时，双手持拍同时进行对称练习。

①双臂各在一侧向前、向后做大绕环。完成这个动作有两种方法：一种是以肘为轴，以腕部控制做大绕环；第二种是以肩为轴，以前臂控制做大绕环。

②两臂同时在体前从身体的一侧绕向另一侧画"8"字。"8"字的挥动方向可有两种。

③模仿挥拍击球动作，左、右手轮流进行。

④两臂同时在体侧做交叉大绕环。由于两臂做不同方向的挥动(一臂向前，另一臂向后)，锻炼灵活性和协调性的效果更佳。

⑤舞花。这一练习类似武术运动中双刀的"劈刀花"，两臂在体侧交叉画"8"字。

⑥手腕画"8"字。有两种方法：一种是两手持拍于身体两侧，手腕转动画"8"字；另一种是两手持拍于体前，手腕翻动绕"8"字，球拍挥动至腕上方时肘部下沉，球拍挥动至腕下部时肘抬起。

⑦双臂同向绕身体画"8"字。双臂同向绕身体画"8"字时，可以在一侧绕两圈，再转向另一侧绕两圈。

2. 手指灵敏素质训练

(1)捻动拍柄练习。要求学生手持拍柄，用手指捻动拍柄做左右上下转换拍柄位置的练习。

（2）抛接球拍练习。手持球拍，将球拍向前后左右和向上抛起，再用手迅速接住，如此反复练习。

（二）下肢综合跑训练

（1）小步跑练习。

（2）左右向前、左右向后垫步跑练习。

（3）高抬腿跑练习。

（4）前后交叉步侧向移动跑练习。

（5）后蹬跑练习。

（6）后踢腿跑练习。

（7）体前交叉转髋练习。

（8）左右侧身并步跳练习。

（9）双脚向后跳练习。

（三）髋部灵活性的训练方法

（1）快速转体练习。要求学生以左脚为轴，右脚向前、向后做蹬步转体练习。

（2）前后交叉起跳转体练习，即连续的后场起跳击球动作练习。

（3）收腹跳练习。要求学生双脚全力向上纵跳的同时，双腿向胸前屈收，完成屈腿收腹动作，连续跳跃一定次数，反复进行。

（4）原地转髋跳练习。髋部向左、向右连续转动，向右转时右腿向外旋，左腿向内旋，两脚尖方向保持一致向右，身体面向前，上体保持平衡，仅下肢转动。髋部向左转时，左腿向外旋，右腿向内旋，两脚尖方向保持一致向左。

（5）半蹲向前后左右转体垫步移动练习，练习时，在短距离内视信号快速变换方向。

（6）高抬腿交叉转髋练习。高抬腿姿势，当腿抬至体前最高点后迅速向左或向右转体，左右腿交替持续完成高抬腿交叉转髋动作。

（7）小密步垫步前后蹬转练习。要求学生右脚向前移动半步，左脚紧跟其后迅速垫一小步靠向右脚，此时以左脚为轴心，右脚向后蹬地转体，左脚退回小半步，右脚再向前移动半步（开始重复第二次），如此反复进行。

（四）综合灵敏跳绳训练

跳绳练习是发展羽毛球专项素质能力的一种行之有效的手段，它不仅可以加强大腿、小腿、踝关节和手腕、前臂的力量，而且对发展上下肢协调配合的灵敏素质有很大帮助。另外，跳绳练习比较简单，练习效果好，也不受场地限制，只要有一条尼龙跳绳即可进行练习，是各国羽毛球选手首选的专项身体素质训练方法之一。

（1）前后小交叉步、大跨步交叉跳绳练习。

（2）左右脚花样跳绳练习。

（3）高抬腿跳绳练习。

(4)左右向外、向内转髋跳绳练习。

(5)双脚前后左右跳绳练习。

(6)起动步法跳绳练习。

(7)变换各种姿势进行跳绳练习。

采用以上动作时,可视具体情况,选择 20、30 分钟或 1 小时的持续时间,反复交替进行。

(五)游戏训练

1. 快乐羽毛球

画一个长 8 米、宽 5 米的长方形平地,分成长 4 米的两个半场,中央架上羽毛球网,每队出 3～5 人进行对抗比赛,在规定时间内得分多的队获胜。要求发球时可站在半径内任一位置,必须用脚发球;不能用手击球,其余任何部位击球有效;球在一方半场内不能超过 3 次击球;同一运动员不能连击。

2. 移动抓球

在一个长 5 米、宽 3 米的长方形场地的 4 个角上,放 4 个羽毛球,球托朝上。学生站在底线的中间位置,采用上网和两侧移动的步法向 4 个角移动抓球,回到起始位置再将球放回 4 个角,最先将 4 个角都轮完的人获胜。要求球放回 4 个角时必须球托朝上;每抓完和放下一个球都必须回起始位置。

3. 计时击球

将参加游戏的学生分成人数相等的若干队,分别站在各自直径为 3 米的圆圈外,每人拿 1 个球拍,并事先安排好进圈击球的顺序。比赛开始,发令并计时,各队第一名队员拿一羽毛球进圆圈向上击球,然后快速跑出圆圈,而第二名队员迅速进圈去击第一名队员击出后向下落的球。这样,依次进圈击球,在规定时间内,以击球最多的队为胜。要求如果圈内击球者失误或在圈外击球均不计数,由下一名队员击球时再累计;击球队员出圈后,另一个击球者才能进圈。

六、乒乓球运动专项灵敏素质训练

(一)乒乓球运动专项灵敏素质方法

(1)二人传球行进。将学生分为两组进行接力比赛。

(2)将学生 2 人分为一组,进行多球训练打目标比赛。在球台两角附近放置两个目标(拍套或球拍等),二人比赛看谁击中目标多。

(3)将学生分为 3 人一组,分两队各站在球台一端,进行类似双打的三人轮换击球训练。要求每个队员还击后做一次俯卧撑,然后再准备打一板球。规定双方打中等力量的球,不得扣杀。

(4)将学生分为 4 人一组,沿球台跑动,轮流击球。在限定时间内,两组可进行击球板数的比赛,击球板数多者为胜。

(二)游戏训练

(1)传球抢截游戏。将学生分为两组,每组 3～4 人。手持球拍在限制范围内,进行传球抢截游戏。

（2）限定采用各种不同步法，托球进行"∞"字跑的接力游戏。

（3）追逐游戏。追人者手持球拍托球，在限定的范围内追逐别人，将乒乓球击到被追者身体算捉住了被追者。然后被追者变为追人者，依次进行。

（4）托球折回跑接力游戏。

（5）将学生分为两队，每队 3～4 人，用球拍和乒乓球进行类似足球比赛的游戏。在规定时间内，射中球门次数多者为胜。

参考文献

[1]于少勇,赵志明．基础体能训练[M]．北京:原子能出版社,2008.

[2]孙麒麟．体育与健康教程[M]．大连:大连理工大学出版社,2008.

[3]冯炜权．运动训练生物化学[M]．北京:北京体育大学出版社,1998.

[4]张文栋,杨则宜．实用体能训练营养学[M]．北京:人民体育出版社,2015.

[5]李萍美．现代体能训练理论与方法[M]．北京:原子能出版社,2009.

[6]邓树勋等．运动生理学[M]．北京:高等教育出版社,2005.

[7]张蕴琨等．运动生物化学[M]．北京:高等教育出版社,2006.

[8]吴东明,王建．体能训练[M]．北京:高等教育出版社,2005.

[9]王向宏,朱永国等．体能训练理论与方法(第2版)[M]．北京:北京航空航天大学出版社,2014.

[10]张英波．现代体能训练方法[M]．北京:北京体育大学出版社,2006.

[11]南仲喜．身体素质训练指导全书[M]．北京:北京体育大学出版社,2003.

[12]田麦久．论运动训练计划[M]．北京:北京体育大学出版社,1999.

[13]孟国荣,张华,李士荣．基础体能训练方法解析[M]．哈尔滨:哈尔滨地图出版社,2008.

[14]杨世勇等．体能训练学[M]．成都:四川科学技术出版社,2001.

[15]王旭东．体育健身原理与方法[M]．北京:北京体育大学出版社,2008.

[16]周志明,樊伟．大学生实用体育教程[M]．北京:北京理工大学出版社,2010.

[17]顾丽燕．运动医务监督[M]．北京:北京体育大学出版社,2009.

[18]国家体育总局．运动健身指南[M]．北京:人民体育出版社,2011.

[19]《国家学生体质健康标准解读》编委会．国家学生体质健康标准解读[M]．北京:人民教育出版社,2007.

[20]刘星亮．体质健康概论[M]．武汉:中国地质大学出版社,2010.

[21]穆亚红．大学生健康教育与健康促进[M]．西安:西北工业大学出版社,2010.

[22]李建臣,任保国．青少年体能锻炼与体质健康[M]．北京:化学工业出版社,2014.

[23]颜飞卫．大学生体质健康评价及健康教育[M]．杭州:浙江大学出版社,2013.

[24]王学良．大学生体质健康测试现状的调查与分析[J]．廊坊师范学院学报(自然科学版),2013(04).

[25]王晶．大学生体质健康状况分析及对策研究[D]．泰安医学院,2012.

[26]徐丽．普通高校大学生体质健康分析比较[D]．武汉体育学院,2012.

[27]王晖．体质改善策略与实践[M]．上海:华东理工大学出版社,2011.

[28]邓运龙,张海忠. 论现代体能训练新理念新方法[J]. 军事体育进修学院学报,2009(04).

[29]刘庆山. 体能训练基本理论与我国高水平篮球运动员体能训练研究[D]. 北京体育大学,2004.

[30]张良力,袁运平. 对体能训练的发展趋势与我国竞技体育体能训练中存在问题的探讨[J]. 广州体育学院学报,2009(04).